KB253496

스토리 이코노미

존 실리 브라운 외 지음 ㅣ 박혜원 옮김

살림Biz

스토리를 통해 미래를 보다

– 스티븐 데닝

이 책은 서로 다른 배경에 사고방식이 매우 다른 네 명의 바쁜 경영자들이 놀랍게도 한 가지 아이디어에 도달하게 된 이야기를 다루고 있다. 그 아이디어란 21세기의 조직을 이해하고 경영하는 데 탁월한 가치가 있는 렌즈, 즉 내러티브다. 이 책에는 2001년 4월 스미소니언협회(Smithsonian Associates)의 찬조로 개최된 심포지엄의 토론 내용과, 이 토론이 자극한 그 이후의 결과들이 반영되어 있다. 이들 네 명의 저자는 서로 매우 다른 인물이다.

래리 프루삭(Larry Prusak)은 역사를 전공하고 세계적 컴퓨터 기업 IBM에서 연구원이자 임원으로 일했고, 존 실리 브라운(John Seely Brown)은 수학과 컴퓨터공학을 전공한 과학자로서 2002년까지 제록스(Xerox Corporation) 수석 연구원으로 일했다. 금융과 경제학을 공부한 캐털리나 그로흐(Katalina Groh)는 자신의 기업 그로흐프로덕션(Groh Production)에서 교육용 영상을 제작 및 배급하고 있으며, 법률을 전공한 나 스티븐 데닝(Stephen Denning)은 세계은행의 지식경영 디렉터로 일한 바 있다.

비록 우리의 출발 지점은 서로 달랐지만 이처럼 독자적인 각각의 여정은 동일한 장소로 귀결되었다. 우리 네 명은 모두 내러티브 및 스토리텔링과 연관 지을 만한 배경이나 취향이 없었으나, 각각 자신의 환경 속에서 그것들이 발하는 놀라운 중요성과 파급력을 알게 되었다. 그리고 내러티브에 대한 이해가 실제적인 이익을 위해 이용될 수 있다는 사실에 환호했다.

우리가 일했던 환경들은 모두 스토리에 대해 대체로 하찮고 덧없는 것, 주로 오락 부문에서 상대적으로 요긴한 것, 아이들 사회 혹은 원시적인 사회에서나 존재하는 것으로 바라보는 곳이었다. 그러나 우리는 내러티브와 스토리텔링이 공기업이나 사기업에서 현대 경제와 조직, 즉 21세기 생활양식이 가진 일련의 측면에서 중대한 역할을 수행한다고 확신하기 시작했다. 사실상 우리는 인간사의 모든 중요한 사건에 내러티브의 손이 뻗어 있다고 바라보기에 이르렀다. 그리고 우리는 스토리가 과거 몇 년간 기대할 수 있었던 것보다 미래에 훨씬 더 명백한 역할을 수행하게 될 것을 확신한다.

이렇듯 이 책은 경영과 경제 전반에서 스토리의 중요성을 발견하기까지 우리가 따라간 궤적을 설명하고 있다.

첫 번째 스미소니언협회의 행사

2000년 말 무렵, 한 친구가 스미소니언협회 디렉터인 마라 메이어(Mara Mayor)를 소개해주었다. 나는 메이어에게 워싱턴에서 조직에서의 스토리텔링에 관한 심포지엄을 개최하자는 의견을 건넸다. 그녀는 처음에 "성공할 가망이 없어요. 참석할 사람이 있겠어요?"라는 반응을 보였다.

나는 나의 스토리를 들려주었고 그녀는 이렇게 답했다. "예, 흥미롭네요. 당신이 모을 수 있는 사람들이 있나요?" 래리 프루삭과 존 실리 브라운, 그리고 캐털리나 그로흐가 참석하기로 의견을 모으자 메이어도 이에 동의했다. 사실 행사에 꽤 인상적인 타이틀을 정한 사람도 메이어 자신이었다. 그 타이틀은 바로 '스토리텔링, 21세기로 가는 입장권'이다.

우리는 얼마나 많은 사람이 모여들지 궁금했다. 그러나 곧 아주 많은 수가 참가를 원한다는 사실이 밝혀졌고, 우리는 더 넓은 장소를 예약해야 했다.

2001년 스미소니언 심포지엄은 참석자들에게 흥미진진하게 다가갔고, 의미심장한 파동 효과를 일으켰다.

심포지엄의 직접적인 한 가지 결과는 웹사이트가 개설되어 2001년 4월에 직접 참석했던 사람들 외에도 수만 명과 토론이 가능해졌다는 점이다.[1]

또 다른 한 가지는 조직에서의 스토리텔링에 관심을 가진 전문가 그룹의 형성이었다. 이 그룹들의 첫 움직임은 워싱턴에서 있었다.

스스로를 '골든 플리스 그룹(Golden Fleece Group)'이라고 부르는 이 그룹은 2001년 6월부터 매월 정기적인 모임을 가져왔다. 참석자들은 이 모임들을 통해 자신들이 해왔던 활동을 공유하거나 새로운 아이디어를 창안했다. 그들은 스토리텔링에 대한 또 다른 책과 관련된 즉흥 연극 이벤트에도 참석했다.[2] 전국 곳곳에서 이와 유사한 그룹들이 속속 등장했다.[3] 이 그룹들은 때때로 공통 관심사들을 주제로 견해를 나누기도 한다.

스미소니언 심포지엄 역시 하나의 연례행사가 되었다. 워싱턴의 4월은 스미소니언협회의 조직에서의 스토리텔링을 의미하게 되었다. 2004년도에는 행사가 확대되어 일정을 주말 전체로 잡아 심포지엄을 중심으로 스토리 관련 활동에 투자했다. 심포지엄은 이제 캐나다와 영국, 덴마크, 뉴질랜드, 브라질 등 여러 나라에서 찾아오는 세계적 행사가 되었다.

그 후 경영서 내용에도 조직용 스토리텔링의 메시지가 나타나기 시작했다. 2002년 이후로 스토리의 중요성이 《전략＋비즈니스(*Strategy+Business*)》와 《하버드비즈니스리뷰(*Harvard Business Review*)》, 《월스트리트저널(*Wall Street Journal*)》 등의 기사에서 집중 조명되었다.[4]

조직에서의 스토리텔링은 대학교의 학술주제로도 등장하고 있다. 예를 들어 워싱턴의 조지타운대학교(Georgetown University)에서는 학사 커리큘럼의 일부로 스토리텔링 과정을 설치했다. 최근까지 내러티브는 전형적으로 광범위한 지식경영 과정이나 경영 프로

그램에 국한되는 소항목으로 여겨져왔으나, 지금은 내러티브 자체
가 하나의 주제로서 다뤄지기 시작했다.

이 책의 역할

이 책은 2001년에 시작된 토론의 연속선상에 있다. 이 책을 펼쳐
든 독자에게 우리는 탐독의 가치가 있음을 확신한다고 말하고 싶다.
각 장은 2001년에 만들어진 개요와 함께 3년이 지난 2004년 우리
의 모습을 담고 있다. 우리는 이러한 형식 안에서 토론이 더 많은 사
람에게 다가가고, 조직에서의 스토리텔링에 관한 더욱 새로운 토론
및 활동이 자극되기를 바란다.

우리는 내러티브 운동의 확산을 주장하면서 과학에 맞서는 것이
결코 아니다. 분석을 포기하자고 제안하는 것 또한 아니다. 과학과
분석이 진보를 불러오고 유용한 공헌을 선사할 수 있는 부분에서 우
리는 그것들을 활용해야 한다. 그러한 역할을 하지 않거나 하지 못
할 때 과학과 분석은 내러티브가 그 역할을 할 수 있도록 자리를 양
보해야 한다. 우리는 과학과 내러티브 사이에 가교를 놓으며 여전히
양자의 가치를 잊지 않기 위해 노력하고 있다. 우리의 포부는 내러
티브와 분석을 결합하는 것이다.

이 책이 스토리텔링을 종합적으로 다루고 있다고는 말할 수 없다.
우리 각자가 서로의 모든 사소한 서술에 반드시 동의하는 것도 아니
다. 우리 중 누군가는 다른 사람보다 과학 기술이 주는 가능성에 대
해 더욱 낙관적 성향을 보이기도 한다. 누구의 견해가 가장 생산적

일지는 시간이 말해줄 것이다. 이와 같이 견해의 차이를 보이는 현실에서 독자들을 통해 보다 새로운 통찰의 계기를 얻게 되기를 희망한다.

우리는 내러티브에 관한 이론을 주창하기보다 독자들에게 아이디어 점화기를 선사하고, 그것이 가능성을 발산할 수 있기를 바란다. 우리는 이제 오늘날의 경영자와 리더들이 현장에서 직면한 주요한 과제들을 풀어내는 데 내러티브가 상당한 실천적 가치가 있다는 견해들을 탐험하게 될 것이다.

이 책을 읽는 독자들에게_ 스토리를 통해 미래를 보다 · 4

1장 | 가장 오래된 지식 저장법

1. 경영은 문명의 연장선에 있다 · 15

2. 조금이라도 세상을 읽어라 · 22

3. 세월에 부식되지 않는 만국 공용어 · 29

4. 사람들은 스토리만을 기억한다 · 33

2장 | 민담과 설화에 자극을 받은 경영자들

1. 스토리는 어째서 구호보다 강력한가 · 39

2. 도요타, 채팅의 마력에 빠지다 · 88

3장 | 살아 있는 지식으로 경영하라

1. 제록스 복사기는 어떻게 고쳐지는가 · 99

2. 아이디어를 공유하는 지식의 생태계 · 144

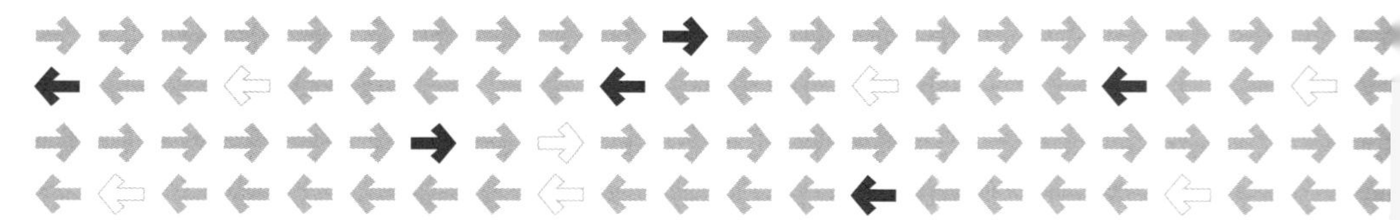

4장 │ 강한 기업은 지식의 공동체다

1. 세계은행은 어떻게 혁신되었는가 · 165
2. 재무회계만으로 기업을 이끌 수 없다 · 210

5장 │ 새로운 방식으로 세상을 바라보는 방법

1. 가능성의 예술, 스토리 · 223
2. 고객의 스토리를 흡수하라 · 253

6장 │ 미래 기업, 통찰의 언어를 구사하라

1. 스토리를 담은 기업이 미래를 지배한다 · 267

후주 · 286

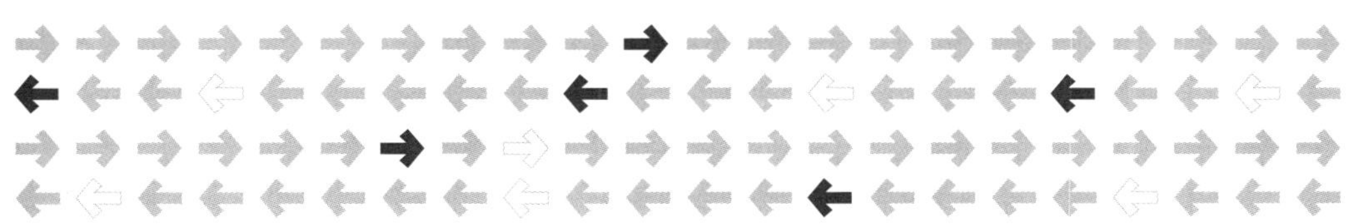

1장

가장 오래된 지식 저장법

S t o r y   E c o n o m y

경제 제도는 어느 정도 종교 의식이나 사교 모임고도 같다.
그것은 인간의 의도와 신념이라는 측면에서 이해할 필요가 있다.

– 디어드리 맥클로스키(Deirdre McCloskey)[1]

경영은 문명의 연장선에 있다

– 래리 프루삭

비즈니스와 경영에 몸담고 있거나 공공 부문의 조직을 운영하는 사람들에게 스토리는 무척 생소한 주제로 보일지 모른다. 내러티브와 스토리텔링이 다가오는 시대의 조직적 사고에서 중요한 개념일지도 모른다는 생각은 더욱 낯설 것이다. 그러므로 서두는 내가 어떻게 내러티브와 스토리텔링의 중요성을 인식하게 되었는지에 관한 스토리로 시작해보자. 나에게는 세 가지 길이 있었다.

규범은 어떻게 전달되는가?

나는 대학에서 사상사와 문화사 등을 가르치는 역사 교수로 사회생활을 시작했다. 새내기 대학생들에게 세계 문명이나 그와 비슷한 종류의 과목을 강의했다. 당시 유럽과 아시아의 역사를 가르쳤던 나는 미국 역사에 대해서는 전혀 공부하지 않았다.

그러던 어느 날, 알렉시스 드 토크빌(Alexis de Tocqueville)의 《미국의 민주주의(*Democracy in America*)》를 우연히 읽게 되었다. 그 책은 내게 매우 놀라웠다. 1840년대에 저술된 그 책의 내용이 마치 내가 책을 읽던 1968년 당시의 미국 여행을 안내하는 《베데커(*Baedeker*)》처럼 이해되었기 때문이다. 내용은 한 치의 오차도 없이 정확했다. 그 책을 읽어본 사람이라면 내 말이 무슨 뜻인지 알 것이다. 그 책은 미국을 이해하는 완벽하고 정확한 안내서였다. 다만 오래되었을 뿐이다. 토크빌이 언급했던 사람들은 이 세상에 존재하지 않지만 우리는 그들과 똑같은 방식으로 행동한다. 《미국의 민주주의》는 현재의 미국을 바라보는 매우 뛰어난 저작이다.

그리하여 나는 스스로에게 물었다. "어떻게 된 일일까?" 다음과 같은 질문이 떠오른 것은 그 후로 얼마간의 시간이 흐른 뒤였다. "행동 규범을 전달하는 것은 무엇일까? 시대를 초월해 지속되는 행동들을 습득하는 방법은 무엇일까? 이런 일이 어떻게 발생할까?"

사학자들은 사실 이런 주제를 별로 다루지 않는다. 그래서 다른 이들에게 묻기 시작했다. "인류학자들은 이런 문제에 대해 알고 있습니까? 문화 사학자들은요? 어떤 사람들이 이런 문제에 대해 알고 있을까요?" 만족스러운 대답은 얻지 못했다. 나는 대학에 재직

했고 다른 대학들도 자주 드나들었지만, 사람들이 습득해 100년도 넘게 지속하는 행동에 대한 정보의 전달체가 무엇인지 그 어디에서도 들을 수 없었다. 아일랜드나 영국의 국민들은 800년 동안 같은 행동을 지속하고 있다. 팔레스타인이나 이스라엘 사람들은 아마 3,000년은 족히 그러했을 것이다.

사람들에게는 세월이 흘러도 두드러지게 지속되는 행동이 있다. 오늘날 그 행동은 변화하고 있지만 변화의 폭은 그리 크지 않다. 행동 규범의 연속성과 지속성은 스토리와 매우 밀접한 관련성이 있다. 나는 이 사실을 수년이 흐른 뒤에야 깨달았다. 성경의 스토리들, 잔혹한 행위의 스토리들, 우리의 역사에 관한 스토리들 말이다. 얼마 전 코소보를 방문한 한 여자 친구가 있었다. 그녀는 그곳에서 자식과 손자들에게 14세기에 일어났던 잔혹사의 스토리를 들려주는 노인들과 인터뷰를 했다. 그들은 자식을 키우면서 어렸을 때부터 "이 사람들이 네 조상들에게 어떤 짓을 했는지 생각해보렴."과 같은 스토리를 들려준다. 그리고 이러한 스토리들에는 특별한 현저성이 있다. 성경의 스토리가 그러하듯이, 모든 종류의 스토리가 그러하듯이 말이다. 이것이 내가 스토리텔링을 접하게 된 한 갈래 길이다.

조직은 어떻게 작동하는가?

또 하나의 길은 조직과 경영에 관련된 것으로, 표준 모델이 현실에서 조직이 어떻게 움직이고 운영되는지 제대로 설명하지 못한다는 사실이었다. 경영대학원에서 배우거나, 훈련과 능력 개발 과정이 그것들은 플라톤의 동굴보다도 더 나쁘다. 동굴에는 그림자라도 있지 않은가.

나 대부분의 기업에서 배운 내용은 조직이 실제로 움직이는 방식과 거의 관계가 없다. 사실 그것은 플라톤의 동굴보다 더 나쁘다. 동굴에는 그림자라도 있지 않은가. 문제는 부적당한 은유, 즉 기계적인 은유를 사용한다는 것이다. 이러한 은유가 실패하는 데는 여러 가지 이유가 있지만, 조직 내 행동 방식의 습득 과정을 제대로 설명하지 못하는 것도 그 이유들 중 하나다.

– 조직에서 지식은 어디에 존재하는가?
– 사람들이 알고 있는 것들을 어떻게 알게 되는가?
– 어떻게 행동해야 할지 어떻게 알게 되는가?
– 조직에 들어가서 어떻게 행동해야 하는지를 어떻게 아는가?

이런 질문들에 대한 많은 답변이 스토리를 통해 이해될 수 있다.

경제에 더해 문외한에 가까운 나의 흥미를 끄는 문제는 미국과 모든 산업국가의 경제 활동이 대화 및 설득과 얼마만큼의 관계를 갖고 있는가 하는 점이다. 몇 년 전 저명한 경제학자 디어드리 맥클로스키는 《아메리칸이코노믹리뷰(*American Economic Review*)》에 실린 논문에서 미국 국민총생산(GNP)의 28퍼센트가 설득에 의한 것이라는 사실을 보여주었다.[2] 그녀가 계산한 수치가 갖는 의미를 생각해본다면 충분히 놀랄 만한 일이다. 법률가나 홍보 담당자, 성직자, 심리학자 혹은 마케터 등이 하는 일이 무엇인가? 다른 사람들을 설득하는 일이다. 사실 우리는 모두 언제나 누군가를 설득하고 있다. 설득이라는 말 대신 다른 표현을 쓰기도 하지만 여기에서 그 차이를 검토할 필요는 없을 것이다. 하지만, 어쨌든 우리가 타인에게 무언가를 설득하려 할 때에 큰 부분을 차지하는 것은 바로 스토리를 전달하는 일이다. GNP의 28퍼센트가 설득에 의한 것이라면 나머지 약 3분의 2는 똑똑한 스토리텔링의 결과라는 논리가 가능하다. 그렇게 보면 1999년 미국에서 스토리텔링은 결국 1조 8,000억 달러의 가치가 있는 활동이었다. 단연 하찮다고 할 수 없는 규모의 수치인 것이다.[3]

CEO는 스토리를 전한다

마지막 길은 CEO와 관련되어 있다. 대부분의 사람은 CEO들이 많은 보수를 받는다고 알고 있다. 그들 CEO의 수입과 다른 사람들의 수입 간 불균형이 비도덕적이고 모순된다고 생각하는 사람이 많다. 여러 해 동안 나는 CEO가 조직 내에서 나를 비롯해 대부분의 일반인도 할 수 있을 듯한 일과 크게 다른 어떤 실질적인 일을 하는 모습을 본 적이 없다. 그래서 늘 이런 궁금증을 갖고 있었다. "그 사람들은 왜 그렇게 많은 돈을 받는 거야?"

그러던 어느 날, 나는 한 회의에 참석하게 되었다. 월스트리트에서 열린 그 회의는 당시 IBM의 CEO였던 루 거스너(Lou Gerstner)가 시장 분석가와 만나는 자리였다. 그리고 보시라! 내게도 회의에 참석해달라는 요청이 들어왔다. 거스너는 성격이 급했고 그다지 매력적이지 않았다. 나는 혼자 생각했다. "이 사람은 다른 이들이 하지 않는 어떤 특별한 일을 할까?" 방으로 들어가자 여러 은행에서 나온 관계자들과 주식 중개인, 분석가들이 있었고 거스너는 그들에게 스토리를 전하기 시작했다. IBM에 관한 스토리들이었다. IBM의 미래에 관한 스토리도 있었다. 스토리들이 전해졌다. 미래에 관한 '실제 사실'을 이야기할 수는 없었다. IBM이 하고자 하는 일과 계획을 이야기할 뿐이었다. 그리고 그 스토리들은 효과가 있었다. 정말로 효과를 발휘했던 것이다. 따라서 나는 이렇게 생각했다. "그래, 이게 그들이 하는 일이군!"

비로소 나는 CEO들이 어떤 일을 하는지 이해할 수 있었다. 그들은 스토리를 전한다. 거기에는 많은 가치가 있다. '매도'보다는 '매수' 혹은 '보유'가 있을 때 투자자들에게 큰 이익을 안겨줄 수 있기 때문이다. 여기에서 자본주의의 도덕적 기초에 대해 논하고 싶지는 않다. 그러나 왜 이 사람들이 그토록 많은 보수를 받는 이유에 대해서는 확실히 이해되기 시작했다.

GE의 전 CEO 잭 웰치(Jack Welch)의 예를 들어보자. 그는 과거 C플러스 학점을 받던 학생이었다. 진짜 열등생이었던 것이다. 언젠가 자신의 가장 중요한 특징이 무엇인지 묻는 질문을 받은 그는 "정말 중요한 것은 내가 아일랜드인이며 스토리를 전달할 줄 안다는 사실입니다."라고 대답했다. 이 말은 과연 사실이었다. 월스트리트를 상대로 스토리를 전할 때 이 점은 어마어마한 경제적·재정적 의미를 갖는다. 그것이 얼마나 유용한지에 대해서는 논쟁의 여지가 있겠으나, 실제적 의미가 매우 큰 것은 사실이다.

이상이 내가 이 책의 주제에 이르게 된 길들이다. 당신도 스토리가 문화와 조직 내에서, 비즈니스에서, 경제 혹은 사회 안에서 어떤 역할을 하는지 생각해볼 수 있기를 바란다. 그러면 우리가 조직 생활이나 사회생활 혹은 인식과 관련된 생활에 대한 어떤 책에서 보았던 것보다 스토리가 훨씬 많은 역할을 수행하고 있음을 발견하게 될 것이다.

조금이라도 세상을 읽어라

– 존 실리 브라운

약8년 전 어느 날, 영화 제작자인 조지 루카스(George Lucas)에게 한 통의 전화를 받았다. "존, 오후에 시간이 되면 농장으로 와주지 않겠어요? 지금 교육과 21세기 교육의 미래에 관한 영화를 만들고 있거든요."

나는 물론 그의 요청을 받아들였다. 그는 놀라울 만큼 친근하고 쉽게 사귈 수 있는 사람이었다. 우리는 2시간 동안 마주 앉아 대화를 나누었다. 그곳에는 우리 말고 두 사람이 더 있었다. 어떤 지점에 이르자 우리는 인식론의 복잡한 측면과 매우 난해한 문제들에 빠져들었다. 나는 그를 쳐다보며 말했다. "조지, 어떤 방법을 동원해도 사람들은 이런 스토리를 좋아하지 않을 거예요! 어떤 수를 써도 말이에요!"

조지 루카스가 나를 쳐다보았다. "존, 당신은 몰라도 대부분의 사람은 나를 상당히 괜찮은 스토리 작가라고 생각해요."

내가 그의 말뜻에 열중하고 있는 사이 의미심장한 정적이 흘렀다.

"존, 내가 그런 쪽으로 고민하도록 도와주지 않겠어요?"

스토리텔링의 실체가 내 앞에 드러나는 결정적 순간이었다.

세상과 함께 일하는 법 배우기

두 번째 결정적 순간은 다소 일찍 찾아왔다. 나는 처음에 순수수학과 컴퓨터공학을 공부했다. 이번에는 순수수학도 어느 수준에 이르면 세상이 돌아가는 방식을 완전하게 설명하지 못한다는 사실을 알게 되었다.

제록스에 합류하기 전 나는 미 공군(Air Force)의 직무수행 지원 역할로 컴퓨터 시스템을 구축하고 문제 해결에 관한 일을 맡아 사람들이 보다 효과적으로 문제에 대처할 수 있도록 돕는 일을 했다. 그리고 제록스에 들어간 후 얼마 되지 않아 사람들이 내 전공에 관해 알게 되었다.

그러자 그들은 내게 이런 부탁을 했다. "존, 정말로 당신 도움이 필요해요." 당시에는 컴퓨터가 거의 날마다 고장을 일으켰다.

"전문 수리기사를 소개해주시면 더 도움이 될 것 같습니다."

"좋아요. 리스버그와 버지니아에 정말로 뛰어난 수리기사가 있어요. 그곳으로 함께 가서 만나봅시다."

나는 물론 승낙했다.

그들은 수리기사에게 미리 연락을 취해 내가 갈 것이라고 말해두었다.

그러나 나는 중대한 실수를 범했는데, 바로 정장을 걸치고 그의 사무실을 방문했던 것이다. 그것은 바람직하지 않은 선택이었다.

그는 진짜 기계류를 고치는 사내였다. 나를 보는 그의 시선은 분명히 곱지 않았다. 그는 혼잣말처럼 입을 열었다. "양복쟁이가 납셨군. 여기서는 그런 옷이 쓸모없을 텐데. 게다가 이론가라니, 그건 더 쓸모없지. 하늘 높은 줄 모르고 우쭐댈 게 뻔해. 어떻게 빨리 보내버린담?"

그러고는 나를 쳐다보며 말했다. "존, 내가 받은 전갈을 보니 당신이 문제 해결 전문가라더군요. 그러면 문제를 한번 내보겠소. 자, 이 기계는 비교적 성능 좋은 고속 복사기요. 그리고 간헐적으로 복사 품질이 떨어져요." 어떤 종류의 문제 해결이든 해본 적이 있는 사람이라면 간헐적 결함이 까다로운 문제임을 잘 알 것이다. 항상 고장이 나 있다면 원인 파악이 그리 어렵지 않지만, 간헐적이라면 난감한 문제였다.

그는 말을 이었다. "자, 존. 이것은 간헐적 복사 품질 저하 문제(Intermittent Quality Problem)에 대처하는 제록스 공식 수리 절차(The Official Xerox Procedure)요. 여기에는 다섯 단계가 있소. 이 똑똑한 컴퓨터가 알려주는 테스트 유형대로 한다고 해봅시다. 우선 절차를 잊지 않도록 평선반 위에 올려놔야겠지.” 평선반이란 보통 사용자가 종이를 넣는 곳을 가리켰다. 우리는 모든 사물에 화려한 이름을 붙여놓는다. “이제 복사 매수를 ‘5,000장’에 맞추고, 그 다음에 ‘복사’ 버튼을 누르죠. 이제 말해보시오. 존, 다음 순서는 뭐겠소?”

“나라면 일단 커피를 한잔 마시겠습니다.”

“옳거니.”

이로써 내가 논쟁의 기선을 잡았다. 1분이면 50장 정도를 복사할 수 있으므로 5,000장까지는 여유가 있었다. 내 머리가 완전히 쓸모없지는 않은 셈이었다.

그가 다시 입을 열었다. “그래요. 커피를 한잔 한다고 하죠. 잠시 말이오. 한 30분 정도. 그리고는 다시 돌아와서 그 다음에 할 일은 이 5,000장의 종이, 10연(連)의 뭉치를 가져다가 힘들게 종이 더미를 뒤져 복사 상태가 안 좋은 종이를 찾는 거겠죠. 그 종이를 제거하고 다시 종이 다발을 뒤져 또 다른 불량 복사본을 찾아내고는 다시 제거하지요. 흔히들 하는 방법이죠?”

“그렇습니다.”

“자, 존, 당신이 문제 해결 전문가라면 분명히 이 기계의 문제를 진단하는 더 좋은 방법을 알고 있을 거요. 맞소? 자, 어떻게 하면 좋을지 말해보겠소? 확실히 당신은 이 기계적인 절차보다 더 영리할 테니 말이오.”

나는 헛기침을 하며 우물쭈물 답변을 미루었다. 사실 그에게 어떤 식으로든 말을 이어나가게 하려고 애쓰는 중이었다. 이런 방식은 공군에서 사용하던 낡은 수법이었다. 그렇게 서성거리기만 하는 동안 10여 분이 흘렀다. 그러자 그가 참지 못하고 다시 말을 꺼냈다. "젠장, 시시하군. 존, 어떻게 할지 말을 할 거요, 말 거요?"

"미안해요. 폴, 아무 생각도 떠오르지 않는군요." 그가 나를 쳐다보았다. "사실 나도 그런 비슷한 방법을 쓸 것 같습니다."

그가 말했다. "그럴 줄 알았어!"

그래서 내가 물었다. "폴, 당신은 어떻게 하겠습니까?"

그가 나를 바라보며 말했다. "당연히 해야 할 일은 명백해요!" 그는 방을 가로질러 복사기 옆에 놓은 휴지통 앞으로 다가갔다. 그리고 휴지통을 집어 들더니 탁자 위에 내용물을 와르르 쏟아내고는 재빨리 종이들을 가려냈다. 약 30여 초 후 총명하게도 복사 품질에 문제가 있는 종이들을 끄집어냈다. "존, 누군가 복사 품질 문제를 발견할 경우 그것을 '복사 품질 저하 문제'라고 생각하겠소? 아니요. 대부분은 잘못 출력된 복사본이라고 생각하고 던져버리죠. 그런데 왜 그런 세상의 도움을 마다하겠소? 세상과 함께 일해요. 세상이 당신을 위해 자연스럽게 수집해놓은 정보들을 봐요. 한발만 뒤로 물러나 조금이라도 세상을 읽어봐요."

그 문장, "조금이라도 세상을 읽어보라."는 말은 거의 유도의 한판 같은 충격이었다.

폴은 말을 이었다. "이 휴지통은 언제든 손이 닿는 곳에 있소. 이

미 거기에 있었던 거요. 이미 가득 찬 채
말이오. 세상과 함께 일하는 법을 배워
요. 그러면 인생이 조금은 더 단순하게
느껴질 거요."

그의 사무실을 나오면서 나는 생각했다. '이 사람은 천재야.' 폴이 방금 한 일을 수행할 컴퓨터 시스템의 구축은 매우 어려울 것 같다는 생각이 들었다.

따라서 이 일은 내게 중대 사건이었다. 거의 같은 시기에 나는 브리콜라주*에 대한 브뤼노 라투르(Bruno Latour)의 책을 접하게 되었다.[4] 브리콜라주야말로 우리가 이야기하고 있는 바를 보다 적절히 표현하는 용어일 수도 있다. 이 일은 내게 매우 커다란 영감을 가져다주었다.

신속한 의사소통

조직이 작동하는 방식과 관련된 또 하나의 사건이 있었다. CEO들의 고민 중에는 "메시지를 기업 전체에 어떻게 효과적으로 전달할 것인가?" 하는 문제도 있다. CEO의 사무실에 들른 어느 날, 그는 모두에게 전략상 필요한 메시지를 전달하기가 얼마나 힘든 일인지 설

---

* 브리콜라주(bricolage) : 본래 프랑스어로 '여러 가지 일에 손대기' 혹은 '수리' 라는 사전적 의미가 있는 말로 '손재주' 라고도 한다. 프랑스 클로드 레비스트로스(Claude Lévi-Strauss)가 자신의 저서 《야생의 사고》에서 사용해 "신화와 의식으로 대표되는 부족사회의 지적 활동이 어떤 종류의 것인가" 를 나타내는 말이 되었다. 도구를 닥치는 대로 사용해 완성하는 예술 활동의 한 분야를 의미하기도 한다.

토하기 시작했다.

"정말이지 저는 아무런 문제없이 해낼 것입니다. 사실 저는 48시간 내에 전 세계 제록스 종사자들에게 메시지를 전달할 수 있습니다. 28개국 수만 명의 직원에게 말입니다."

그가 놀란 듯한 표정을 지었다. "그걸 할 수 있다고요?"

"예, 아주 간단하죠." 나는 폴과의 일을 생각하고 있었다. 그가 휴지통을 어떻게 이용했는지 떠올랐다. "조직에는 사회적 기본틀(social fabric)이라는 것이 존재합니다. 제가 회사 내에 당신에 대한 소문을 얼마나 빨리 퍼뜨리는지 한번 보십시오."

그는 이해가 안 되는 듯 나를 쳐다보았다.

"자연스럽게 발생하는 힘은 사회적 기본틀을 통해 확산되는 소문처럼 일어납니다. 당신의 공식적 메시지를 퍼뜨릴 방법이라는 시각에서 이 자연스러운 현상을 이용해볼 수는 없을까요?"

물론 소문은 소문일 뿐이다. 그러나 스토리 역시 동일한 사회적 기본틀 속에 존재한다. 그리고 스토리는 그 나름의 탄도를 지닌다. 그것도 동일한 사회적 기본틀, 즉 사회구조를 통해 경이로운 속도로 회전하는 탄도 말이다. 그리고 이는 조직 내 스토리의 잠재력과 힘에 관한 또 하나의 중요한 교훈으로 남았다.

세월에 부식되지 않는 만국 공용어

– 스티븐 데닝

본성이 조용하고 내성적이며 확실히 달변과는 관계없는 내가 스토리텔링에 관해 이야기하는 것은 놀라운 일이다. 나는 이야기꾼이 아니다. 이야기를 많이 하는 어린 시절을 보낸 것도 결코 아니다. 가족도 마찬가지였다. 우리 식구들은 나만큼 과묵했다. 내 직업도 주로 분석적인 사고를 통해 날카로운 구분이나 에누리 없는 결정을 내리는 일들이었다.

수십 년 동안 나는 매우 성공적으로 철저한 분석 책임자의 역할을 수행해왔다. 이러한 환경 속에서 사회적 강화를 받으며 스토리텔링이 그다지 중요하지 않다고 여기게 된 것은 자연스러운 일이었는지도 모른다. 최근 5년 전까지만 해도 나는 스토리텔링에 대해 순간적이고 부차적이며 사적인 동시에 간접적이고 비과학적이라고 하는 온갖 부정적인 관념을 갖고 있었다.

따라서 스토리의 힘에 처음 눈을 뜨게 된 원인도 의식적으로 추구하거나 특별한 성향을 가져서가 아니었다. 처음으로 스토리의 중요성을 발견하게 된 계기는 의사소통 방식에서 느낀 좌절감이었다. 내게는 새로운 아이디어가 있었지만 조직 내에서 그 아이디어를 전달하고 지지받을 만한 위계적 권위가 없었다. 내 아이디어는 신선해 보였지만 아무도 귀담아 들으려 하지 않았다. 간단히 말해서 통상적인 의사소통 형식으로는 효과를 거둘 수 없었던 것이다.

그러다가 한 일화를 접하게 되었고, 그 일화를 프레젠테이션에 이용하자 약간 효과가 있는 듯했다. 더 많은 스토리를 접목시키자 더 큰 효과가 발휘되었다. 그러나 이러한 발전이 쉬운 일은 아니었다. 스토리텔링에 대한 의존은 내가 지금까지 업무와 경력으로 구축해 온 거의 도든 것을 폐기함을 의미했기 때문이다.

마침내 내 직관과는 완전히 반대되는 의구심이 자라나기 시작했다. 까다롭고 저항적인 상대에게 복잡한 아이디어를 설명하면서 즉각적이고 긍정적인 행동을 이끌어내야 할 때 가장 효과적으로 사용할 수 있는 유일한 수단은 스토리텔링이 아닐까?

스토리텔링이 중요한 개념일 수도 있음을 공유하는 첫 시도는 매우 실험적인 장소에서 이루어졌다. 나는 1997년 말 무렵 열린 한 컨퍼런스에서 프레젠테이션을 하는 동안 스토리텔링이 내 일에서 중요한 역할을 한다는 사실을 간단하게 언급했다. 프레젠테이션을 마친 직후 누군가 내게 다가와 책을 써보라고 제안했다.

"무엇에 대해서 말입니까?"

"스토리텔링에 대해서죠."

"하지만 이 정도가 내가 아는 전부입니다. 어쩌면 스토리텔링이 중요할지도 모른다는 딱 거기까지요."

"걱정 마세요. 일단 한번 해보죠."

나는 그 제안을 진심으로 받아들였고, 좀더 시간을 들여 내러티브에 관한 정보를 찾으면서 왜 그리고 어떻게 중요한지 이해하기 위해 노력했다. 내 실험은 거기에서 더 나아갔다. 결국 나는 스토리텔링의 중요성을 발견하게 된 과정을 책에 담았고, 그 책을 읽은 독자들은 스스로가 활용할 수 있는 판단의 기준으로 삼았다.[5]

책이 출판되자 스토리텔링에 관한 관심이 증가했고, 여러 개인 및 조직이 강연을 요청하거나 그들의 조직 내에서 스토리텔링을 어떻게 활용할 수 있는지 물어왔다. 나는 조직적 변화를 추구하는 데 스토리를 이용해왔다. 하지만 이제 다른 맥락과 다른 목표들 속에서 그 활용을 탐구하기 시작했다. 이를테면 지식 전달이나 커뮤니티 강화, 혁신의 자극, 의사소통의 정교화, 교육과 훈련, 가치의 보존 등 여러 분야에서 적용이 가능했다. 사실상 눈에 띄는 모든 영역에서 스토리텔링과 내러티브가 보이기 시작했다.

마치 직물에서 짧게 삐져나온 실을 잡아당긴 것 같았다. 계속 잡아당기자 실은 지구를 휘감을 만큼 길어졌다. 처음에는 사소하고 의미

없어 보이던 아이디어가 사실 어머어마
한 가지들을 달고 있는 중요한 개념이었
던 것이다. 뜻밖의 커다란 놀라움이었다.

사람들은 스토리만을 기억한다

– 캐털리나 그로흐

나는 10년 동안 영화를 제작해 왔다. 그러나 〈진실한 사람들, 진실한 스토리들(Real People, Real Stories)〉이라는 연작물을 통해 위대한 선생과 지도자, 탁월한 이야기꾼 들을 집중 조명하기 시작한 것은 불과 6개월 전의 일이다.

나는 자연스러운 과정을 통해 스토리텔링에 익숙해졌다. 스토리텔링은 내가 말을 떼기 시작한 그 순간부터 내 환경의 일부분으로 존재했다. 우리 부모님은 헝가리 출신이고, 나는 가족 중 유일하게 미국에서 태어났다. 우리 가족에게 집은 곧 저녁 식사 테이블과도 같았다. 지금은 어릴 적의 그 집에 살지 않지만, 가족들이 한자리에 모일 때면 장소가 어디든 탁자에 둘러앉아 얘기를 시작한다. 우리는 했던 얘기를 하고 또 하고 웃으며 그렇게 멋진 시간을 보낸다. 새벽

2~3시가 되도록 같은 얘기를 반복하고 고쳐 말하기도 한다. 스토리란 다시 말할 때마다 더 나아진다고 생각했기 때문이다. 그것은 내 어린 시절의 생활환경이기도 했다. 생활 속에서 나는 우리의 역사와 과거, 나의 뿌리 등에 대해 배웠다. 스토리를 통해서 말이다.

대학에서 금융과 경제학을 전공한 나는 시카고 거래소의 트레이더가 되기로 결심했다. 트레이더가 되면서 1년에 2~3개월은 여행을 할 수 있었다. 자유를 만끽할 수 있었기에 그림을 그리거나 사진을 찍을 기회가 많았는데, 그것은 또 다른 형태의 스토리텔링이었다. 내가 그린 모든 그림에는 스토리가 있었기 때문이다. 그렇게 나는 내 생활을 영위하는 직장인이 되었지만, 내 삶은 그야말로 스토리 창조에 근접해 있는 모습이었다.

영화 제작사 입사

그러던 어느 날 우연히도 한 친구를 통해, 시카고에 들어서는 독립 영화사에서 일을 해보지 않겠느냐는 제안을 받았다. 나는 그 요청을 승낙했다. 흥미로울 것 같았다. 새로운 것들도 배울 수 있을 듯했다.

그러나 그 제작사를 찾아간 첫날 내게 벌어진 일은 기대 이상이었다. 영화를 제작하는 공동 작업 과정은 황홀경 그 자체였다. 그리고 그 자리에서 이 일이야말로 내가 원하던 직업임을 깨달았다. 이렇게 나는 영화 제작 일에 몸담게 되었다.

그 후 6개월 동안 나는 150여 명의 인원이 함께 영화를 만드는 과정에 대해 배웠다. 불만이 있다면 영화 자체가 썩 양질이 아니라는 점이었다. 우리는 시카고 거리의 진짜 갱단에 관한 저예산 액션 영화를 제작했다. 사실 영화를 통해 우리가 전파하는 내용은 아이들에게 서로를 어떻게 죽이는지를 보여주는 것뿐이었다. 바람직한 영화는 아니었지만 우리는 그 영화가 완성되기도 전에 배급권을 판매할 수 있었다. 우리 사회의 슬픈 현실을 보여주는 한 단면일 것이다.

첫 번째 영화가 완성된 후 나는 다큐멘터리를 만들기 시작했다. 약 6년 전 나는 뉴월드엔터테인먼트(New World Entertainment)에 채용되었는데, 월드널리지(World Knowledge)라는 교육 부문 부서를 새로 신설하고 싶어하는 이 회사의 CEO는 차별화된 무언가를 원했다. 사실 그가 그 일을 제안했을 때 나는 교육 영화(educational film)는 만들지 않는다고 답했다.

그러나 그는 완강했다. "하지만 당신은 스토리를 다룰 줄 알지 않습니까. 당신은 정말 좋은 스토리들을 만들어요."

그는 완전히 시장 밖으로 나가 스토리 전달을 좋아하는 사람을 찾았던 것이다.

우리 회사에서 영화 제작은 여전히 배움의 과정이다. 그리고 우리는 그 과정을 무척 즐겼다. 현실 기반의 교육 영화를 제작하면서 가장 먼저 배운 교훈은 사람들이 스토리 형식으로 들은 내용을 잊지 않는다는 점이었다. 우리는 사람들이 스토리를 기억한다는 사실을 발견했다. 교육 영화 제작에 더 많은 노력을 기울일수록 그것이 정말로 스토리를 통해 경험을 창조하는 일임을 더 깊이 깨닫게 되었다.

2장

민담과 설화에 자극을 받은 경영자들

― 래리 프루삭

STORY ECONOMY

경제적 관점에서 보자면 말하기는 시시하고 예술은 하찮은 것이다.
그러나 인류는 말하는 동물이다. … 아마도 말하기는 중요할 것이다.
그렇지 않다면 왜 인간이라는 동물이 그토록 말하려고 애쓰겠는가?

– 디어드리 맥클로스키[1]

스토리는 어째서 구호보다 강력한가

조직 안에서의 스토리에 관해 말해보자. 사람들이 스토리를 전달할 경우 그 내용은 무엇일까? 그 스토리는 몇 가지 범주로 나눌 수 있다. 전 세계 1,000개 기업의 문과 모든 계단 난간 및 커피숍에 카메라를 설치하고 한 달간 사람들이 나누는 스토리를 모조리 수집한다면 그 스토리들은 전부 어떤 내용을 담고 있을까?

> 사람들이 조직 내에서 스토리를 전달할 경우 그 내용은 정확히 무엇일까?

다른 사람들에 대한 스토리

우선 우리는 다른 사람들에 대한 스토리를 접할 수 있을 것이다. 동료들, 조직 내에서 일하는 다른 사람들의 스토리 말이다. 왜 사람들은 동료에 대해 이야기할까? 그중 악의적인 험담은 매우 작은 범주에 속한다. 타인에게 해가 되거나, 타인의 행동을 저속하게 혹은 비난조로 이야기하는 사람은 많지 않으며 매우 드문 경우다. 물론 그런 사람도 있지만 흔하지는 않다.

관련 연구를 통해 타인에 대한 스토리를 전달하는 경우 그런 대화의 동기가 신뢰와 믿음, 그리고 지식에서 기인한다는 사실이 밝혀졌다.[2] 사람들은 알고 싶어한다. 그는 믿을 만한 사람인가? 그가 말한 일이 실제로 일어날까? 자신이 하겠다고 한 일을 정말 할 것인가? 이것은 신뢰성(reliability)에 관한 문제다. 다른 사람에 대한 담화에는 다음과 같은 표현이 주로 사용된다. "그 사람이 이것을 약속했어.", "그 사람이 그 일을 했어." 이러한 표현은 탁월한 스토리텔링의 내용을 이루는 일부, 즉 신뢰성을 나타낸다.

그리고 신뢰성은 믿음의 형제까지는 아니어도 친한 사촌쯤 된다. 지난 3년 동안 이 주제에 관한 책만 18권이 출판되었다.[3] 믿음은 중요하다. 믿음 없이는 아무런 가치도 발생하지 않는다. 믿음이 없다면 모든 것을 협상하고 계약하고 감시해야만 하므로, 결코 그 진의를 이해하거나 본질에 다다를 수 없다. 뭔가가 있다고 의심되는 누군가의 진의에 대해 끊임없이 후각을 곤두세워야 한다. 믿음은 열쇠다. 그리고 다른 사람에 대해 전하는 스토리는 종종 이 믿음을 주제로 한다. "당신은 이 사람을 믿을 수 있습니까?"

세 번째 범주는 간혹 가십에 관한 것이다. 스탠퍼드대학교의 짐 마치(Jim March)는 이 문제를 탁월하게 표현했다. "가십은 그저 당신이 알아야 할 사람들에 대한 정보(news)일 뿐이다. 그 밖의 어떤 방법으로 그가 믿을 만한지, 지식이 깊은지 알 수 있겠는가?" 누군가 "아무개는 믿을 만하다."고 말한다면 나는 내게 그 말을 한 사람을 신뢰할 것이다. 이것은 '한 치' 건너 행사되는 신뢰의 위임이다. 그러나 종종 우리는 그 이상을 원한다. 우리는 때로 말한 사람에 대한 스토리를 전달한다. "이 사람은 그가 그 일을 할 거라고 말했어요. 그리고 그는 정말 그 일을 했죠." 이것은 가십이라고 할 수 있지만 타인에 대한 중요한 정보를 나누고 있다. 이 대화를 나눈 사람들은 그 사람의 전문적 기술과 신뢰성, 신용도에 관한 정보를 유포하고 있는 것이다. 이는 의미 있는 일이다.

누군가와 잡담을 나누고 있는 사람들의 이야기를 엿들어보라. 그들이 제3의 인물에 관해 얘기하고 있다면 그 대상자의 신뢰성에 관한 정보를 교류하고 있음을 알게 될 것이다. 이러한 정보 교류는 조직이 점차 허상과 임의성 위에 놓이게 되면서 더욱 중요해졌다. 실제 공간이 없는 조직에서는 사람들이 자주 만나지 못하기 때문이다.

오늘날 사람들은 기이한 공간에서 일을 한다. 몇몇 기업들은 실제성에 관해 어리석은 관념을 견지하는데, 사무실이나 서로 만날 수 있는 장소가 필요치 않다는 것이다. 대개의 경우 이는 사실과 다르다. 이런 허튼소리를 퍼뜨리는 사람은 주로 IT 벤더(vendor)일 가능성이 크다. 사실은 아니지만 사람들이 그 말을 믿기 때문에 IT 판매가 활발해진다.

- 물리적 공간이 없고 서로 만날 수 없다면 다른 사람들을 믿을 만
  한지 어떻게 아는가?
- 다른 사람들과 한 팀을 이룰 경우 그들이 업무를 수행하는지 어
  떻게 아는가?
- 스스로 그들과 한 팀을 이루기를 바라고 있는지 어떻게 아는가?
- 그들과 어떻게 협력해야 할지 어떻게 아는가?
- 이 중 스토리를 전달하지 않고 실행할 수 있는 일이 있는가? 그
  들에 관한 스토리를 듣지 않고 가능한 일인가?

"글쎄요, 그런 이유라면 너무 비과학적이군요."라고 말할지도 모른다. 그러나 다른 방도가 있는가? 어떤 대안이 있는가? 그 외에 사람에 대해 알 수 있는 방법이 있는가? 대안은 없다. 우리는 스토리를 통해 얻어야 한다.

사례를 들어보자. 내가 아는 두 사람이 있다. 한 사람은 스티븐 데닝으로 세계은행에서 일하고, 데이브 스노든(Dave Snowden)이라는 다른 사람은 IBM에서 일하고 있다. 그들은 함께 스토리텔링 워크숍을 진행한다. 나는 그들에게 서로 믿을 만한 사람이라는 사실을 확신시켜야만 했다. 왜냐하면 신뢰하지 않는 사람과 지구를 반 바퀴나 돌며 세미나를 진행하고 싶은 사람은 없기 때문이다. 그들은 서로에 대한 평가를 들었고 나를 충분히 믿었기 때문에 결국 세미나에 동행하게 되었다. 이 역시 한치 건너 위임된 신뢰다.

"래리, 당신이 하는 일은 뭔가요? 스토리를 전달하고 있나요?"라

고 묻는 사람도 있을 것이다.

나의 대답은 '예스'다. "맞습니다. 나는 스토리를 전달하고 있습니다." 사람들은 다른 사람에 대한 스토리를 전한다. "그 사람들이 단연 돋보이더군. 그들은 이렇게 했어. 그들이 시간을 다 잡아먹었어. 그들은 이러저러한 일에 신중해."

스토리텔링의 대안은 무엇인가? 대안은 없다. 어떤 시스템도 스토리를 대신할 수 없다. 아무리 뛰어난 인적자원부서도 대안이 될 수 없다. 스토리를 대신할 수 있는 것은 아무것도 없다. 따라서 '사람에 대한 스토리'는 중요한 범주가 된다. 그것을 가십이라고 불러도 좋다. 그러나 악의적인 가십은 극히 드물고, 대부분은 정보다. 미국의 시인 에즈라 파운드(Ezra Pound)는 말했다. "시는 정보를 지속시키는 정보다." 때로는 가십과 루머 역시 정보를 지속시키는 정보다. 탁월한 내구성(endurance)을 갖고 있다는 뜻이다.

일 자체에 대한 스토리

사람들이 전달하는 두 번째 스토리는 일 자체, 일의 본연에 관한 내용이다. 어떻게 하면 더 좋아질까? 이 일을 어떻게 할까?

IBM에서 나와 함께 일했던 데이브 스노든은 템스 강 수자원청(Thames Water Authority)에 관한 놀라운 스토리를 알고 있다. 이 기관은 템스 밸리의 하수와 수도관에 관련된 일을 하는 곳으로, 리엔지니어링*을 시도하고 있었다.

리엔지니어링은 가혹한 것이다. 전 세계의 다양한 부문을 휩쓸던

파도였지만, 불완전한 가정하에 실행되면서 수많은 기업을 파산에 이르게 했다. 수자원청의 리엔지니어링 역시 거대한 쓰나미가 되어 조직들을 공격하고 붕괴시켰다. 리엔지니어링은 직원과 조직을 황폐화하는 가장 효율적이지 못한 물결이다.

템스 강 수자원청에는 강 유역을 따라 살던 주민들의 집과 그 집에 물을 공급하던 수도관에 대한 아름다운 육필 도면이 남아 있었다. 이 수도관들이 만들어진 시기는 19세기였다. 리엔지니어링 과정에서 컨설턴트들은 이렇게 말했다. "이 도면은 19세기에 만들어진 것입니다. 우리한테는 필요 없는 물건이지요. 시스템 안에 모두 기록하면 되니까요." 그리하여 그들은 이 아름다운 19세기의 육필 도면을 분쇄기에 던져 넣고 정보를 시스템에 입력했다. 그러나 시스템은 제대로 작동되지 않았다.

그 후 수리기사들은 방문하는 집마다 수도관을 찾을 수 없었고, 결국 육필 도면이 다시 시급해졌다. 수리기사들은 공동 작업을 하면서 수도관의 위치를 기억하는 사람을 찾아야 했다. 그것은 촉감에 의지하거나 말로는 설명하기 힘든 정황 지식이었다. 수리기사들은 그 전체의 기록을 복원해야 했다.

그들은 아침마다 만나 커피를 마시며 대화를 나눴을 것이다. "자

---

* 리엔지니어링(re-engineering) : 기업의 업무와 조직을 근본적으로 재구성하여 경영의 효율을 높이려는 경영 방법.

네는 어느 집에 갈 텐가?"

"아, 존이 약간은 알고 있는 것 같아. 그 집에 가보자고."

그러면 존은 이렇게 말했을 것이다. "아, 예. 이 배관을 보려면 이 동판을 따라가야 하고 동판은 이쪽으로 연결되어 있지요."

이런 내용이 일 자체에 대한 스토리다. 줄리언 오어(Julian Orr)가 저술한 《기계에 관한 담화(*Talking about Machines*)》라는 유명한 책이 있다.[4] 그 책은 합리주의적 경영 전략을 채택한 제록스가 고속 복사기 수리에 대한 문서 자료집을 발간하게 된 과정을 보여준다. 그 자료집에 수록된 수리 절차와 표준 용례의 방대함은 가히 상상이 갈 것이다. 오어의 책에서는 제록스에 관한 내용을 다루고 있지만, IBM 또는 그 외의 다른 기업에 관한 것일 수도 있다. 기업 안에서 일어나는 일들은 모두 똑같다. 결국 수리기사들은 대화를 나눈다. 문제가 발생하면 서로에게 연락을 취한다. 회사에서 휴대전화를 제공한 후로는 연락이 더 쉬워졌다. 그러한 대화는 효과를 발휘한다. 어째서일까?

첫 번째, 문서보다는 대화를 통해 서로의 말을 더 쉽게 이해할 수 있기 때문이다.

두 번째, 문제란 발견되기 전까지는 그 내용에 대해 알 수 없기 때문이다.

그리고 세 번째, 조직원 사이의 상호작용을 통해 다양한 학습이 일어나기 때문이다.

"이렇게 해봤나?"

"그것은 효과가 없었네."

"그러면 이건 어떨까?"

"그게 좋겠는걸."

우리는 이야기라는 형식 속에 언어로 이루어진 결정의 나무를 만든다. 이것이 업무에서 대부분의 사람이 서로를 돕는 방식이다. 사람들은 일에 관한 스토리를 전달한다.

줄리언 오어의 책은 일종의 민족지학 연구 서적으로, 일에 관해 스토리를 전달하는 방식을 정확히 보여준다. 이와 관련된 내용은 존 실리 브라운이 상세히 다룰 것이다.

그렇다면 일에 관한 스토리를 전달하는 것은 유용할까?

패스트컴퍼니(Fast Company)를 설립한 앨런 웨버(Alan Webber)는 '말은 그만하고 업무로 돌아가라'는 제목의 기사를 쓴 적이 있는데, 비즈니스 사회에서 들어본 말 중 가장 아둔한 말이다. 그리고 그에 필적하는 다른 말도 많다. 그 범주에 속하기란 어려운 일이 아니다.

IBM의 전 CEO 존 에이커스(John Akers) 역시 마찬가지다. IBM이 깊은 침체에 빠져 심각한 곤경에 처했을 때 에이커스는 캐나다로 건너가 일장 연설을 했다. 사원들이 업무에 전념하지 않고 커피 자판기 앞에 모여 잡담이나 하고 있다고 비난했다. 이는 그가 할 수 있었던 말들 중 최악이었다. 우선, 그 정도 보수를 받는 위치에 있는 사람이 회사의 문제로 직원들을 탓하는 것 자체가 비도덕적이다. 다음으로, 그 행동은 어리석었다. 회사가 침체에 빠져들 경우 직원들은 어떤 일을 할까? 서로 대화를 나눌 것이다. 서로 스토리를 전할 것이다. 회사가 처한 문제가 무엇이든 그 안에서 회생해보려고 노력할 것이다. 국부적인 해결책을 내놓기 위해 애쓸 것이다. 최대한의 노력으로 각자가 처한 위치에서 도움을 주려 할 것이다. 자신이 속한 지점을 돕기 위해 자신들의 부서를 돕기 위해 말이다. 그토록 중대한 문제가 존재할 때 동료들과 서로 스토리를 나누지 말라는 말이야말로 최악의 훈계다.

우리가 여기에서 다루는 내용은 조직 운영에 대해 이와는 전혀 다른 정신 모델이다. 기계적이거나 합리적이지 않은 모델, 서로 대화를 나눌 때 유기적이고 자기 순응적인 모델, 기계적 모델처럼 또렷하거나 명쾌하거나 합리적이거나 혹은 과학적이지 않은 모델이다. 조직은 기계처럼 작동하지 않는다. 조직에는 수많은 사람이 있다. 그들이 하는 일이 무엇인가? 일에 대해 대화하는 것이다. 주로 스토리의 형태로 말이다.

교실의 모습은 어떤가?

어떤 사람들은 '말하는 것은 나쁘다'는 사고방식이 잡담이 금지된 낡은 교실의 관습에서 기인한다고 주장한다. 또 다른 사람들은 간혹 나이를 먹어갈수록 염세적이 되며 세상이 점점 말세의 지경에 이르고 있다고 생각한다. 그러나 아이들과 애기하다 보면 내 어린 시절보다 교실 환경이 훨씬 나아졌다는 생각이 들곤 한다. 아이들은 이리저리 돌아다니며 서로 대화를 나눈다. 배움의 내용도 훨씬 다양해졌다. 내가 어릴 적에는 교실에서 돌아다니거나 한 마디라도 소리를 내는 일이 용납되지 않았다. 말도 많고 호기심도 많았던 나로서는 그렇게 얌전히 있어야 하는 환경이 너무 곤혹스러웠다. 나는 그런 제재가 싫었다. 정말 끔찍한 경험이었다.

아이들은 본래 말도 많고 호기심도 많다. 때때로 "조용히 하고 잘 들어."라는 말도 필요하다. 그러나 근본적으로 아이들을 하루 7~8시간씩 조용히 가두어두는 것은 상식을 벗어나는 행동이다.

IBM의 경영자 존 에이커스가 그런 성장 모델 속에서 자라났다고 볼 수도 있다. 그는 해군 출신이다. 퇴역 해군! 군대는 우리가 가만히 앉아 귀를 기울여야 한다고 생각하는 엄격한 집단이다. 대부분의 기업이 차용하는 훈련 모델은 여전히 이러한 접근법에 기초하는데, 이것은 우격다짐식 학습법이다. 상대방의 머리를 열고 지식을 쏟아부어라! 완전한 어불성설이다.

우리가 최초로 무언가를 배웠던 기억을 떠올려보면, 스토리를 통해서였음을 깨달을 수 있다. 부모나 형제자매 혹은 친구들에게서 들은 초기의 이야기들을 통해 최초의 학습을 경험하며, 여러 연구들이 보여주는 바와 같이 최초에 각인된 학습은 평생에 걸쳐 지속된다.[5] 그것이 곧 스토리텔링이며, 지속적으로 각색되어 관점을 형성한다. 이러한 학습 모델은 모두 훈련이나 형식적인 교수 방법으로 이용했던 모델들보다 훨씬 생태학적이며 유기적이다.

대화와 담화, 스토리의 차이

대화와 담화, 그리고 스토리가 서로 다르다는 주장도 있다. 이 책에서는 그러한 차이가 별로 중요하지 않다. 담화 분석에 대한 학술 문헌이라는 것이 있는데, 특히 사회학자들과 민족지학 연구자들은 담화를 분석하기 위한 방법론들을 발전시켜왔다. 예를 들어 사람들이 말하는 방식을 분석하고 관찰하면, 두 명이든 세 명이든 혹은 한 집단이든 그 안에서 벌어지는 일들을 이해할 수 있는 몇 가지 방법이 존재한다. 이에 대해 어빙 고프먼(Erving Goffman)[6]과 해럴드 가핀켈(Harold Garfinkel)[7]이 남긴 저작은 학술 서적임에도 불구하고 매우 흥미롭다. 이 책에서는 단지 '너무 심화된 영역'이라고만 말해두자. 호흡을 늦추고 주제로 돌아가보자. 사람들에게 서로 대화하도록 하면 그들은 조직이 어떤 상황에 처했는지, 어떤 행동이 그 조직에 도움이 되는지 등에 관해 많은 것을 배우게 된다.

조직에 대한 스토리

다음으로 조직에 대한 스토리들이 있다.

케미컬은행(Chemical Bank)에서 있었던 한 가지 일화는 좋은 사례가 될 것이다. 이 은행은 다른 은행과 합병한 후 다시 자산순위 3위의 은행이 되었지만, 이 이야기가 진행되던 당시에는 뉴욕에 소재한 막강한 은행으로 '케미컬은행'이라는 이름을 유지하고 있었다. 케미컬은행에 새로 부임한 CIO(최고정보관리책임자) 브루스 햇슨재거(Bruce Hassenjager)는 강인하고 영리할 뿐 아니라 IT 분야에서 잔뼈가 굵은 사람이었다. 그는 회사가 항상 가동해왔던 시스템을 살펴보고는 이렇게 말했다. "다른 방법을 시도해봅시다."

마침 은행은 다른 은행과 합병이 진행 중인 시기였기 때문에 그는 이런 시도에는 많은 우려가 뒤따를 것이라는 사실을 알고 있었다. 은행 안에 유언비어가 떠돌기 시작했다. 그는 말했다. "루머밀(RumorMill)이라는 시스템을 가동해보면 어떨까요?" 그가 말하는 것은 '루머밀'이라는 명칭의 IT 시스템이었다. 하버드 경영대학원(Harvard Business School)에서 그 시스템에 관한 사례를 보고한 적이 있었다.

그는 말했다. "이 시스템을 이용해서 누군가 루머를 입력하면 내가 24시간 내에 답변할 것입니다." 시스템을 통해 루머를 전송하지만 이메일은 아니었다. 이메일 전 단계라 할 수 있으나 어쨌든 이메일처럼 이용할 수 있는 시스템이었다.

처음 시스템의 가동을 알렸을 때 햇슨재거는 대여섯 개의 질문을 받았다. 그리고 그 질문들에 답해주었다. 그는 경영자이자 중역에 속했으므로 루머들에 답을 해줄 수 있었다.

직원들은 그 시스템이 믿을 만하며 상당히 공정하다는 사실을 알아차렸다. 그리하여 그 다음 주에는 100여 개의 질문이 날아들었다. 그중 몇 가지는 하나로 묶어 답을 해줄 수 있었다. 질문 사항 모두가 별개의 것은 아니었다. 이를테면 다음과 같은 질문들을 받았을 것이라 추측해볼 수 있다.

"정말 체이스(Chase)와 합병됩니까?"

"우리가 파산할 거라는 얘기가 들리던데, 사실입니까?"

"정말 새로운 CEO가 오는 겁니까?"

그는 대부분의 질문에 답해주었다. 비록 도와줄 사람을 한 명 두어야 했지만 거의 모든 질문에 답을 해나갔다. 때로는 대답할 수 없는 경우도 있었고, 때로는 답을 회피해야 했다. "죄송합니다. 유감스럽게도 이 문제는 아직 기밀 사항입니다. 답변을 드리기 어렵겠습니다." 그것으로 족했다. 직원들은 그 정도로도 지장 없이 업무에 전념할 수 있었다.

그러나 그 다음 주에는 4,000여 개의 질문이 도착했고, 그는 시스템을 폐쇄해야 했다. 그리고 몇 달 후 햇슨재거는 회사를 떠났다.

이 사례에서 흥미로운 점은 정보에 대한 억압된 욕구가 분명히 드러났다는 사실이다. 이 은행은 전통적인 모델로 운영되며 완전히 전통적인 시스템을 갖추고 있었다. 그리고 그러한 모델에 속한 직원들은 자신들의 조직에 대한 정보를 알고자 하는 억압된 욕구가 너무 컸던 나머지 시스템을 마비시키고 CIO 햇슨재거를 궁지에 몰아넣었다. 다른 모든 조직의 경우도 마찬가지다. 아마 과거보다는 조금 나아졌을 수도 있다. 그러나 IBM, GE, GM 혹은 미 해군이나 다른 어떤 조직에 동일한 시스템을 가동시키더라도 같은 상황이 벌어질 것이다. 어떤 일이 벌어지는지 알지 못한다. 그래서 사람들은 스토리를 전한다. 이 경우 그것은 실제로 델포이 신전*이다. 질문을 하면 권위 있는 답변을 얻을 수 있다. 답변이 모니터 위에 나타난다.

---

* 델포이 신전(Delphic Oracle) : 아폴로 신전, 애매모호한 신의 메시지를 전달하는 장소.

그 답은 경영자에게서 나온 것이다. 사람들은 말한다. "와! 이거 대단하군!"

그 질문들 중 얼마만큼이나 오해와 사실을 가리기 위해 혹은 익명성을 빌미로 던져졌을까? 많지 않다. 사람들은 그저 알고 싶어할 뿐이다. 호기심을 갖는 것이다. 칼 웨익(Carl Weick)은 《조직 내에서의 의미 형성(Sensemaking in Organizations)》이라는 놀라운 책을 통해 이와 관련된 글을 썼다.[8] 그에 따르면, 많은 조직에서 가장 강력한 자극은 조직과 환경에 대해 의미를 만드는 것이다. 이 말을 전적으로 수긍할 수는 없지만 상당한 진실이 내포되어 있다. 사람들은 자신이 속한 조직에 의미를 부여하고 싶어한다.

그리하여 조직에 대한 스토리가 만들어지는 것이다. 업무가 아니라 그 자신이 몸담고 있는 조직 말이다.

"그런 놈이 어떻게 승진을 했지?"

"주가가 왜 바닥을 쳤을까?"

"연금은 어디로 사라진 거야?"

내 자신도 이런 경험이 있다. 나는 IBM의 고위 경영진에 속하지만 IBM에서 벌어지고 있는 일에 대해 알기 위해 여전히 신문을 읽어야 한다. 내게 그런 말을 해주는 사람은 없다. 신문을 읽고는 비로소 이해한다. "아, 우리가 이 회사를 매입했군! 우리가 했단 말이지? 멋지군!"

나는 IBM의 주주이자 투자자이지만 아무튼 사람들이 내게 그런 정보를 줄 수는 없다. 한번은 홍보를 담당하는 수석부사장을 만나

물었다. "당신은 대체 하는 일이 뭡니까?" 그는 감정이 크게 상한 듯했다. 나보다 두 단계 높은 직급의 그는 아무런 대답도 하지 않았다. 특별히 IBM에 대해 언급하고자 하는 것은 아니다. IBM은 훌륭한 기업이다. 다른 어떤 대기업에서도 마찬가지였을 것이다.

　사람들은 자신이 속한 조직에 대한 스토리 전달을 매우 좋아한다. 악의적이지 않은 스토리들 말이다. 동료들을 존속시키고자 하는 욕구도 여기에 관련된다. 사람들은 자신들의 네트워크와 커뮤니티를 온전히 보존하고 싶어한다. 연구자들은 이제 기업의 커뮤니티나 네트워크에 기초한 이론들에 접근하고 있다. 우리 중에도 그에 관한 글을 쓴 이들이 있다.[9] 기업은 사회적 커뮤니티이고, 이러한 커뮤니티들을 온전히 보전함으로써 결합력과 응집력을 이끌어내는 일은 중요하다. 따라서 조직에 관한 스토리 전달은 종종 긴밀한 유대의 메커니즘이 된다.

스토리가 전달되는 배경

　스토리에는 정황이 필요하다는 사실 또한 중요하게 언급되어야 한다. 스토리 전달은 특정한 때 특정한 장소에서 이루어진다. 할 말은 있지만 하고 싶지 않은 때가 있고, 시간이 흐른 후 특정한 순간에 그 이야기를 하고 싶어질 수도 있다. 셰익스피어가 말했듯이 "때가 무르익는 것이 가장 중요하다."[10] 시기의 문제라는 얘기다.

　시대를 초월한 스토리들도 있다. 담화 분석을 목적으로 5년 동안 모든 조직의 모든 스토리를 모은다면 시기와 상관없는 스토리들도 발견될 것이다. 이를테면 "우리 대 그들"이나 "이 회사 일은 내가 다 하는군.", "노력한 대가가 고작 이 정도군." 등과 같은 이야기들이다. 이런 이야기들은 신화나 전설에서와 같이 조직 내에서도 끊임없이 들려온다. 함무라비법전어서도 이런 이야기를 찾을 수 있다.[11] 《성경》에서도, 《일리아드》와 《오디세이》에서도 찾아볼 수 있다. 아마도 대여섯 개의 영구불변하는 테마를 찾을 수 있을 것이다. 이러한 스토리는 시대를 초월한다.

그런가 하면 정황적 스토리라는 것이 있다. 그 순간에만 사실인 스토리들이다. 케미컬뱅크의 루머밀처럼 말이다. 조직 내에서 지속적으로 일어나는 일들에 관한 스토리들이다. "아무개가 승진했다더라." 혹은 "누구누구는 퇴출되었다."는 이야기가 여기에 포함된다. "오호, 슬프도다!"와 같은 영구적 스토리와 특정한 배경에 상응하는 스토리들 사이에는 끊임없는 긴장감이 흐른다.

사회적 유대로서의 스토리

사회적 유대를 위해 오가는 스토리들도 있다. IBM이나 제록스와 같이 사람들이 많이 모이는 대기업 회의를 관전해보았다면, 본격적인 비즈니스 문제로 들어가기 전에 스토리를 나누는 모습을 본 적이 있을 것이다. 종종 회사에 대해 불평을 하거나 사소한 얘기들을 나누는 이러한 대화는 의식 담화(ritualistic speech)로 알려져 있다.

회의 참석자들은 공식 일정에 대해 의견을 나누기 전에 먼저 그런 대화의 필요성을 느끼는데, 기원을 드리는 것과 크게 다르지 않다. 다른 사람과 유대를 형성하기 위해 담화를 활용하는 셈이다. "우리는 공동의 목표를 갖고 있습니다. 우리는 동일한 목적을 갖고 있지요. 우리는 모두 같은 대접을 받고 있습니다. 이제 우리는 서로를 믿을 수 있습니다." 마치 속죄양을 내세우는 행위와도 같다. 아마도 동일한 동기를 갖고 동일한 결과를 얻게 되기 때문에 그렇게 할 수 있을 것이다. 단순한 농담이 아니다.

인류학자들이 사용하는 표현 중 사교적 담화(phatic speech)라는 실로 적절한 용어가 있다. 이런 담화의 목적은 중요한 문제의 처리가 아니라 타인과 인연을 맺는 데 있다. 하나의 의식처럼 행하는 것이다. 이를테면 "안녕하십니까?"가 사교적 담화에 속한다. 정말로 중요한 정보를 주고받는 내용은 전혀 없다. 그저 '당신의 존재를 인정한다.'는 의미다.

회의의 시작 단계에서 나오는 말들은 대개 다음과 같은 의미를 가진다. "자, 함께 협력합시다. 우리는 모두 서로를 믿습니다. 이게 바로 우리지요. 우리는 모두 같은 회사에 다니고 이러저러한 일들로 기분도 언짢습니다. 우리 모두 비슷한 기분이지요." 그러고는 회의의 주 내용으로 들어가는 것이다.

일부에서는 언어가 현실을 묘사하는 데 그치는 것이 아니라 실제로 현실을 창출하며, 현실 상황에 대해 불만을 표할 때 언어는 사실상 그 환경에 부정성을 부여한다고 주장한다. 이러한 주장에는 상당한 진실이 들어 있다. 계속되는 부정성은 기업을 침몰시킬 수도 있다. 그러나 대개 그러한 불만의 밑바탕에는 이미 경제적 난국이라는 현실이 숨어 있는 것도 사실이다. 경제적 맥락을 제외하고는 한 조직을 관찰할 수도 없을뿐더러 그 조직 내에서 벌어지는 일들을 이해할 수도 없다.

언어가 그 자체만으로 현실을 창출하는 것은 아니다. 조직에서 일하는 사람들은 공정하지 못한 상황을 경험한다. 보상이 노력에 미치지 못하거나 직장이나 연금을 잃었을 때, 또는 업무 환경이 까다로울 때 직장 생활이란 그야말로 고된 일일 수 있다. 조직이 얻는 결과는 대부분 경제적 사정에 따라 결정된다.[12] 개인적으로 나는 좋은 처우를 받고 있지만, 다른 사람들에게는 대개 좌절할 수도 있는 각각의 이유들이 존재한다. 스토리는 종종 이러한 감정들을 발산하는 배출구의 역할을 한다. 나는 다른 사람들에 비해 그다지 사회 구성주의자라 할 수 없다. 오히려 경제주의자에 가깝다.

신호로서의 스토리

조직에 관한 스토리들은 신호로도 작용한다. 조직에 관한 많은 스토리가 신호의 해석으로 분류될 수 있다. 수사여구를 좋아하는 사람들이라면 논리 해석이라 부를 수도 있다. 신호를 읽고 그 신호의 의미를 해석하는 것이다.

나는 수년간 컨설턴트로 활동했다. 컨설턴트들은 경험을 통해 기술을 연마한다. 컨설턴트로서 기업에 들어가면 공간 구조를 포함한 모든 종류의 신호들을 읽게 된다. 책상이 놓인 위치, 사무실 배치 상태 등에도 신호가 존재한다. 그러한 것들을 통해 그 조직의 모습을 볼 수 있다.

〈마라 사드(Marat-Sade)〉[13]라는 연극이 있다. 극 중 등장인물인 코르데(Corday)는 파리로 건너와 묻는다. "여기는 어떤 곳이지?" 이와 마찬가지로 조직에 속한 사람들은 스스로에게 묻는다. "이 회사는 어떤 곳일까?" 그런 질문은 비과학적이라고 말할지도 모른다. 그러나 나는 이것이 대체로 상당히 정확하다는 사실을 발견했다. 나는 실제로 기업에서 일하는 사람들과 함께 충분히 검토하고 다른 사람들에게 어떤지 물어본다. 사람들은 대개 이렇게 답한다. "예. 이 회사는 정말 그래요." 그렇게 나는 신호를 읽을 때 내가 틀리지 않았음을 알 수 있다.

구조도 스토리를 전달한다

내러티브 추진력을 얻기 위해 스토리가 반드시 말로 표현되어야 하는 것은 아니다. 그와는 다른 종류의 스토리도 존재한다. 건축 양식도 스토리를 전달할 수 있다. 사무실 공간의 배치도 스토리를 전달한다. 하버드 경영대학원의 예를 들어보자. 상당한 재정을 보유한 대학원은 얼마 전 섀드 홀(Shad Hall)이라는 학부용 건물을 새로 지었는데, 거기에는 공공장소가 한 군데도 없다. 모두에게 개인 사무실이 제공된 섀드 홀에서는 다른 사람들을 만날 때는 건물 밖으로 나가야 한다. 건물은 온통 사무실과 기둥뿐이기 때문이다. 그래서 사람들은 결국 학장에게 요구해 로비에 조그만 커피 판매점을 만들게 했다. 아주 좁은 공간이었으나, 건물 내의 유일한 공공장소였다. 그것은 하버드가 건물에 들어가는 사람들에게 보내는 하나의 중요한 신호다. "자, 여기 원하던 공간이 있습니다. 조직 내 팀워크가 무엇인지 알려주는 곳이지요. 그리고 다른 공공장소는 없습니다." 이렇듯 건축 양식도 하나의 스토리다. 건물은 그 조직에 대한 정보이자 신호로서 작용한다. 이 또한 매우 흥미로운 주제다.

과거에 대한 스토리

또 다른 범주는 과거에 대한 스토리다. 즉 조직의 역사다. 조직의 역사는 종종 사람들을 묶는 틀이 된다. 과거에 대한 스토리는 조직 내의 많은 행동을 억압한다. 이러한 스토리에는 경제학자들이 '경로의존성'이라고 부르는 힘이 있다. 일단 어떤 길로 들어선 이후에는 앞으로 나아갈 방향이 결정된다는 의미다. 그러나 경제학자들은 대개 정확히 과거의 무엇이 기업에 경로의존성을 부여하는지 설명하지 않는다. 어떻게 그러한 현상이 나타나는지 그 실제적 메커니즘 속으로 들어가보지는 않는 것이다. 여기에서 스토리는 매우 커다란 역할을 한다.

IBM의 사례를 들어보자. 나는 수많은 위원회와 매입 위원회(acquisition committee)에서 활동했고, 토론 중 "노력했지만 효과가 없었습니다."라는 말을 매우 자주 들었다. 자, 그 말은 사실이다.

우리는 노력을 했지만 효과가 없었다. 그말은 앞으로도 효과가 없을 것이라는 의미가 아니다. 그러나 그들이 전하는 스토리와 그들이 스토리를 전하는 방식은 행동을 구속했다. 행동을 억압했던 것이다. 마치 "그것이 신의 뜻입니다."라고 말하는 듯하다.

이러한 말은 다양하게 변형되어 어디에서든 들려온다.

"노력했지만 독일에서의 판매 실적이 증가하지 않았습니다."

"콸라룸푸르에 사무실을 여는 것은 불가능합니다."

"전기통신 기업을 매입할 수는 없습니다."

IBM은 전기통신 기업을 매입하기 위해 세 번 시도했지만 매번 크게 실패했다. 그것이 네 번째 시도도 반드시 큰 실패를 노정하고 있다는 의미일까? 결코 아니다. 그런 논리는 존재하지 않는다. 그러나 스토리는 강력하고, 전설과 신화 속에 깊숙이 파고든다. 어떤 일을 함으로써 경력에 손해를 보았기 때문에 기회비용을 생각하게 된다. 스토리의 연합은 너무도 강력해서 행동을 억압하고 종종 이룰 수 있는 일들에까지 악영향을 끼친다. 스토리 자체가 매우 강력한 요소가 되는 것이다.

마치 어린아이에게 말하는 것과 같다. "하느님은 항상 너를 보고 계신단다. 만약 나쁜 짓을 하면 지옥에 가게 될 거야!" 이런 말은 확실히 아이에게 좋지 않은 방향으로 영향을 끼친다. 나 역시 어릴 때 이러한 이야기를 듣곤 했다.

스토리 속에는 함축적인 메시지가 있지만, 그 메시지를 명시적으로 만든다고 해서 도움이 될 것 같지는 않다. 메시지를 명시적으로 드러내면 상황이 바뀔 것처럼 보이지만 그렇지 않다. 아이가 자라서 버트런드 러셀(Bertrand Russell)의 책을 읽고 신은 존재하지 않는다고 믿게 된다 하더라도 여전히 수상쩍은 느낌을 지우지는 못할 것이다. 아마 평생 그런 느낌을 갖고 살아갈 수도 있다.

스토리는 이렇게 문화적 규범을 조성한다. 스토리는 규범이 전달되는 방법들 중 하나다. 규범에 관심이 있는 사람들에게는 《사회적 규범(Social Norms)》[14]을 읽어보라고 권하고 싶다. 이 책은 조직 내의 규범이 어떻게 만들어져서 어떻게 발전하고 어디에 정착했는지를 설명하고 있다. 나는 규범이 스토리를 통해 발전한다고는 생각하지 않지딴, 스토리가 행동에 대한 교훈을 전달한다는 것만큼은 확신한다. 이야기는 지시한다. "이렇게 하라. 그렇게 말고!" 이로써 규범이 조직 내에서 영속될 수 있도록 돕는다.

믿을 수 없는 스토리

많은 연구는 시간이 지날수록 스토리도 진화한다는 사실을 보여준다. 스토리는 사회적으로 조성되어 부가된 관점 혹은 변화된 관점을 반영한다. 칼 웨익은 이를 '소급된 의미형성'이라고 부른다. 우리가 견해를 바꾸면 갑자기 스토리 자체도 바뀐다.

혼다(Honda)의 사례는 유명하다. 혼다의 스토리가 수년간 회자되기도 했다. 이 스토리의 배경에는 하버드 경영대학원이 있는데, 인지적 권위라는 비즈니스 영역에 존재하고 이 같은 기관이 선택해 퍼뜨린 스토리는 인지적 권위를 얻는다. "이것은 사실이다. 여기에

하버드의 검인이 있다." 그러면 사람들은 그것을 사실로 받아들인다. 혼다에 관한 스토리는 여기에서 시작된다. 잠깐이나마 혼다가 모터사이클 전쟁에서 할리데이비슨(Harley-Davidson)을 부도 위기까지 몰고 갔던 것이다.

현재 할리는 명백히 명예를 회복했지만, 당시 혼다는 나름의 방법으로 진행한 시장조사에서도 우위를 점했었다. 그러던 어느 날, 비즈니스 연구 전문가인 리처드 파스칼(Richard Pascale)은 그 조사결과가 사실이 아님을 발견했다.[15] 혼다의 시장조사 결과에는 우연과 운, 환경, 그리고 짐 마치가 '의사결정의 쓰레기통 모형(Garbage Can Model of Decisions)'[16]이라고 불렀던 모든 요소가 포함되어 있었다. 쓰레기통 안에는 온갖 잡동사니들이 던져져 있다. 그 쓰레기통을 흔들면 무엇이든 밖으로 튀어나온다. 그렇게 혼다는 일부 시장점유에서 성공을 거두었으나, 합리적인 의사결정의 결과가 아니었다. 시도면에서는 매우 합리적이었다 하더라도 말이다. 그럼에도 불구하고 스토리는 커다란 신용을 얻었다. 파스칼이 그 조사 결과가 사실이 아님을 증명한 후에도 대부분의 사람은 여전히 그렇게 생각했다. 다른 많은 스토리 역시 마찬가지다. 다음 장에서 존 실리 브라운이 언급하겠지만, 일단 인식한 사실은 지우기가 매우 어렵다.

조직의 구술 역사

조직의 구전 역사를 기록하는 데 어떻게 접근하는지 묻는 질문을 받곤 한다. 어떻게 접근해야 하며, 또 어떻게 접근해서는 안 되는가? 나는 대답으로 역사에 대한 볼테르(Voltaire)의 언급을 들려준다. "역사란 옛날에 죽어버린 것을 갖고 노는 속임수다." 만약 주변에 조직이 만들어질 때부터 지금까지 계속 있으면서 조직의 역사에 대해 말할 수 있는 사람이 있다면, 그와의 면접을 비디오 영상으로 녹화해보라. 스토리를 갖고 있는 사람들과 대화를 나눌 때 지켜보는 이들이 스스로 그 의미를 결정할 수 있게 하는 것이 좋다. 나는 대개 그것을 기록하지 말라고 충고한다. 다른 기업을 위해 역사를 기록하는 기업이 있다. 그러나 그 기록은 거의 아무도 읽지 않는다. 그것이 사실이 아님을 알기 때문이다. 그런 기록은 한 조직이 어떻게 작동되는지에 대해 우리가 갖고 있는 지각과 일치하지 않는다. 나라의 역사는 다르다. 전문 역사가들은 역사를 정말로 정직하게, 그리고 훌륭하게 기록해낸다. 그리고 독자들은 "그래, 틀림없이 그랬을 거야." 하며 동의한다. 그러나 기업의 역사는 그렇지 않다. 나는 그러한 역사 기록을 많이 접해보았는데, 대개 홍보를 위한 기록이었다. 다시 말해서 일종의 속임수며, 사람들도 그 사실을 알고 있다. 그래서 나는 면담할 때 말을 하게 만들라고 권한다. 그러면 다른 사람들이 그 영상을 보고 그 말이 무엇을 의미하는지 스스로 결정을 내릴 수 있다.

미래에 대한 스토리

다음으로 미래에 대한 스토리가 있다. 사명과 전망에 관한 진언들이 여기에 부합된다. 사람들은 말한다. "이것이 우리가 하고 싶은 일입니다."

혹은 "이것이 우리가 이루고자 하는 일입니다."

혹은 "이것이 미래 우리가 가고자 하는 방향입니다."

혹은 "우리는 일류 기업이 될 것입니다."

혹은 "우리는 반드시 다시 일어설 것입니다."

우리는 모두 미래에 대한 스토리를 전달한다. 그것을 다른 말로 명명해도 좋다. '종교' 또는 '양육'이라고 할 수도 있다. 그러나 이들 역시 미래에 관한 스토리들이다. 우리는 삶이 나아갈 방향에 대해 규정하는 스토리를 전달한다.

박사 과정을 밟으면서 나는 유토피아적 전망과 유토피아 사회 분야의 대단한 권위자와 함께 공부한 적이 있다. 그는 그 두 가지의 이면, 즉 그것이 종종 어떻게 끔찍한 참사로 귀결되는지에 대해서도 권위 있는 견해를 가진 인물이었다. 20세기에는 그러한 몇 가지 사례가 존재했다. 그러나 사람들은 끊임없이 더 나은 세상을 향한 전망, 어쨌든 미래에는 만사가 잘될 것이라는 전망을 가질 필요가 있었다. 사자가 양과 함께 누워 잠드는 그러한 세상 말이다. 우디 앨런(Woody Allen)은 말했다. "그런 일도 일어날 수 있다. 그러나 양이 깊은 잠에 빠지지는 못할 것이다."

이러한 것들이 미래에 대한 스토리다. 우리 모두 그런 스토리를 전달한다. 그리고 그러한 스토리를 들을 필요가 있다.

사자가 양과 함께 누워 잠들 수도 있다. 그러나 우디 앨런이 지적했듯이, 그런 일이 일어날 수도 있지만 양은 깊은 잠에 빠지지 못할 것이다.

어느 누가 그런 스토리 없이 살 수 있겠는가? 미래에 대한 스토리 없이 인생을 헤쳐나갈 사람이 어디 있겠는가? 당신의 머릿속에는 미래에 대한 아무런 계획도 없는가? 그렇지 않을 것이다.

그리고 그것이 곧 사명이다. 악의는 없다. 속이고자 하는 의도도 없다. 앞을 향한 길을 가리키며 정말로 필요한 것들을 이행하는 것이다.

스토리를 이용해 변화를 일으키고 낡은 스토리들을 버리다

때로는 조직 내에서 진심으로 받아들일 수 있는 미래에 관한 스토리를 만들 가능성이 있는지, 그러한 스토리가 변화를 일으키는 데 얼마나 많은 시간이 걸리는지 묻는 사람을 만난다. 이런 경우 나는 세계은행의 사례를 들려주기도 한다. 스티븐 데닝은 실제로 세계은행에서 그런 일을 했다. 흥미롭게도 이제 직접 그 일을 하고, 그에 대해 연구하고 저술한 장본인이 풍부하고 자세한 사례들을 갖고 우리와 함께하고 있다.[17] 이와 관련된 내용은 스티븐 데닝의 글을 통해 4장에서 언급될 것이다.

과거에 관한 스토리 극복하기

우리는 미래에 대한 스토리에 관해 언급했다. 그러나 종종 과거에 대한 스토리에 집착하는 사람들도 있다. 그들은 미래의 스토리에 다다르지 못한다. "이 일은 못해요. 우리가 해봤지만 소용없었어요." 또 종종 이렇게 묻는다. "어떻게 극복할 수 있습니까?"

대답은, 그러한 스토리를 전달하는 사람들을 멀리하라는 것이다. 그들은 퇴장당할 것이다. 그들은 살아남지 못한다. 약삭빠른 답변처럼 들릴지 모르지만, 그러한 스토리들은 파괴적인 결과를 불러올 수 있다. 중동이나 발칸 혹은 아일랜드로 가보라. 그곳 사람들은 과거에 대한 끔찍한 스토리를 갖고 있다. 나는 자라면서 줄곧 제2차 세계대전에서 무슨 일이 일어났고, 누가 누구에게 무슨 짓을 했는지에 대한 스토리를 들었다. 그 스토리들은 내게 이렇게 다가왔다. "모든 부류의 사람들과 나라들을 믿지 말거라. 아무도 믿지 마!"

나는 생각했다. "어떻게 그럴 수가 있을까? 7,000만 명이나 있는데, 어떻게 아무도 믿지 않을 수가 있지?"

그러나 그런 이야기는 매우 강력했고, 감정과 본능과 피와 살의를 품은 채 떠돌았다. 결국 그런 이야기들은 매우 무서운 영향력을 지니게 되었고, 그 영향력을 극복하는 것은 어려운 일이었다. 처음으로 한 나라를 방문했던 기억이 난다. 내 부모님과 친척들이 살인자들로 가득 찬 나라라고 말했던 곳이다. 나는 그런 말들을 터무니없으며, 심지어 완전히 바보 같다고 생각했다(그들 중 태반은 제2차 세계대전 당시에는 태어나지도 않았다). 하지만 그 이야기들은 여전히 내게 영향을 미치고 있었고, 나는 신경이 곤두섰다. 내 자신이 상당히 합리적인 사람이라고 생각하고 싶었지만 스스로도 어쩔 수 없었다. 그러한 스토리는 강력했다.

터키에 대한 스토리를 전달하는 세르비아인을 생각해보자. 그리스에 대한 스토리를 전달하는 터키인, 터키에 대한 스토리를 전달하는 그리스인을 생각해보자. 세르비아에 대한 스토리를 전달하는 알바니아인도 있고, 크로아티아에 대한 스토리를 전달하는 세르비아인을 떠올려볼 수도 있다. 이러한 스토리들은 14세기로 거슬러 올라간다. 그리고 그 이야기들은 반향을 일으킨다. 팔레스타인은 유대인에 대한 스토리를 전파하고, 유대인은 아랍인에 대한 스토리를 전파한다.

아일랜드에 갔을 때 나는 영국의 패악에 대한 스토리를 듣고 또 들었다. 영국인은 다른 사람들의 악함에 대해 말한다. 이러한 이야기들도 반향을 불러일으킨다. 때문에 이것은 인간사에서 진정한 딜레마다. 에드먼드 버크(Edmund Burke)는 이렇게 말한 적이 있다. "어떻게 전 인류를 비난할 수 있겠는가?" 사실 우리는 항상 그런 일을 하고 있고, 그 일은 스토리라는 형식 속에서 행해진다. 그 결과 확실히 평화 유지의 사명은 억압된다. 살인을 저지른 사람에게 물어보자. "왜 그 사람들을 죽였습니까? 대체 그들에게 무슨 문제가 있는 겁니까?" 그 대답은 스토리의 형식으로 돌아올 것이다. 피와 죽음에 공명하는 이야기들은 매우 커다란 현저성을 지닌다.

한 가지 해법 – 다른 곳으로 가라

과거에 대한 스토리를 극복하는 한 가지 방법은 그저 떠나는 것이다. 예컨대 나라에 관한 스토리라면 이민을 갈 수 있다. 조직에 관한 스토리라면 훨씬 쉽다. 직장을 바꾸면 그만이다. 자유롭게 쉴 수 있는 좋은 방법이다. 직장을 바꾸면 새로 선출된 미국 대통령처럼 허니문 기간을 누릴 수 있다. 따라서 너무 억압받는 느낌이 들면 다른 어딘가로 가서 허니문 기간*을 즐겨라. 어떤 경우든 스토리의 영향력이 당분간은 미치지 못할 것이다. 새로운 환경 속에도 불가피하게 스토리는 존재하겠지만, 처음에는 잘 모를 수밖에 없기 때문에 그 영향을 받지 않을 것이다.

삶 자체에 대한 스토리

또 다른 범주를 구성하는 것은 삶 자체에 대한 스토리다.

나는 인생 문제에 있어 전문가가 아니다. 사실 내가 살아온 삶을 돌아볼 때 이 분야에서는 매우 부족한 것 같다고 말해야겠다. 그러나 조직 내의 스토리들은 흔히 삶과 아이들, 배우자, 사랑, 죽음, 그리고 부모님에 관한 내용이다.

그것이 또 하나의 범주다. 사람들은 스토리를 통해 인생을 배운다. 앤 랜더스(Ann Landers)의 고민 상담 칼럼을 읽으며 관련 책도 구입해볼 수 있지만, 대부분은 자신의 생활 속 문제들에 대한 스토리를 전한다. 자기연출이나 나르시시즘이 아니다. 그 스토리는 정보 수집이나 나이 든 부모님과 아이들에 관한 문제이며 사랑과 결혼 혹은 또 다른 어떤 문제일 수도 있다. 나는 이 범주가 무시되거나 경시되어서는 안 된다고 생각한다. 오늘날의 일터는 인생에 대해 배우는 장소다. 대부분의 현대인은 그곳에서 삶의 많은 시간을 보낸다. 직

---

* 허니문 기간(honeymoon period) : 첫 취임 후 3개월간 실책에 대한 비난을 면하는 우호적 기간.

장은 다방면에서 사람들의 공통 관심사가 되었고 교회나 공동체, 아니면 과거에 우리가 그러한 종류의 응답을 추구하던 여타의 공간들을 대신하고 있다고 로버트 D. 푸트넘(Robert D. Putnam)은 말했다.[18]

그렇게 사람들은 이전에 자신들에게 가르침을 주었던 여타의 장소들이 아닌 일터에서 삶을 배울 수 있다고 생각한다. 과거에는 직장에 갔다가 집으로 돌아와 이웃들과 대화를 나누었다. 혹은 잔디밭에서 대화하기도 했다. 교회나 시민단체와 같은 곳에서 서로를 만났다. 그러나 이제 그런 모습은 점점 자취를 감추고 있는 듯하다. 현대인들이 이야기를 통해 삶에 대해 말하고 배우는 공간은 직장이 되었다.

자기 자신에 대한 스토리 – 정체성

또 다른 범주는 나 자신에 대해 스스로에게 전달하는 스토리다. 천재적인 철학자 비트겐슈타인(Wittgenstein)은 말했다. "내가 내 자신에게 말할 때, 정확히 누가 누구에게 말을 하는 것인가?"

그럼에도 불구하고 한 사람의 정체성을 드러내는 일, 한 사람의 직업 정체성을 드러내는 일은 중요하다.

흔히 그것은 정체성을 드러내는 문제일 뿐 아니라 정체성을 강화하는 문제이기도 하다. 어떻게 살아야 하는가, 무엇을 극복해야 하는가 등에 관해 내가 나 자신에게 하는 스토리들의 종류는 자신의 정체감과 매우 밀접한 관계가 있다. 대부분은 행동을 하고 그 행동

에 관해 스토리를 만든다. 내러티브를
먼저 세우고 행동하는 사람은 극히 드물
다. 무언가를 하고 그것을 소급해 이해
하며 표현한다. 기억과 정체성에 관한

심리학을 다룬 문학 작품은 많지만[9] 나는 연구 분야나 개인적인 기호 상 경제적·사회적 행동에 관한 서적들을 더 많이 읽는 편이다. 어떤 문학 분야가 다른 분야보다 더 우월하다는 의미는 아니다. 사회과학의 큰 문제는 거시-미시 연계(micro-macro link)를 효과적으로 분석하는 사람이 없다는 것이다. 전체적으로 한 사회 내의 경제와 사회규범 사이의 연관은 개인심리학에서 정확히 무엇을 의미하는가? 그 보편적 만족을 얻을 수 있는 답은 제시된 적이 없다. 그러나 그런 답에 대한 서로 다른 관점의 흐름들을 비교해보는 것은 흥미로운 일일 것이다.

전자 스토리텔링

근래 들어 전자 스토리텔링에 대해 많이 회자되고 있는데, 유감스럽게도 나 자신은 별로 경험해보지 못했다. 이메일을 통해 스토리를 전하고 또 듣는다는 말은 들어보았다. 그러나 믿기는 어렵다. 나는 내 이메일에서 스토리를 본 적이 없으며, 다른 사람들과의 대화 속에서 들을 뿐이다. 나는 하루 50~60통의 이메일을 받는데, 대부분은 아무 재미도 없는 내용이다. 이메일은 빠르다. 우리는 너무 많은 이메일을 받기 때문에 보통은 대여섯 마디의 말로 답장을 보낸다.

이메일은 글쓰기와 크게 다르지 않으며, 편지보다 빠르게 소식을 전달하는 수단이라 할 수 있다. 또는 전화와 마찬가지로 이메일을 통해 우리는 의사소통을 할 수 있다. 이메일은 평상적인 유형의 도구로서 매우 유용하다.

재택근무

나는 종종 재택근무에 대해 질문을 받는다. 재택근무는 사무직들의 꿈이다. 그러나 거기에는 한 가지 문제가 있다. 효과적이지 못하다는 점이다. 왜일까? 제목이 같은 두 권의 책이 있는데, 하나는 인지과학 서적이고 또 하나는 소설이다. 제목은 '거기에 있다(Being there)'[20]다. 이 책들이 재택근무의 비효율성을 이해하는 데 도움이 될 것이다. 요지는 '거기'에 있지 않으면 우리는 없는 것과 마찬가지라는 것이다. 재택근무를 통해서 승진할 수 있는 사람은 없다. 재택근무로는 조직 내에서 어떤 위치도 달성할 수 없으며, 의사결정 과정에 개입할 수도 없다. 게다가 고립된다. 재택근무를 전적으로 신봉하는 IBM의 기업 이름을 간혹 '나는 혼자다(I'm by myself)'의 약자라고 말하는 사람이 있다. 그것은 참으로 끔찍한 업무 스타일이다.

지금은 이따금 나도 집에서 일을 하는데, 예컨대 눈이 오거나 써야 할 글이 많을 때 그렇다. 그러나 여기에서 말하는 재택근무란 주기적으로 집에 머물며 프로젝트를 끝내는 형태가 아니라, 사무실이 아예 없는 형태를 말한다. 이를테면 자신만의 공간 없이 하루 종일 길 위에 있거나 고객의 사무실에 노트북을 들고 드나드는 것이다.

동료들과도 대화할 수 없는 상황, 그런 상황에서 조직은 아무 학습도 할 수 없다. 우리 자신 또한 아무것도 배우지 못

한다. 우리는 그저 업무 처리자일 뿐이다. 이처럼 어리석은 업무 방식은 기술적 이상주의의 한 형태로, 현재는 재정 운용 방식과도 완전히 통합되어 있다. 이러한 근무 형태는 매우 뛰어난 조직을 파괴한다.

이 문제에 대해 내가 IBM의 경영 방식에 동의하지 않는다는 사실은 비밀이 아니다. IBM은 진심으로 이 방식을 신뢰하며, 이러한 방식을 이용해 종업원들을 유치한다. 예컨대 몬태나의 미졸라에 거주하도록 해주지 않으면 우리는 소프트웨어 개발자조차 구할 수 없다. 그러나 IBM은 그런 방식을 통해 아무것도 배울 수 없다. 기업은 거래 단위로 급여를 지급한다. 마음이 혹하는 방식이지만 그로부터 무언가를 배울 수 있는 사람은 아무도 없다. 한 번도 만난 적이 없다면 상대가 아무리 뛰어난 컴퓨터 프로그래머라 하더라도 아무 것도 배울 수 없다. 고객과 만나지 못하면 고객으로부터도 배울 수 없다. 그저 일을 할 뿐, 자신들의 지식을 쇄신할 기회를 갖지 못한다. 따라서 개인적으로 나는 재택근무가 매우 열등한 업무 방식이라고 생각한다.

왜 먼 거리를 날아가 회의에 참석할까?

중요한 사실은 우리가 거기에 없다면 아무 데도 없다는 것이다.

나는 보스턴과 뉴욕을 왕복하는 비행 편을 자주 이용한다. 두 도시 사이에는 정기 왕복편이 있는데, 오전 6시에 첫 비행이 있고 오후 10시에 마지막 비행이 있다. 나는 이 비행 편들을 모두 타보았다. 그러다 보니 같은 사람을 만나고 알게 되면서 서로 목례를 하거나 인사를 건네기도 한다. "안녕하세요? 잘 지내시죠?" 그들 대부분은 지쳐 있고 백인이며 뚱뚱한 남성들이다.

1999년의 어느 날, 보스턴 공항에서 비행기 탑승을 기다리고 있는데 휴대 전화가 울렸다. 시간은 새벽 6시였다. 내 전화번호를 아는 사람은 극소수였고, 물론 아내 역시 그 극소수에 속했다. 전화를 건 사람은 아내였다. 아내는 잠이 덜 깬 목소리로 불만스럽게 말했다. 고객이 집으로 전화를 걸어와 참석자 한 명이 아픈 관계로 오늘 예정된 뉴욕 회의가 취소되었다고 말했다는 것이다. 아내는 친절하게도 내게 전화를 걸어 이 사실을 알려주었다. "당신은 비행기를 탈 필요가 없어요."

잘됐군! 때는 새벽 6시였다. 새벽 6시에 출근할 수 있게 되었다. 이른 시간이었지만 전혀 상관없었다. 비행기를 타지 않아도 된다니, 내게는 천상의 하루나 다름없었다.

하지만 나는 다른 일을 하기로 결심했다. 어쨌든 회사에 가기에는 너무 이른 시간이었다. 그래서 몇 년 동안 꼭 해보고 싶었던 일을 하기 시작했다. 지나다니는 사람들을 붙잡고 도대체 어디를 가는지 물었다. 정장에 넥타이를 매고 있는 나는 꽤나 멀쩡해 보이는 차림이었다. "저기, 안녕하세요? 래리 프루삭이라고 합니다. IBM에서 일하지요. 어디를 가고 있는지 여쭤봐도 될까요?"

몇몇 사람들은 나를 알아보았다.

어떤 사람들은 그렇지 못했다. "뭐라고요? IBM? 지금 영업하시는 건가요?"

"아닙니다. 그저 어디로 가시는 길인지 알고 싶을 뿐입니다."

절반가량의 사람들은 내부 회의를 위해 이동 중이었다. 그들은 모두 돈만 있으면 이용할 수 있는 커뮤니케이션 기술을 갖춘 기업에 소속되어 있었다. 일류 뮤추얼펀드 기업, 일류 생명공학 기업, 일류 병원, 일류 대학 등 우리가 아는 모든 기술을 이미 보유하고 있는 그런 곳이었다.

그래서 나는 물었다. "어째서 회의에 참석하려는 겁니까? 가지 않고도 얼마든지 의사를 교환할 방법들을 이미 사용하고 계시잖아요. 왜 비행기를 타시지요? 게다가 이렇게 이른 시각에요. 비행기를 타려면 돈이 많이 드는 데다 엉덩이도 아프죠. 뉴욕에 가면 두통만 생기잖아요. 오갈 때는 비싼 택시도 타야 하는데, 택시기사들은 신경을 긁곤 하지요. 아마 당신 혈압도 높이 치솟을 거예요. 집에 돌아오면 온몸이 먼지투성이에 얼얼하고 피곤합니다. 기분 좋은 경험은 아니지요. 이메일도 사용하고 영상회의도 가능할 텐데, 왜 비행기를 타고 돈과 시간을 낭비합니까? 이런 일들을 왜 마다하지 않는 거죠."

사람들은 으레 이렇게 말했다. "글쎄요, 그냥 거기에 가야 합니다."

"하지만 왜요?" 나는 계속 질문했다. "왜 갑니까?"

"글쎄요. 만약 거기에 가지 않으면 나한테 생각도 하기 싫은 일들이 벌어지겠지요."

"무슨 뜻입니까? 당신은 고위급 직책에 있는 분 같은데요."

"아니요 아닙니다! 나는 회의에 참석해야 해요. 다른 사람들의 반응을 확인해야 하니까요."

어떤 사람이 보인 최고의 반응은 다음과 같다. "당신은 뉴욕에서 왔군요. 그렇지요? 숨바꼭질이나 술래잡기 같은 놀이를 해본 적이 있으실 겁니다. 그런 놀이에는 으레 매번 '술래'가 되는 아이가 있기 마련이죠. 글쎄요, 당신이 그 회의에 참석하지 않으면 바로 당신이 '술래'가 되는 겁니다!"

이 말은 내가 들은 최고의 대답이었다. 사실 사람들은 전 세계를 날아 백방으로 돌아다니며 회의에 참석한다. 자신이 '술래'가 될까 봐 걱정하기 때문이다.

신뢰 결여의 문제도 있으므로 술래 운운 하는 것은 문제의 일부라고 말할 수도 있다. 그러나 어차피 모두 단서의 풀이에 관한 문제다. 신호를 읽고 감정을 읽는 것 말이다. 상황에 대한 인지력과 사회적 역학 관계에 대한 이해력을 얻는 문제인 것이다. 이는 현재 과학 기술로 모방할 수 있는 능력이 아니다. 사람들은 말한다. "미래는 어떨까?" 나는 미래에 대해 알지 못한다. 누구든 미래에 관한 스토리를 전달할 수 있다. 이에 대해서는 존 실리 브라운이 나보다 나은 희망을 갖고 있다. 그러나 어쨌든 현재의 시점에서 그 스토리는 사실이 아니다. 비행기는 여전히 승객으로 만원사례를 이룬다.

사실 우리는 아직 서로를 이해할 필요가 있다. 서로 함께하지 않으면 끔찍한 일들이 벌어질 것이다.

웹 커뮤니티

누군가는 분산성을 옹호하며 웹상에는 활기찬 가상 커뮤니티가 수없이 많다고 말할 것이다. 수십, 수백만 명이 가상 환경에서 서로를 알고 신뢰하며 그들만의 공동체를 형성해가고 있다고 말이다. 이 상황에 대한 내 견해는 '알다'와 '신뢰하다' 그리고 '공동체'와 같은 단어들을 어떻게 정의하느냐에 따라 다를 수 있다는 것이다. 결국 개인적 판단의 문제다. 그러나 대부분의 사람은 진실로 심각한 사안들을 함께 얘기할 만큼 서로를 신뢰하지 않는다. 모로코의 국민총생산(GNP)이나 회귀분석 같은 것뿐 아니라 정말로 신뢰를 필요로 하는 주제들에 대해서 말이다. 상대를 알지 못하면 이러한 문제들을 공유하지 않는다. 그리고 상대를 만난 적이 없다면 그를 알기는 매우 어려운 일이다. 몇몇은 그것이 세대 차라고 말하는데, 아마도 어느 정도까지는 그럴 수도 있다.

스토리텔링의 다양성 – 성별과 민족 그리고 세대

성별 차이

일터에서 여성과 남성이 스토리를 전달하는 방식에 현저한 차이가 있는가? 여성과 남성의 문제에 대해서라면 나는 그렇게 생각하지 않는다. 내러티브에 관한 남성과 여성의 차이는 과장되고 지나치게 강조되어왔다.[21]

민족 집단의 차이

그러나 서로 다른 문화적 · 민족적 집단 사이에는 커다란 차이가 있다. 나는 뉴욕 브루클린의 다민족 지구에서 성장했다. 아마도 그보다 여러 민족이 혼재된 지역은 찾아보기 어려울 것이다. 어쩌면 시카고나 로스앤젤레스의 일부 지역이 그와 비슷할지도 모르겠다. 나는 유대인, 이탈리아인, 아일랜드인, 그리고 흑인과 함께 생활했다. 말하자면 내 성장 과정에 있었던 민족 집단들이었다. 그리고 이 집단들은 스토리텔링을 매우 좋아했다. 이들은 모두 언어적 문화권(verbal culture)에 속했다. 게다가 서로서로 이웃하고 있었으며, 하나같이 노동 계급이다. 그러나 모두 스토리를 신봉했던 그들은 때로 가족 간의 음모와 관련되거나 차별에 관한 긴 스토리들을 나누곤 했다.

어느 여름날, 나는 뉴욕에 있는 한 특수광고대행사에 일자리를 얻었다. 이 회사의 운영자들은 내 성장 과정에서 만난 사람들과 매우 다른 유형이었고, 스토리도 거의 사용하지 않았다. 이런 상황은 내게 매우 낯설었다. 그들이 하버드클럽에서 마티니 잔을 부딪치며 자기들끼리 담화를 나누는 지는 모를 일이었다. 그러나 직장에서는 이야기를 하지 않았다. 이러한 민족적 차이는 확연히 감지된다. 그러한 차이는 변화될 수도 있다.

세대 차이

세대가 다르면 서로 다른 스토리를 사용할까? 그렇지 않을 것이다. 우리는 세대 간에 밀접한 관계로 얽혀 있다. 모든 인류가 마찬가지다. 때때로 특정한 변화와 작은 움직임이 있지만 우리는 스토리와 은유, 그리고 관계 등을 통해 학습하고 살아간다. 인간은 그런 동물이다. 개들은 서로의 냄새를 맡는다. 사람들은 스토리를 전달한다. 성별, 민족, 세대 중에서 가장 차이가 심한 집단은 민족일 것이다. 민족이란 어린 시절 습득한 일종의 문화적 태도이기 때문이다.

TV의 동질화 작용

우리를 정말로 동질화하는 것은 TV다. 어린 시절의 나는 TV를 별로 보지 않았다. 당시에는 TV가 널리 보급되어 있지 않았기 때문이다. TV는 우리로 하여금 자신의 행동을 말하는 방식을 통일하게 만든다. 문화적으로 TV 드라마를 종종 언급하는데, TV를 보지 않는 이들에겐 어려운 일이다. 로버트 푸트넘은 미국에서의 사회적 자본 손실의 20퍼센트가 TV의 확산 때문이라고 말했다.[22] 그는 실제로 그 수치의 모형을 만들기도 했다. TV를 통한 동질화는 아마도 성별이나 민족 혹은 세대 간의 차이보다 더 큰 영향을 미칠 것이다.

브루클린뱅크(Brooklyn Bank)와 PC 네트워크 스토리

브루클린뱅크의 스토리는 약간 길지만 민족적 배경의 차이에 대한 흥미로운 사례가 될 것이다. 1960년대 말 나는 컬럼비아대학교에 잠시 다닌 적이 있다. 한 친구와 나는 꽤 학구적이었다. 당시 컬럼비아는 불타오르는 도시로서 반전(反戰) 시위도 빈번하게 벌어졌다. 우리는 함께 도서관으로 숨어들곤 했고, 그러면서 매우 친해졌다. 훗날 이 친구는 뉴욕의 한 대형 은행에서 매우 높은 직책을 맡게 되었다.

우리는 1년에 한 번 정도 저녁 식사를 함께했는데, 하루는 그가 질문을 해왔다. "지금 하고 있는 연구가 뭔가?"

"지식과 조직에 관한 것이네."

"잘 알겠지만, 우리는 필요한 모든 지식을 갖추었네. 얼마 전에는 은행 지점마다 새로운 PC 네트워크를 설치하는 데 8,400만 달러나 들었지."

자, 그의 말을 다시 생각해보자. '우리는 필요한 모든 지식을 갖추었다.'고 한다. 단지 각 지점에 기계들을 설치하는 것만으로?

나는 답했다. "정말 필요한 지식을 모두 갖추었을 수도 있겠지. 그 기계들이 도움이 될 수도 있을 테고. 하지만 나는 그렇지 않다는 데 걸겠네."

우리는 이 문제에 대해 토론을 시작했다. "답을 찾아보세. 방법을 찾아 입증해보자고."

이렇게 우리는 내기를 하게 되었다. 이 친구 역시 브루클린 출신으로 내기를 좋아했다. 나는 제안했다. "자네 지점으로 가서 다른 은행들보다 업무 실적이 높은 이유를 찾아보세. 그리고 업무 수행력이 높은 그 지점에서 자네가 투자한 그 기술이 하는 역할이 무엇인지 알아보자고."

지점 은행을 책임지고 있는 그에게는 뉴욕 전역의 지점 분포도가 있었고, 그 분포도에 표시된 지점들은 다른 은행들과 비교해 각각 A, B, C, D로 평가되어 있었다. 은행들은 동일한 상품을 판매해 한 지점이 다른 지점보다 특화되기란 매우 어려운 일이다. 지점은 현금 지급과 주택 융자를 주 업무로 한다. 그리고 ATM 기계를 갖추고 있다. 서로 별다른 차이가 없지만, 은행 지점의 업무 수행력은 다르다. 그래서 우리는 브루클린 한가운데에 위치해 있으면서 업무 평가에서 A를 받은 한 지점을 찾았다. 그 지점은 서로 다른 세 개의 은행이 경쟁하는 교차로 한편에 있었다. 이 지점의 실적이 그토록 높은 이유는 무엇일까?

우리는 그 지점을 방문하기 위해 약간 수수한 차림으로 브루클린 시내로 향했다. 그곳은 우리 둘 다 어릴 때부터 잘 알던 이웃 동네였지만, 한동안 가본 적이 없었다. 여느 대도시들과 마찬가지로 그곳도 많이 변해 있었다. 노동 계급과 유대인, 이탈리아인, 아일랜드인이 살던 자리는 두 개의 지배적 집단이 차지했다. 그곳은 이제 유대교 하시디즘(Hasidic Jews)과 래스터패리언*들의 도시였다. 왜 그들이 이 도시에서 동거하기 시작했는지 알 수는 없지만 그들이 거기에 있었다.

우리는 업무 수행력이 높은 그 지점으로 들어갔다. 그 지점을 운영하는 사람은 누구일까? 그 사람은 미스터 김이라는 한국인이었다. 뉴욕이기에 가능한 일이었다! 친구가 김에게 인사를 건넸다. 이 지점의 직원들은 당연히 은행 중역을 본 적이 없었고, 경영진을 만나본 사람도 없었다. 어느 대기업이나 사원이 고위 경영진을 만날 일이 없기는 마찬가지다.

김은 거의 아연실색했다. 친구는 그에게 우리의 방문이 비공식임을 설명했다. 그는 놀란 듯 보였지만 우리는 그를 진정시키고 축하를 건넸다. 친구가 말했다. "당신은 업무 실적이 매우 훌륭합니다! 업무 평가에서 A를 받고 상여금도 받았더군요. 우리는 그저 당신이 어떻게 지점을 이토록 잘 운영하고 있는지 배우기 위해 들렀을 뿐입니다."

김은 매우 초조해하며 처음에는 말을 아끼는 듯했으나, 잠시 후 자신이 그 지점에서 했던 일에 대해 설명하기 시작했다. 자신의 지점에서 제공하는 서비스가 다른 은행들과 크게 다르지 않다는 사실을 깨달은 그는 고객들이 돈과 여유자금, 일 등에 대해 어떤 태도를 갖고 있는지 알고 싶었다고 말했다. 그들이 돈에 대해 생각할 때 정말로 중요하게 여기는 것이 무엇인지 알고 싶었던 것이다. 대부분의 고객은 부유한 사람들이 아니었다. 그들은 무엇에 신경을 쓸까? 주

---

* 래스터패리언(Rastafarian) : 아프리카 복귀를 주장하는 자메이카 흑인.

택 융자일까? 학비 대출일까? 아니면 다른 무엇일까? 그래서 그는 말을 배웠다. 그는 크리올어(Creole)와 이디시어(Yiddish)를 공부했는데, 이런 행동은 아무나 따라 할 수 있는 쉬운 속임수가 아니다. 그는 언어를 충분히 익혀 사람들과 친해졌다. 유대인들의 성인식(Bar Mitzvah)에 참석하고, 래스터패리언들의 사회 행사에도 쫓아다녔다. 그러면서 고객들을 알게 되었다. 김은 친절했고 고객들이 인간적으로나 문화적으로 어떤 사람들인지 배우고 싶어했다. 그리고 그것을 실천해갔다. 김은 고객들의 집을 찾아 다녔고, 그들이 벽돌집을 구입했다는 사실을 알게 되었다. 그들은 자녀를 대학에 보내지 않았다. 그들은 이것은 이렇게 하고 저것은 저렇게 했다. 그들은 단기 유가증권에 투자했다. 그리고 물론 그는 고객의 돈에 대해 생각하는 바에 부응하기 위해 은행 상품들을 설계했다. 당연히 그의 노력은 효과를 거두었다.

김은 건너편 거리에 위치한 은행을 가리켰다. 뉴욕의 또 다른 대형 은행의 지점이었다. 그 지점은 5년에서 10년 사이의 단기 융자를 지속적으로 강조하고 있었다. "저 사람들은 도대체 그런 일들에 관심이 없습니다. 이런 일을 할 수가 없지요. 그걸 왜 모를까요?" 그는 말문이 막힌다는 표정으로 말했다. "주민들과 얘기만 나눠보았다면 그들이 30년 융자를 원한다는 사실을 알 수 있었을 텐데요."

그들은 고객이 무엇을 찾고 있는지 이해해야 했다. 시장조사를 할 수도 있지만, 시장조사가 상황의 미묘한 차이들까지 보여주지는 않는다. 요컨대 사람들을 만나고 대화를 나누어야 함을 의미한다. 그가 만난 사람들은 성실한 노동 계급과 그 가족들로, 사고방식은 다르겠지만 그들 역시 좋은 사람들이었다.

그의 말은 참으로 인상적이었다. 그는 그 외의 다른 일들도 하고 있었는데, 다른 은행의 한국 지점들과 계속해서 이메일로 의견을 주고받았던 것이다. 한국적 정서에는 깊은 유대감이 존재했다. 그는 경쟁 관계의 은행 지점장을 맡고 있는 한국인들과도 대화를 나눴다. 그들 간에는 매우 강력한 유대가 형성되어 있었다.

마침내 나는 내기와 관련된 질문을 꺼냈다. "PC 네트워크는 어떻습니까?" 어쨌든 내기의 대상은 이 문제였다. 내기의 내용은 부부 동반으로 뉴욕의 어느 레스토랑에서 저녁 식사를 풀코스로 대접하는 것이었다. 아무런 제약 없이 무제한으로 말이다. 어떻게든 친구의 주머니를 열어야 했다.

김은 말했다. "물론 PC를 사용합니다. 본점에 보고를 해야 하니까요. 그리고 정보를 얻어요. 그건 틀림없지요."

나는 보다 노골적으로 물었다. "PC 네트워크 덕분에 이해가 쉬워지거나 지점 운영이 용이해졌는지요?"

김은 잠시 생각했다. 그는 매우 신중한 사람이었다. 그리고 마침내 "전혀 아닙니다."라고 대답했다.

이로써 나와 아내는 뤼테스(Lutece)에서 저녁 식사를 대접받았고, 떳떳한 마음으로 음식과 와인을 양껏 먹을 수 있었다.

스토리의 특성

지금까지 스토리의 범주에 관해 다루었다. 이제 스토리의 속성에 대해 거론해보자.

내구성

한 가지 특성은 확실히 내구성이다. 스토리는 지속된다. 경우에 따라 약간 변형되기도 하지만 수백, 수천 년간 이어진다. 조직 내의 어떤 스토리들 역시 오랜 시간 지속되고, 보다 항구적인 스토리들도 있다.

나는 IBM의 톰 왓슨(Tom Watson)이나 GE의 잭 웰치(Jack Welch)에 관한 스토리가 수도 없이 반복되며 전해 내려오는 것을 들었다. 스토리의 내구성은 매우 흥미롭다. 스토리들은 동일하다. 때로는 이름이 바뀌거나 배경이 바뀌기도 한다. 그러나 행동적 교훈은 동일하다. 이런 과정은 조직 내에서 발생되기 때문에 문화와 사회에 대해서는 아무런 언급도 담지 않는다. 그런 점에서 내구성은 비범해 보인다. 이보 안드리치(Ivo Andric)[23]에게 노벨문학상을 안겨준 《드리나 강의 다리(*The Bridge on the Drina*)》[24]는 경이로운 작품이다. 이 책은 드리나 강을 중심으로 양편으로 나뉜 '보통' 사람들의 이야기로, 세르비아와 크로아티아 및 몬테네그로 사람들이 서로에 대해 전하는 스토리들을 담고 있다. 정말 귀중하고 값진 소설이다. 이 소설은 스토리들이 얼마나 오래 지속되며 얼마나 귀중한

지, 또 듣는 이에게 어떤 영향을 끼치는지 보여준다. 그리고 이는 조 직 내에서도 마찬가지다. 스토리의 내구성은 매우 중요하다.

현저성

또 다른 특징은 현저성이다. 스토리가 얼마만큼 박력 있는가? 그 리고 무엇이 그 박력을 만들어내는가? 스토리의 현저성은 재치와 간결함, 그리고 감정의 힘에서 비롯된다.

이들 세 가지 요소가 스토리를 도드라지게 하며, 이로써 스토리는 재미있고 열리하며 감동적이게 된다.

마셜 맥루언(Marshall McLuhan)은 "오락과 교육 사이에 큰 차이가 있다고 생각한다면, 그 두 가지를 전혀 모르는 것이다." 이 말이 전적으로 맞는다고 확 언할 수는 없지만, 상당한 진실을 내포하고 있는 것은 사실이다.

재치가 무엇인가? 재미가 있으면 좋다. 간결함은 어떤가? 스토리 는 기억할 수 있을 만큼 짧아야 한다. 길고 장황한 스토리는 듣는 사람에게 고역인 법이다. 아내에게 매우 멋진 사촌이 한 명 있는데, 그녀의 스토리에는 요점이 없다. 그녀의 스토리를 들으려면 인내심 이 필요한데, 기다리고 또 기다려도 요점은 알 수 없다. 이러한 스 토리에는 현저성이 없는 것이다. 요지도 없고 아무런 감정의 힘도 없다.

우리는 감정의 힘을 지닌 스토리에 반응한다. "그는 이 조직에서

단 한 번 그런 일을 저질렀는데 해고됐군!" 이 문장에는 감정의 힘이 있다. 그 말을 들은 사람들은 생각한다. "나는 그렇게 하지 않는 게 좋겠어. 그렇지 않으면 해고될 거야!" 혹은 "누군가 이렇게 해서 승진을 했군." 그러고는 또 생각한다. "자, 나도 이렇게 해야겠어! 그러면 승진할 수 있을 거야." 이러한 스토리에는 감정적 박력이 있다. 그러한 박력 없이는 현저성을 갖기 힘들다.

의미 형성

스토리가 지닌 또 하나의 중요한 측면은 의미 형성이다. 즉 설명 능력을 뜻한다. 그 스토리는 무언가를 설명하고, 어떻게 행동해야 할지를 보여주는가? 왜 그 사건이 발생했는가? 미래에 그 밖의 어떤 일이 일어날 것인가?

스토리에는 해설적 힘이 있다. "우리는 이 프로젝트를 수행했고, 이런 결과를 얻었다." 그것이 경험에 비추어 사실이고 논리적이라면, 우리는 그 의미를 이해한다. 만약 누군가 자신은 완전히 이타적으로 행동하고 온종일 남을 도우며 그런 방법으로 한 기업의 CEO가 되었다고 말한다면, 나는 그 말이 사실이 아님을 알 수 있다. 그의 말은 미국의 실제 기업 작동 방식에 관한 나의 경험에 비추어 사실이 아니기 때문이다. 다른 사람들 역시 그 말을 믿지 않을 것이다. 누군가 다소 이타적이라는 것은 믿을 수 있지만 시종일관 완전히 이타적이라는 말은 믿을 수 없기 때문이다.

이렇게 스토리는 어떤 상황이나 사물이 어떻게 작용하는가에 대해 듣는 사람이 느끼는 바에 비추어 사실이어야 한다. 스토리에는 규정적이고 규범적인 가치로서 '반드시 그래야 하는 것'이 있다. 그것이 의미하는 바는 "이렇게 하라. 그러면 저렇게 될 것이다."이다. 이는 스토리의 현저성과 관련된다.

편안함

마지막 특징은 편안함의 정도다. 이 스토리를 편안하게 들을 수 있는가? 경험에 비추어 진실하게 들릴 뿐 아니라 실제로 올바르다고 생각되는가? 스토리가 증오 혹은 어떤 사악함에 관한 내용이라도 올바르다고 여겨지는가? 경험에 비추어 사실이고, 유사한 상황에서 이미 느꼈던 바를 재확인시켜주는가?

이런 점들이 스토리의 확산에 기여하는 특징들이다. 이러한 특징들이 모여 스토리의 내구성과 가치를 결정하고, 한 조직 내에서의 유용성과 중요성을 판가름한다.

스토리의 힘

이러한 특징이 있는 스토리들은 조직 내에서 큰 역할을 한다. 사실상 조직이나 경영에 관한 책들에서 언급하는 것 이상의 더 커다란 역할을 할 것이다. 스토리의 중요성은 아직 널리 인정되지 않고 있다.

그러나 깨달음이 하룻밤 새에 일어날 수는 없다. 나는 앞서 서양 문명에 관한 과정을 강의했다고 말했는데, 이견의 여지가 있긴 하지만 르네상스는 대략 1453년경에 시작되었다고 가르쳤고 학생들은 그대로 받아들였다. "르네상스는 1453년에 시작되었습니다." 마치 1453년 1월 1일 모든 사람이 일제히 "하느님, 감사합니다. 중세 시대가 끝났습니다!"라고 말이라도 한 듯 말이다. 하지만 삶은 그와 같지 않다. 변화는 다른 영역에서도 점진적으로 찾아온다. 상황은 서로 다른 속도로 전개된다. 기술의 변화는 급속하지만 정치적 변화는 훨씬 완만하다. 조직 내에서의 사회적 변화는 이보다 훨씬 느리다. 이에 빠르게 적응하는 조직은 아직 일부이지만 결국 우리는 모든 기업이 지식의 기여를, 아이디어와 내러티브의 기여를, 그리고 사람들이 만드는 사회적 기여를 높이 평가하는 사회를 만나게 될 것이다.

도요타, 채팅의 마력에 빠지다

2001년 나는 조직 내에서의 내러티브의 가치에 대해 얘기했고, 그로부터 3년 동안 스토리가 보다 많은 가치를 더해가는 과정을 목격해왔다. 특히 서양과 아시아 나라들 사이에서 지식은 느리지만 확실히 점점 더 부의 원천이 되어가고 있기 때문이다. 땅과 노동 및 자본 혹은 다른 물리적 요소가 아닌 지식이 부의 원천이라면, 지식이 형성되고 전달되는 방법 중의 하나가 스토리다. 만약 그렇다면, 지식이 정말로 부의 원천이라면 스토리의 가치는 더욱 커진다.

기업들은 확실히 지식의 가치를 더욱 높이 평가하기 시작했지만, 그 과정은 느리고 불규칙적이다. 또한 그 사실을 결코 받아들이지 않는 기업들도 있는데, 그들은 쇠퇴할 것이다. 그런 기업들의 내부 정책은 여전히 10세기의 산업 생산 모델에 맞춰져 있으며, 그런 정책에서 벗어나지 못한다. 그러나 성공한 기업들은 다르다. 그들은 지식의 가치를 인정한다. 지식의 가치를 인정하는 것에 대해 떠드는 것이 아니다. 정말로 그 가치를 높이 평가한다면 스토리와 스토리의 사회적 공헌, 스토리의 사회적 맥락이 갖는 위상 역시 높아질 것이다.

마이크로소프트(MS)는 좋은 사례다. MS는 하드웨어를 제조하는 다른 대기업들에 비해 지식의 가치를 진정으로 높이 평가한다. 그들은 정말로 지식 인재들을 고용해 (업무성취를 자극함은 물론이고) 그에 걸맞은 자리까지 끌어올려준다. 대부분의 컨설턴트 기업과 광고홍보 대행사를 비롯해 확실히 안팎으로 지식이 필요한 기업들은 지식 경영 도입을 시도해야 한다. 중소 규모의 생명공학 기업들과 게놈 의학 관련 기업들도 마찬가지다. 다음으로는 '지식 계열' 산업이 있는데, 우리 대부분은 미래에 이러한 산업을 통해 생활을 영위하게 될 것이다. 이를테면 엔터테인먼트나 스타일, 디자인, 설득 혹은 저널리즘 관련 업종들이 여기에 속한다. 이들은 지식 기반 업종이지만 여기에서 지식을 이용하는 방식은 약간 다를 수 있다.

(나는 우리 관할 교육구청과 크게 논쟁을 벌인 적이 있다. 학교에서 무엇을 가르쳐야 하는가에 관한 문제였는데, 나는 작문법이 컴퓨터공학보다 훨씬 더 중요하다고 생각한다. 컴퓨터공학 기술로 생계를 유지하는 사람은 극소수에 불과하다. 그러나 주장의 틀을 만들고 내러티브의 구조를 이해하는 작문법은 우리가 배워야 할 학문들 중에서도 매우 중요한 분야라고 생각한다. 예컨대 법과 관련된 활동은

GNP의 6퍼센트를 차지한다. 법이란 무엇인가? 그뿐인가? 저널리즘은, 문학은, 엔터테인먼트는 무엇인가?)

도요타와 같은 일부 대규모 제조업체들은 이런 점을 터득했다. 도요타는 일류 회사이자 완전한 '지식 기업'이 되었다. 도요타의 모든 과정은 학습과 지식, 공동 작업으로 이루어진다. 일찍이 제조 공정의 결함을 경험한 이들은 사회적 기술을 보유하고 지식과 학습을 존중하는 환경을 중요한 요소로 수용했다. 작은 예를 들어보자. 작업 현장에서 자동차 생산 공정의 근로자는 생산라인을 멈추고 머릿속에 떠오른 질문을 대형 스크린에 입력할 수 있고, 누구든 그 내용을 읽고 스크린에 대답을 입력하거나 직접 다가가 대답해줄 수 있다. 이는 성공한 기업의 가장 훌륭한 스토리에 속하는 사례일 것이다.

인위적 문화 공간이 들려주는 스토리들

인위적 문화 공간이 '전달하는' 스토리도 있다. 이 스토리의 가장 뛰어난 사례로는 2001년 이후의 노바티스(Novartis)를 들 수 있다. 스위스 바젤에 본사를 둔 노바티스는 세계적 일류 제약회사 중 하나로, 어마어마한 돈을 들여 자사 공장의 19세기 설비들을 뜯어냈다. 20여 채의 기이한 건물들이 차지하고 있던 바젤의 방대한 부지 위에 그와는 매우 다른 '지식 캠퍼스'를 지어 올렸다. 단순히 낡은 건물을 허물고 다른 건물 혹은 보다 새로운 건물로 대체하는 것이 아니라, '지식 캠퍼스'를 만들어 지식 전달을 장려하려는 목적이었다. 즉 직원들이 일하는 방식을 지켜보고 그들이 만나거나 대화하는 데 더 편리한 방식으로 공간을 개발했다. 많은 개방 공간이 설계되었다. 노바티스는 스위스 기업이다. 개별 사무실에 갇히고, 연구실은 굳게 닫혀 있었다. 그런 노바티스에 이탈리아 커피 전문점들이 매우 전략적인 공간으로 들어섰다. 대리석 천장에 작은 의자들, 에스프레소와 비스코티 쿠키를 주문할 수 있는 이 열린 공간은 그 안에 들어가 의자에 앉아서 커피 한잔 마시며 누군가와 대화를 나누고 싶은 마음을 절로 부추긴다.

사회적 지식을 전달하는 스토리들

스토리는 지식, 특히 사회적 지식을 전달하는 수단 중의 하나다. 몇 가지로 크게 구분하자면, 우선 지적 인식에 관한 지식, 즉 과학의 범주가 있다. 과학은 체계화되고, 규칙으로 치환되며, 논문 속에 기록된다(비록 과학의 많은 부분이 이야기를 통해 전달되긴 하지만). 다음으로 묵시적 기술의 범주가 있는데, 이를테면 수영 기술 같은 것이다. 그러나 이들 두 범주 사이에는 앞서 사회적 지식이라 표현했던 내용들이 수없이 많다. 이 사회적 지식은 세상과 조직 안에서 활발히 움직이며 거의 언제나 이야기를 통해 전달된다. 그것을 전설 혹은 신화, 설화, 가십 등 뭐라 불러도 좋다.

대개 스토리는 한 문화 안에서나 조직 내에서나 전환의 스토리에 포함된다. 누군가 "이 회사가 A를 했고, B가 발생해 C가 산출되었다. C는 A와 다르다."고 말한다면, 이는 전환에 관한 스토리로써 인류만큼이나 오래되고 《일리아드》와 《오디세이》만큼이나 오래된 유형이다. 그리고 그러한 스토리는 많은 반향을 불러일으킨다. 개인적으로나 조직적으로나 매우 강력한 힘을 발휘한다.

이것이 카로 내가 재택근무를 이루 말할 수 없이 좋지 않은 아이디어라고 생각하는 이유다. 재택근무를 통해서는 어떤 이야기도 들을 수 없고, 미묘한 분위기도 감지할 수 없다. 한 러시아 이론가가 말했던 놀라운 경구가 있다. 이 문제에 관한 내용은 아니지만 여기에 인용해도 적절할 것이다. "그것은 환경(context)을 극복한 데이터(content)의 승리다." 컴퓨터에 대한 의존 즉 이메일과 서류에 대한 전적인 의존은 환경을 극복한 데이터의 승리다. 그러나 환경을 무시하고는 성취를 이룰 수 없다.

업무를 맡아 두각을 보였다면, 아마도 사무실이나 개인 공간을 얻을 수 있을 것이다. 어떤 기업에서는 서로를 만나지 못한다. 그들은 단말기를 하나 얻었을 뿐이다. 단말기를 통해서는 그 회사가 어떻게 작동되는지 알 수 없다. 나는 최근 IBM에 들어온 사람들 중 그런 경우를 많이 알고 있다. 그들에게는 사무실이 배정되지 않았다. 다른 사람들과 갈날 일도 전혀 없다. 정말 말 그대로, 그들에게 주어진 것은 단말기뿐이다. 그들은 회사의 상황이 어떻게 돌아가는지 알지 못한다. 그들은 조직 내에서 일어나는 아무런 변화도 겪지 못하고, 그 회사에서 많은 공적을 쌓지도 못할 것이다. 어떤 일이 어떻게 진행되는지 아무런 단서도 얻지 못하기 때문이다. 컴퓨터 모니터로 업무를 받는 그들의 상황은 특정 장소에 모여 다른 사람들과 함께 일하는 모습과는 사뭇 다르다. 무엇보다도 스토리를 통해 조직의 업무가 어떻게 진행되는지, 성공하려면 어떻게 해야 하는지, 그리고 규범은 무엇인지, 어떤 행동이 기대되는지 등을 배워나갈 수가 없다.

단연코 단말기에 충성하는 사람은 없다. 그것을 위해 있는 힘을 다하거나 죽도록 노력하지도 않는다. 인터넷은 매력적이다. 그리고 재미있다. 우리는 모두 인터넷을 이용한다. 그러나 그곳에서는 실제의 일들이 벌어지지 않는다. 사람들이 함께 모여 복잡한 현안들을 실제로 고민할 때 일어나는 혁신의 불꽃, 인터넷 상에서는 그 불꽃이 타오르지 않는다.

지식의 중요성

우리가 원래 기업 내 정책 현안으로서 지식경영에 대해 하던 애기는 이제 지식과 학습이라는 커다란 문제가 되었다. 그것 역시 바로 기업의 현안이다. 그보다 더 중요한 문제도 없을 것이다. 우리는 어떻게 배우고 어디에서 배우며 어떤 형태로 배우는가? '정보' 는 책이나 논문 속에 존재하는 하나의 항목이다. 그것은 얼어붙은 지식이다. '지식' 은 사람들, 다시 말해 개인이나 집단들이 함께하는 것이다. 지식은 능력, 즉 조직의 역량 안으로 수렴된다.

나는 정보경영 분야에서 기업을 상대하는 컨설턴트로 일했다. 당시에는 정보가 매우 중요한 문제였다. 컴퓨터 혁명이 시작되던 시기이기도 했다. 그런데 나는 차별화를 만드는 것이 정보가 아니라는 생각을 하게 되었다. 내 생애의 탁월한 통찰이었다. 사람들이 흥미롭거나 중요한 무언가를 생각하면 다른 사람들과 스토리를 나누고 싶어 한다는 사실을 깨달았다. 그들은 정보를 바라지 않았다. 그들이 바라는 것은 대화였다. 나는 이런 사실을 몇 번이고 거듭해 목격했다. 그때 나는 언스트앤드영(Ernst & Young)에서 톰 대번포트(Tom Davenport)와 함께 연구 부서에서 일하고 있었다. 우리는 지식이야말로 정말 중요한 것일지 모른다는 생각을 하기 시작했다. 정보라기보다는 환경과 규칙, 그리고 경험이라는 지식 말이다. 간단한 메모로 체계화될 수 있는 사항들이 아니었다. 그래서 우리는 그 문제에 관해 글을 쓰고 대화를 나누기 시작했고, 이런 과정은 사람들에게 반향을 불러일으켰다. 모든 사람이 관심을 표한 것은 아니지만 하나의 운동이 될 만큼은 충분했다. 그러고는 사회학자들과 경제학자들이 이 문제에 관한 글을 쓰기 시작했다.

현재 일곱 개의 학교에서 지식경영 박사학위 과정을 설치했다. 많은 사람이 이 운동을 시작했고, 이 책의 세 저자인 존 실리 브라운과 스티븐 데닝, 그리고 나 자신도 각각 다른 방법으로 이 운동에 동참하게 되었다. 우리 자신도 이런 일이 벌어지리라고는 예상치 못했다. 그러나 돌이켜보면 이러한 상황은 거시경제학에 의해 강제된 것 같다. 지적 운동에 참여하게 될 때, 그것이 진정으로 커다란 거시적 힘에 수반된 것이라면 실패가 없을 것이다.

3장

살아 있는 지식으로 경영하라

– 존 실리 브라운

Story Economy

우리는 사물을 있는 그대로 보지 않는다. 우리의 모습대로 본다.

– 탈무드 격언

제록스 복사기는 어떻게 고쳐지는가

2장에서 래리 프루삭은 기업내에서 일어날 수 있는 스토리 및 내러티브의 서로 다른 범주와 함께 핵심적인 특징을 소개했다. 그는 개요에서 내러티브가 조직 내에서 형성하는 다양한 기능들을 보여주었다.

3장에서 나는 조직의 변화를 가로막는 장벽들을 보다 면밀히 검토하면서, 특히 다양한 기업 환경에서 지식 매개체의 역할을 하는 내러티브에 대해 살펴볼 것이다. 지식이 무엇인지, 어디에 존재하는지, 그리고 어떻게 전달되는지를 일단 이해하고 나면 내러티브가 예기치 못한 큰 역할을 수행하고 있음을 발견하게 될 것이다.

이 글은 조직 내 내러티브의 구체적이고 실제적인 적용 사례 등을 보여주는 다음 두 개의 장을 이해하기 위한 준비 단계가 될 것이다.

4장에서 스티븐 데닝은 기업의 변화 주체들이 사용하는 내러티브를 설명하고, 5장에서는 캐털리나 그로흐가 교육 영화 제작자들이 사용하는 내러티브에 대해 서술한다.

살아 있는 지식 포착하기

래리 프루삭과 뜻을 같이하면서도 어쩌면 그보다 덜 낭만적으로 들릴 수 있지만, 나는 일련의 아이디어 촉매나 사물의 연상 작용과 같은 개념은 다루지 않으려 한다. 나는 줄곧 수행 평가(performance measurement)에 관심이 있었는데, 사물을 훼손하지 않고 측정하는 것, 특히 지식을 죽이지 않고 포착하는 방법 등에 흥미를 가졌다.

지식의 생명을 앗아가며 포착하는 방법은 많지만 죽은 지식은 널리 퍼뜨리기 어렵다. 사실 지식을 포착하려는 과도한 열정 때문에 오히려 지식을 뭉개버리는 일은 너무도 쉽게 일어난다. 반대로 지식을 포착하는 데 충분한 주의를 기울이지 않아 그 가치를 놓치는 경우도 있다. 지나친 전념과 불충분한 주의 사이에서 균형을 잡기 위해서는 지식이란 무엇이고 어디에 존재하며 어떻게 소통되는지를 올바로 이해해야 한다. 지식은 결국 어느 정도는 묵시적인 동시에 사회적이며, 실행(practice) 속에 존재한다. 실행은 지식이 이동하는 길을 제공하며, 내러티브는 그 길을 타고 달리는 자동차다. 내러티브가 조직 내 모든 측면의 지식에서 기대 이상의 커다란 역할을 수행할 수 있는 이유가 바로 이것이다.

오늘날 변화의 속도와 규모

　기업 활동을 하건 컨설턴트를 하건, 어느 기관에 소속되건 군대에 속하건 모두가 함께 공유하는 환경이 있다. 그 환경이란 바로 가속화된 변화의 속도다. 이는 100년 전의 모습과 매우 흡사하다. 20세기로의 전환기 당시 미국에는 변화의 물결이 퍼져나갔다. 변화가 확산되기 까지는 20~30년의 시간이 걸렸다. 그러나 확산에 가속이 붙자 변화는 매우 빠르게 퍼져나갔고, 우리가 사는 모습과 일하는 방식, 배움의 방법, 교류 방식, 건축 방법, 그리고 공장 건설 방식에 이르기까지 거의 모든 측면에 변화가 일어났다. 1900~1920년대 시기에는 새로운 사회 기관들도 많이 생겨났다. 보이스카우트와 노동조합, 미국자유인권협회(American Civil Liberties Umion, ACLU), 사친회(Parent-Teacher Association, PTA) 등이 모두 이 20년 동안 만들어졌다. 당시는 모든 것이 뒤바뀌는 시대였다.

　우리는 현재 그러한 시기를 지나고 있다. 컴퓨터와 인터넷이 사회 곳곳에 스며드는 시기 말이다. 변화가 상승세를 타기 시작한 시기인 것이다. 닷컴이 실패로 돌아가거나 성공을 거두는 것과는 아무런 관계가 없다. 이는 훨씬 더 근본적인 문제다. 다시 말하지만 우리가 일하는 방식과 배우는 방식, 교류하는 방식, 건축하는 방식, 효과적으로 살아가는 방식 들을 재고해야 한다.

어디에나 존재하는 피로감

세계 곳곳을 여행하며 사람들과 만나 이야기를 나누면서 나는 모든 사람이 무엇인가를 공통적으로 갖고 있다는 생각이 들었다. 그것은 극도의 피로감이었다. 모두가 세상이 조금 천천히 돌아갔으면 좋겠다고 생각한다. 그러나 그것은 불가능한 바람이다. 현재에 대해 혁신이 최고의 전성기를 구가하는 시기라고 생각할지 모른다. 우리가 굳이 말하려 하지 않지만 우리를 피로하게 만드는 문제는 무엇일까? 그것은 바로 근본적인 변화가 진행되는 이 시기 동안 우리가 사실이라고 생각했던 기초적인 가설들, 스토리들, 그리고 세상을 바라보는 깊이 각인된 시각들에 도전하고 변화시키는 법을 배워야 한다는 사실이다. 우리가 느끼는 피로감은 세상을 바라보는 약간 비틀어진 시각에서 비롯되기도 한다. 우리는 종종 커뮤니티나 집단 내의 가설들과 내러티브들을 수면 위로 끄집어내어 곱씹어보는 법을 알아야 한다. 그런 과정을 통해 그 가설과 내러티브들이 얼마나 생산적인 방식으로 작용하며, 또한 모두가 참이라고 '알고' 있는 그 현상들에 어떻게 도전할 수 있는지 이해해야 한다.

배운 것을 지워라

이 격동의 시대에 살아남는 주요한 방법이 '지식을 학습하고 공유하는 법을 배우는 것'이라는 말은 이제 식상해졌다. 우리는 공유란 스토리의 교류와 관계된 것이라고 확신한다. 또 학습이란 새로운 스토리를 구성하고 새로운 방식으로 스토리를 듣는 문제와 관계된다.

우리는 재빨리 실험에 착수해 스토리를 통해 실제로 배운 것들을 반영해볼 필요가 있다.

그러나 거의 모두가 함구하고 있는 문제, 우리의 피로감에 지대한 영향을 미치는 그 문제는 '배우는 법'을 배우는 것으로 해결되지 않는다. '배우는 법'을 배우는 법들은 이미 차고 넘친다. 오히려 더 큰 과제는 "어떻게 배운 것을 '지우는 법'을 배울 것인가?"이다.

래리 프루삭이 앞장에서 서술한 스토리들에 대해 생각해보자. 아일랜드나 중동, 코소보 등지에 관한 스토리들이 어떻게 인식을 왜곡하며 진보를 막아서고 있는지 말이다. 거의 모든 조직에 그와 같은 스토리가 존재하며, 그 스토리들은 최대한 발 빠르게 조직의 발전을 가로막는다.

따라서 나는 흔치 않고 덜 대중적인 주제, 즉 어떻게 지워버릴 수 있는지를 서술하며 '아는 것'을 지우는 일이 얼마나 어려운가에 대해 말해보고자 한다.

지우는 일은 왜 그토록 어려울까? 답은 간단하다. 흥미로운 지식의 단편들은 모두 두 개의 영역을 갖고 있기 때문이다. 지식에는 우리가 말로 설명할 수 있는 명시적 영역이 있는데, 그 명시적 영역은 우리가 말로 잘 설명할 수 없는 영역 속으로 파고들 수도 있다. 지식에는 우리 내면에, 우리의 실행과 사고방식에, 행동양식에 용해되어 쉽게 의식하지 못하는 측면 역시 존재한다. 이러한 측면은 지식의 묵시적 영역과 관계된다. 이는 묵시적 지식(노하우 유형의 지식)을 전달 가능한 명시적 지식으로 변환시키는 문제가 아니다. 명시적 지

식이 유용성을 얻기 위해서는 그 실제적 활용과 더욱 깊이 결부되어
야 한다.

　이러한 견지에서 우리는 배움이 매우 간단한 것이라고 생각할 수
도 있다. 배움은 사물에 관한 학습(책이나 기타 정보들을 통해 사물
에 '관하여' 배우는 법은 익히 알려져 있다)뿐 아니라, 존재하기 위
한 학습(그렇게 되기 위한 법을 배우는 것)과도 관계된다. 그것에
'관하여' 배우는 것과 그렇게 '되는' 법을 배우는 것 사이에는 큰
차이가 있다. 이 문제는 앞 장에서 래리 프루삭이 언급했던 작품
《거기에 있다(*Being There*)》[1]에서도 다루어진다. 당신은 어떻게
물리학자로 존재하는가? 어떻게 의사로 존재하는가? 다른 사람을
어떻게 그 직업의 문화에 적응시키는가? 우리는 헤아릴 수 없는 묵
시적 실행과 감각, 렌즈들을 이용해 세상을 바라보고 이해하며 보다
효과적으로 행동한다.

　'지움'에 있어 문제는 쉽게 의식할 수 없는 이러한 실행과 감각
및 관점들을 떨쳐내야만 한다는 점이다. 그러나 거의 인식하지 못하
는 습성들을 어떻게 떨쳐낼 수 있는가? 우리는 내적 렌즈들을 통해
구축한 나름의 해석적 틀을 갖고 있는데, 이제 그 렌즈들이 현대사
회에 적합하지 않다고 생각한다. 세상을 이해하려면 보다 새로운 렌
즈들이 필요하다는 의미다. 그러나 사실 현재 우리 안에 어떤 렌즈
가 존재한다는 사실 자체를 탐지하지 못한다. 이미 그 렌즈를 통해
세상을 바라보고 있기 때문이다.

　스토리가 이 '지움'의 과정을 얼마나 용이하게 해주는지 볼 수 있

다면 매우 흥미로울 것이다. 종교에서 합리적인 대화로 개종을 설득하기 불가능한 것과 같은 이치다. 우리는 경험을 설계하거나 고안해야 한다. 그리고 본능에 따라 움직이는 것이다. 이것이 스토리의 힘이다. 스토리는 우리가 지움의 과정을 경험할 수 있도록 도와줄 것이다.

모터사이클로 좌회전하는 방법

나는 모터사이클 연수를 통해 지움의 어려움을 통감했다. 나는 여러 해 동안 모터사이클을 광적으로 즐겼는데, 약 10년 전쯤 내 반사 신경이 약 100밀리세컨드 정도 떨어지면서 모터사이클을 포기해야 했다. 모터사이클에서 100밀리세컨드*라는 시간은 흔히 죽음과도 직결된다. 따라서 아내 수전(Susan)과 나는 내가 모터사이클을 단념해야 한다는 데 의견이 일치했다. 그러다가 5년 전쯤 모터사이클에 컴퓨터공학이 적용되고 있으며 정교한 컴퓨터 기능으로 작동되는 차세대 모터사이클 브레이크가 만들어진다는 사실을 알게 되었다.

이 사실을 처음 접했을 때, 나는 모든 변수를 계산하면서 흥분에 사로잡혔다. 계단을 뛰어 내려오며 아내에게 외쳤다. "수전, 이것 봐. 이 신형 브레이크가 있으면 나도 반응 속도 250밀리세컨드를 회복할 수 있어. 그러니까 100밀리세컨드가 떨어졌지만 브레이크가 250밀리세컨드를 보완해주는 거야. 결국 내 순 반응 속도가 150밀

---

* 1밀리세컨드는 1초의 1,000분의 1이다.

리세컨드가 된다고! 적어도 10년은 더 모터사이클을 탈 수 있다는 얘기야!"

수전은 내 말에 무덤덤했다. 전혀 아무런 감흥이 없는 모양이었다. 그러나 아내 역시 단순히 정보를 주고받는 것이 아닌 행동을 변화시키는 문제에서 나를 이길 수 없다는 사실을 깨달은 게 분명했다. 아내가 대답했다. "존, 우리 협상하자. 가서 당신의 새로운 초호화 장난감을 사도록 해. 하지만 조건이 있어. 모터사이클 운전 고급과정을 다시 이수하겠다고 약속해줘."

"수전, 그러지 마! 내가 얼마나 바쁜지 알잖아. 게다가 모터사이클 경력이 25년이나 된다고."

"존!" 수전의 목소리는 이의를 허락지 않는 예의 그 아내다운 어조였다.

그런 어조가 무엇을 의미하는지는 이미 알고 있었다.

나는 강사에게 전화를 걸었다. "여보세요. 나는 평생 모터사이클을 탔던 사람입니다. 내가 이런 과정을 밟아야 한다는 게 말도 안 되지만 아내와 협상을 하기로 했어요. 내가 모터사이클을 탈 수 있다는 사실을 증명하기 위해서 당신을 고용할 수 있을까요?"

"음, 물론이죠. 나를 고용하면 당신이 모든 테스트를 통과하도록 도와줄 수 있어요. 하지만 그래도 당신이 모터사이클을 타는 모습을 보긴 해야 돼요."

"좋아요."

어느 끔찍한 토요일 아침에 그가 집으로 찾아왔고, 나는 테스트를 받기 시작했다. 첫 번째 테스트 중 하나는 경로 변경법을 아는지 확인하는 것으로, 고급 사이클링 과정에서 매우 중요한 과정이었다. 테스트 중에는 (잔인하게 들리지만) '벽돌담'을 향해 달리는 것도 있었다. 강사는 달려오는 모터사이클을 마주 보고 담 앞에 선 채로, 모터사이클이 담에서 약 6미터 전방에 다다랐을 때 오른쪽이나 왼쪽으로 방향을 틀라고 지시한다. 그러면 그 방향으로 담을 비껴갔다가 담 뒤로 난 좁은 장애물 길을 지나 돌아오는 것이다. 이때 몸의 무게중심을 이동시키는 것만으로는 방향 전환이 불가능하다. 적정 속도를 초과할 수 없기 때문에 실제로 모터사이클을 운전할 줄 알아야 한다. 이런 상황에서 실수를 하고 싶은 사람이 있을까! 벽돌담과의 잊지 못할 기억을 남기게 될 그런 실수 말이다.

내게 허용된 속도는 시속 약 30킬로미터 정도였다. 곧 형편없는 실력이 드러났다. 아직 경로 변경법도 제대로 모르고 있었던 것이다. 실력이 좀처럼 나아지지 않자 결국 그는 나를 불러 세워 이렇게 말했다. "존, 미안한 얘기지만 당신이 이 테스트를 받을 수 있을지부터 재고해봐야 할 것 같아요. 물론 예전에는 잘 탔겠지만 지금은 도저히 테스트조차 불가능할 지경이에요."

아이쿠! 완전한 자신감 상실의 위기였다. 내 실력은 현재 밑바닥까지 떨어졌다. 우리는 일단 점심 식사를 하기로 했고, 식사 후 내가 그에게 다시 시도해보자고 제안했다. 끈질기게 노력한 끝에 결국 나는 경로 변경법을 배울 수 있었다.

여기에서 내가 배운 것이 있다. 자전거도 일정 부분 모터사이클과 동일한 특성이 있다는 점이다. 자전거는 더 작고 더 가볍다. 때문에 자전거를 탈 때의 신체 반응들은 모터사이클을 탈 때보다 더 깨닫기 어렵다. 만약 당신이 모터사이클이나 자전거를 타고 좌회전을 한다고 가정해보자. 어떤 손잡이를 몸 쪽으로 당겨야 하는가? 왼쪽 손잡이일까? 들쎄, 한번 시도해보면 그렇지 않다는 것을 알게 될 것이다. 모터사이클이나 자전거를 타고 왼쪽으로 방향을 틀고 싶다면 실제로 왼쪽 손잡이를 약간 밀어야 한다. 사실상 바퀴를 오른쪽으로 꺾어야 왼쪽으로 갈 수 있다. 가고자 하는 방향의 반대쪽으로 틀어야 한다는 뜻이다.

직관에 반하는 얘기처럼 들리겠지만, 자전거를 탈 수 있는 사람은 누구나 실제로 이렇게 하고 있다. 자전거는 밀고 당기는 힘이 매우 가볍다. 그러나 모터사이클을 타고 담을 향해 맹렬히 질주하다가 손잡이를 있는 힘껏 밀어내라는 소리를 듣는다면 그때는 실로 최대한의 힘을 들여야만 지시에 따를 수 있다.

거의 모든 사람의 직관에 크게 반대되는 이 현상을 설명하기 위해 나는 자전거(모터사이클이 아니라)로 다양한 실험을 해서 사실임을 입증해야 했다. 직접 자전거를 타본 후에조차, 왼쪽 방향으로 가기 위해 실제로 오른쪽으로 바퀴를 틀고 난 후에도 여전히 내 말을 믿지 못했기 때문이다.

그래서 나는 절대 거짓말을 하지 않는 실험 방법을 고안해냈다. 리본을 두 개 준비해 하나는 왼쪽 손잡이에, 다른 하나는 오른쪽 손잡이에 걸었다. 리본이 실험에 적당했던 이유는 오직 당길 수만 있기 때문이다. 리본을 밀 수는 없으니 말이다.

그러는 두 개의 리본을 잡고 자전거를 타면서 좌회전을 해보는 것이다. 결국 어느 쪽 리본을 잡아당기게 되었을까? 오른쪽 리본이다. 그렇게 하지 않았으면, 왼쪽 리본을 잡아당겼다면 자전거는 오른쪽으로 갔을 것이다. 그랬다면 아마 충격을 받아 자전거에서 떨어졌을지도 모를 일이다.

묵시적 지식을 명시적 지식으로 변환하는 이 그 실험에 참가한 사람들은 직접 결과를 경험하고 나서도 그 사실을 믿으려 하지 않는다. 나는 직접 물리적 실험을 경험해볼 수 있고, 다른 그 물리 법칙을 외울 수도 있다. 사람들에게 실험 방법을 설명해줄 수도 있다. 그 결과가 참이라고 말해주거나 직접 해보라고 권해줄 수 있다. 그리고 관련 서적들을 보여줄 수도 있다. 그러나 내 말을 들은 사람들 가운데 십중팔구는 내가 제정신이 아니라고 생각한다.

이상한 자력

어릴 때 자전거를 타본 사람들을 위해 마지막으로 한 가지를 더 얘기해보자. 이 스토리는 미국의 서쪽 연안보다는 길가에 연석이 없는 동쪽 연안에서 더 쉽게 이해된다. 어린 시절 자전거를 탈 때 연석에 부딪히지 않으면서 얼마나 가까이까지 접근할 수 있는지 시도해본 적이 있는가? 나는 해보았다. 결과적으로 10여 센티미터 안팎의 거리로 접근하면 마치 자석과도 같은 이상한 힘이 끌어당기는 것처럼 느껴졌다. 그 힘이 무엇인지는 이해할 수 없었다. 한 물리적 실험

앞에 놓인 어린아이에게 이 현상은 매우 큰 난제였다. 물론 그 힘은 왼쪽으로 방향을 틀기 위해 오른쪽으로 바퀴를 꺾어야 하는 원리에서 기인한다. 자전거로 우회전을 한다고 해보자. 앞바퀴는 회전의* 처럼 기능하며 회전축 역할의 중심축을 갖는다. 따라서 오른쪽으로 살짝 방향을 틀면 자전거는 왼쪽으로 기울게 된다. 앞바퀴가 오른쪽을 향하면서 몸체가 기울어지고 그 힘이 자전거를 왼쪽으로 당기는 것이다. 이는 실제로 일련의 물리적 현상들이다.

아마도 지금쯤 몇몇 사람들은 이 애기를 듣고 나를 믿기 시작할지도 모른다. 그러나 아직 대다수는 그렇지 않을 것이다.

나는 다양한 사람들 앞에서 이 실험을 해 보였다. 사실상 그들도 이미 알고 있는 어떤 묵시적 지식을 제시하며 그들의 주의를 끈다. 그러나 그들은 좀처럼 그 사실을 받아들이려 하지 않으며, 거의 모든 이들이 부정한다.

자, 생각해보자. 나는 다양한 사람들 앞에서 이 실험을 해 보였다. 사실상 그들도 이미 알고 있는 어떤 묵시적 지식을 제시하며 그들의 주의를 끈다. 그러나 그들은 좀처럼 그 사실을 받아들이려 하지 않으며, 거의 모든 이들이 부정한다. 아마도 지금쯤 당신은 이 스토리가 사실일 가능성도 있겠다며 믿기 시작할 것이다. 그리고 아마도 직접 그 실험을 해보려 할지도 모른다. 정말 시도해볼 거라면 넘어져도 안전한 장소에서 하길 바란다.

---

* 회전의(回轉義) : 임의의 축을 중심으로 자유로이 회전할 수 있는 틀 속에서 빠르게 회전하는 바퀴로 이루어진 장치로, 자이로스코프라고도 한다.

우리는 무엇을 할 수 있을까? 유일한 희망은 내러티브에 있을 것이다. 스토리와 내러티브가 지닌 힘의 일부는 우리의 마음에 이해 가능한 틀을 형성하는 스토리의 능력에 있다. 스토리를 통해 우리는 적어도 의식의 영역 너머에 있는 묵시적 지식들을 의심하고, 가능하면 바꿀 수도 있다는 생각을 하기 시작할 수 있다.

사회 현상으로서의 묵시적 지식

모터사이클의 예는 우리에게 묵시적 현상이 얼마나 불가사의하며, 그것을 이해하고 변화시키기가 얼마나 어려운지를 보여준다. 그 현상을 전면에 드러내어 확인하는 일조차 쉽지 않다.

최근 몇 년 동안 개인의 내면에 존재하는 묵시적 지식, 개인이 무엇을 하거나 무엇이 되는 데 필요한 기술들에 대해 언급하는 사람이 많아졌다. 그러나 이러한 지식의 묵시적 요소들은 개인의 '내면'에만 존재하는 것이 아니다. 사람과 사람 '사이', 사람들이 서로 뒤얽혀 조직을 창출해내는 실행 공동체(community of practice) 내에도 이러한 지식이 존재한다. 스토리는 명시적 지식의 일부를 반영한다. 그러나 행동을 이끌어내는 스토리의 힘에는 암시적이고 묵시적인 지식 안으로 파고들 수 있는 촉수가 존재한다.

사실 참여는 중요하다. 그리고 우리가 알고 있는 지식 중 상당 부분은 여러 사람이 널리 알고 있는 것들이다. 우리는 이 문제를 서로 체계적인 관계를 맺고 업무를 공유하며 장기간의 공동 실행을 창출하는 실행 공동체의 관점에서 생각해볼 수 있다.

예를 들어보자. 장기간 한 집단의 사람들과 업무를 공유한다면, 당신은 매우 친밀하고 구조적인 관계 속에서 미묘한 차이까지 파악하며 서로에 대해 읽는 법을 배울 수 있다. 타인을 읽는 능력은 당신으로 하여금 말하는 방식을 다듬고 전혀 새로운 표현 방식이나 언어를 만들어내도록 유도할 것이다. 실행 공동체는 자기 나름의 어휘와 나름의 특화된 실행 방식을 발전시킨다. 그러므로 이는 한 개인의 마음속에 있는 것과는 대조적으로 집단적 마인드 안에 놓인 묵시적 실행과 관련이 있다.

예컨대 수년간 나와 함께 일했던 요한 드 클레르크(Johann de Klerk)라는 사람이 있는데, 그가 하는 일이라곤 어떤 식으로든 불평을 늘어놓는 것뿐이었다. 나는 그가 어떤 말을 할지 화이트보드에 빽빽이 써넣은 방정식처럼 훤히 알 수 있다. 우리는 자신이 속한 실행 공동체에서 사람을 읽는 법을 배운다. 그것은 하나로서 존재하는 마법의 일부다. 우리가 서로 공유하는 스토리들은 공동으로 만들어내는 실행에 공통의 지반을 창출한다.

실행 공동체는 숙련된 농구팀과 같아서 팀원끼리 서로서로를 읽고 각 개인은 늘 다른 사람의 주위를 둘러싸고 있다. 한 사람이 어떤 행동을 보이면 상대는 아무리 순식간에 벌어진 일이라도 어떻게 반응해야 할지 알고 있다. 팀 밖의 그 누구보다 더 빨리 자기 팀의 흐름을 읽을 수 있는 것이다. 반대팀 역시 농구 선수라는 네트워크 속에 위치하지만 당신이 속한 그 특정 실행 공동체의 일원은 아니다. 당신은 자신이 속한 팀의 움직임을 읽고 그 자리에서 전략을 만들거나 보완해 능력을 향상시킴으로써 실제 경기 중 발생할 수 있는 어떤 약점도 메울 수 있어야 한다. 커뮤니티 내의 다른 멤버들을 읽을 수 있는 배경 정보에 의지해 물 흐르듯 끊임이 없는 즉흥적 반응들을 내보내야 한다. 진정한 커뮤니티 안에서 당신은 특별한 방식으로 말하며 의사소통하기 시작한다.

조직의 묵시적 지식

이는 우리가 조직을 이해하려면 그 기저에 깔린 사회적 구조에 보다 많은 주의를 기울여야 함을 의미한다. 우리는 '개인'이 어떻게 묵시적 지식을 몸속에 부호화하는가뿐 아니라 '조직'이 어떻게 묵시적 지식을 부호화하는가에 대해서도 초점을 맞춰야 한다. 조직의 구조와 프로세스 행동을 변화시키려는 노력은 실제로 조직의 명시적 지식은 물론 묵시적 지식까지 변화시키기 위해서 조직의 묵시적 지식 역시 개인의 묵시적 지식과 마찬가지로 그 지식을 이해하고 반영하거나 활용하기가 거의 불가능하다는 문제가 있다.

이 문제는 비즈니스 프로세스 리엔지니어링에서 그 존재조차 알지 못했던 영역이다. 특정 환경에서 어떠한 상태로 존재하는지에 대한 이해가 없어도 최상의 실행이라고 명시적 확인이 가능했던 영역은 리엔지니어링을 할 수 있다. 비즈니스 프로세스 리엔지니어링에서 문제가 되는 부분은 대개 수반되는 묵시적 영역이 결여된 프로세스를 도입하거나 비즈니스 프로세스와 업무 실행 사이의 본질적 연결을 단절시키는 방법으로 기업 재배치를 시도할 때 초래된다.

데카르트의 '나는 생각한다' vs. 우리는 참여한다

지식의 본성에 관한 몇 가지 오해는 지식에 대한 전통적 시각에서 비롯된다. 전통적 시각에서는 지식을 명제적인 것(사물에 '관한' 지식)으로 보며, 존재하기 위한 지식(어떻게 실행하거나 어떻게 존재하는지를 아는 것)과는 거의 아무런 관계도 없다. 이는 대부분 17세기의 프랑스 철학자 데카르트에게서 유래된 것이다. 300여 년 동안 서구의 사상과 과학 및 교육을 지배하며 우리 모두에게 부지불식간에 습득되어 있는 지식에 대한 데카르트의 시각은 마음과 육체 사이에 명확한 구분이 있다는 믿음과 모든 초점이 마음에 집중되어야 한다는 관점에 기초를 둔다. 이는 사상가와 실천가, 그리고 경영자와 근로자 사이에도 동일하게 명확한 구분이 있다는 생각으로 발전한다.

"나는 생각한다. 고로 나는 존재한다."는 데카르트의 신념 대신 내가 사물을 관찰하는 데 선호했던 신념은 "우리는 참여한다. 고로 우리는 존저한다."이다. 이 관점은 지식의 다양한 가지들에 뿌리를 두고 있는데, 특히 심리분석학과 내러티브에 관한 이론들이 바탕이 된다. 우리는 존재하게 된다, 세상에 존재하게 된다, 무언가에 참여하면서 말이다. 자아에 대한 인식 역시 그러한 참여의 과정에서 형성된다. 정체성이란 외부와의 관계 속에서 만들어진다는 의미다.

이 말은 이해가 기본적으로 외부 세계와의 관계 속에서 사회적으로 구축됨을 암시한다. 그럼으로써 우리는 실제로 지식의 관념을 개념적 틀과 행동 속에 내면화하고 통합할 수 있다. 이러한 통합은 흔히 누군가와 무언가를 토론하는 과정에서 발생한다. 종종 스토리를 전달하는 방법으로 말이다. 이는 우리가 타고난 행동이다.

사실 배움의 많은 부분은 학교에서조차 교실 밖에서 형성된다. 교실 안에서는 정보를 얻을 뿐이지만, 교실 밖에서는 나름의 이해를 사회적으로 구축하기 시작한다. 현재 우리가 아는 대부분은 다른 사람들과 대화하거나 함께 일하며 문제를 해결하는 과정에서 학습되어왔다. 따라서 우리는 항상 이해를 축적해가고 있는 것이다. 대화 속에서 혹은 내러티브를 통해서 말이다. 우리는 스토리를 통해서 그 이해를 내 것으로 소유하며, 그렇게 함으로써 그 이해를 나 자신으로 만들고 있다.

추상성과 보편성, 그리고 내러티브

인간의 마음과 지식의 명제적 특징에 집중된 데카르트의 관심은 추상성에 대한 초점으로 이동한다. 그러나 지식이란 추상적 개념에 한정되지 않는다는 사실을 인식해야 한다. 사실상 데카르트의 사상은 지식이 추상적일수록 더 좋다는 기괴한 믿음으로 이어졌다. 왜 이런 생각을 하게 될까? 추상 개념은 보다 많은 상황에 적용될 수 있기 때문이다. 따라서 정말로 강력한 지식을 원한다면 추상적인 편이 낫다. 사실 더 추상적일수록 좋다. 만약 지식이 편미분방정식*으

---

* 편미분방정식 : 미지함수가 변수가 여럿인 함수일 때 미지함수의 편도함수를 포함하는 방정식으로, 정해진 해를 갖지 않는다.

로 풀이될 수 있다면 오직 신만 아는 답도 구할 수 있을 것이다. 그것은 하나의 견해일 수 있지만 잘못된 견해다.

보편성을 추상성과 동일하게 보는 시각은 데카르트적 믿음으로부터 300년간 전해 내려온 가장 근본적인 오해 중 하나다. 지식의 보편성은 추상성과 같지 않다. 신뢰성 있는 추상적 개념이 있다면 많은 상황에 적용될 수 있을 것이다. 그러나 보편성을 획득하는 또 다른 방법이 존재하는 것 역시 사실이다. 보편성을 획득하는 가장 강력한 방법 중 하나는 그것이 특수한 명제에 어떻게 뿌리를 두고 있는지를 가르쳐주는 것이다. 우리는 내러티브를 통해 그런 일을 할 수 있다.

내러티브란 무엇인가? 특수한 명제들을 통해 강력한 생각을 형성하는 도구다. 모든 스토리에는 특수한 명제가 있다. 우리는 이러한 특정 명제들을 연결해 내러티브를 만든다. 배경에 따라 위치를 정해 하나의 교훈 속에 배열하는 방식이다.

배경과 교훈이라는 이들 두 가지 요소를 이용해 새로운 상황에, 그리고 때로는 많은 새로운 상황에 스토리를 적용할 수 있다. 따라서 요지를 갖고 그 요지를 전달하기 위한 내러티브를 사용해 보편성을 획득하는 것은 근본적으로 다른 방법이다. 우리는 종종 특히 신뢰성 있는 추상적 개념을 갖지 못한 새로운 상황에서 보편성을 획득하는 중요한 실천적 방법으로서 내러티브를 간과한다.

생산적 연구를 촉진하는 환경들

역학 법칙을 이해하는 내러티브 구축

사례를 들어 이 과정을 설명해보자. MIT에서는 학생들이 물리학을 직관적으로 체득할 수 있도록 시뮬레이션 기계를 만들었다. 여기에는 뉴턴의 역학처럼 제1법칙, 제2법칙, 그리고 제3법칙이 있다. 예를 들어 다음과 같다.

$$힘 = 질량 \times 가속도$$

이런 기계를 만들게 된 데는 다소 충격적인 사정이 있었다. MIT 입학 첫해에 A학점을 받은 학생들과, 모든 법칙을 습득하고 모든 문제에 그 법칙들을 응용했던 학생들이 사실은 그 법칙들을 완전히 이해하지 못하고 있었던 것이다. 학생들은 심지어 비행기 밖으로 폭탄을 떨어뜨렸을 때 어떤 일이 발생하는지에 대해 대략적으로도 설명하지 못했다. MIT의 상위권 학생들이 말이다! 우리 대부분 역시 그보다 낫지 않다. 우리도 역시 그러한 법칙들을 잘못 이해하고 있다.

MIT는 시뮬레이션 엔진을 가동할 준비에 들어갔다. 대다수 기업 교육과는 달리 이 아이디어의 목적은 완벽한 시뮬레이션을 구현하는 것이 아니라, 참가자들이 스토리를 구축할 수 있도록 돕는 데 있었다. 참가자들이 나름의 이해를 구할 수 있는 시발점을 마련하고자 했던 것이다.

이 가상 장치를 이용해 입자의 탄도를 관찰하고 최초 상태의 속도와 가속도를 모방하라는 지시를 받은 학생들은 자신들이 그 탄도를 재현할 수 있는지 확인했다. 이 과정에서 학생들은 최초의 조건들 사이의 관계를 파악하고, 양의 속도와 음의 가속도라는 말의 의미를 깨닫기 시작한다. 학생들이 이 기계에서 눈을 떼지 않은 것도 흥미롭지만, 더 흥미로운 점은 탄도를 둘러싸고 학생들이 직접 스토리를 만든다는 사실이다.

우리는 이러한 시뮬레이션의 목적이 역학 법칙에 관한 완벽한 인식을 심어주려는 것이 아님을 깨닫기 시작했다. 시뮬레이션의 목적은 이 기계 주변에 모여 뿌리 깊고 집중적인 대화를 나누도록 촉진하는 것이었다. 그래서 우리는 캐털리나 그로흐가 자신의 교육 영상에 대해 생각하는 방식대로 이 문제를 생각하기 시작했다. 어떻게 하면 청중과 사용자들, 참가자에게 유쾌한 연상 작용을 일으키면서 이에 대해 각각 나름의 스토리를 만드는 데 도움이 되는 무언가를 만들 수 있을까?

건축가의 작업실, 진행 중인 작업의 공개

배움의 속성에 관한 또 다른 예를 들어보자. 아내가 건축가인 까닭에 나는 삶의 많은 시간을 건축가의 작업실에서 보낸다. 흥미로운 사실은 건축가의 작업실에서는 진행 중인 작업이 항상 공개된다는 점이다. 직업적인 건축 작업장에서도 그렇지만, 특히 교육과 연계된 곳은 더욱 공개적이다. 내가 아는 한 진행되는 일이 시종일관 공개되는 분야는 없다.

과학에서는 혼자 조용히 연구하다가 논문이 《네이처(*Nature*)》에 실린 날 아침에야 그 연구 결과를 발표하며 동료들을 깜짝 놀라게 하는 일이 다반사다.

건축가 작업실에서는 그 반대다. 같이 일하는 건축가들과 함께, 그리고 그들에 의해 전후 상황이 만들어진다. 그들은 서로에게 스토리들을 말한다. 그들은 항상 서로의 어깨 너머로 진행되는 일을 살펴본다. 항상 서로의 작업과 아이디어를 보완해주고, 서로 도우면서 서로 비평하는 법을 배운다.

그리고 수석 건축가가 무언가를 지적하면, 그것이 곧 전부에게 배움이 된다. 자기 자리에 있는 동안에도 모두 어디에서 어떤 말이 오가는지 듣는다. 동시에 모두가 그 설계도가 어떻게 완성되었는지 알고 있다. 따라서 모두가 그에 대한 평가를 이해할 만한 배경을 갖고 있다. 모두가 특정 대상에 대한 생각들을 이해한다. 다른 사람의 작업일 경우에 마찬가지다. 모든 사람은 '주워들음'을 통해, 그리고 다른 사람들의 작업 주변을 에워싸고 서로 연결됨으로써 방대한 배움을 얻는다. 이것은 실제로 견습생(도제)들이 배움을 얻는 과정이다. '배움의 풍경'을 설계하는 실례이며, 무엇이 진정으로 좋은 설계가 될지를 알려주는 실행 및 감각들의 발전을 촉진하는 환경이다.

조직의 사회적 기본틀

일반적으로 조직을 분해하면 두 가지 구성요소로 나눌 수 있다고
생각한다. 한 요소는 조직의 권위적 부위로 공식 비즈니스 진행 과
정과 구조에 연관된 부분이고, 다른 하나는 업무가 실제로 행해지는
공간, 즉 조직의 사회적 기본틀이다. 후자는 사회적 네트워크와 실
행 공동체가 존재하는 공간으로, 스토리가 창조되고 발설되며 되풀
이되는 곳이자 스토리가 이동하고 소문이 만들어져 확산되는 곳이
다. 공식 비즈니스 영역은 기껏해야 사회적 기본틀 내에서 진행되는
것들을 조정할 뿐, 실제적인 일들은 사회적 기본틀에서 행해진다.

정보 체계는 항상 조직의 권위적 부위를 지원하는 데 한정되어 있
었다. 이는 놀라운 일도 아니다. 업무 지원에 대한 건의는 대부분
CIO의 승인을 받아야 하기 때문이다. 이로써 정보기술 예산 중 과
도한 액수가 권위적(authorized) 활동에 지출된다. 사회적 기본틀
을 위한 지원이 거의 없던 과거와 달리 이메일과 월드와이드웹, 인
트라넷, 메신저 등이 등장하면서 현대인들은 자신만의 가상 커뮤니
티와 흥미를 공유하는 커뮤니티나 자신만의 웹페이지 등을 만들 능
력을 갖게 되었다. 그리하여 기술이 사회적 기본틀을 지원하는 모습
도 눈에 띄기 시작한다. 조직들은 각자의 사회적 부위를 지원하는
비용과 비교해 권위적 부위에 얼마나 많은 지원이 주어지는지 살펴
볼 필요가 있다.

사회적 기본틀을 지원하기 위해 할 수 있는 일을 생각해보는 것도

흥미로울 것이다.

복사기 앞에 늘어선 줄

거의 모든 사람이 간과하는 사실이 하나 있다. 바로 새로운 기술을 확산시키는 데 어떤 태도를 취하는가의 문제다. 대부분은 이 문제를 의식하지 않지만, 예컨대 신형 복사기를 사용하기 위해 길게 늘어선 줄에 합류한다. 복사기를 사용하기 위해 줄을 선 사람은 '지지 구조(support structure)'가 된다. 그 줄 안에서 이미 복사기에 대한 지식을 갖고 있는 사람은 그렇지 않은 사람에게 교사가 되는 것이다. 줄을 서 있으면 새로운 기술을 배울 수도 있고, 자신이 알고 있던 기술을 다른 사람에게 전달해줄 수도 있다.

실제로 줄 서기라는 개념은 매우 강력한 학습 기제인 것으로 드러났다. 복사기 사용을 네트워크로 예약할 수 있다면 어떻게 될까? 우리는 생각한다. "복사기를 누가 사용하고 있는지 아닌지 책상에 앉아서 알 수 있다면 좋지 않을까? 누군가 사용하고 있을 때는 일부러 가지 않아도 되잖아." 그럴 경우 문제는 복사기 앞에 줄이 사라진다는 것이다. 줄이 없으면 그 사용법을 알려줄 사람도 없어진다.

워싱턴의 교통카드 사용법

워싱턴의 지하철 시스템을 통해 또 다른 예를 들어볼 수 있다. 시스템이 도입되자 자동 티켓 발매기를 구비할 필요가 있었다. 이는 이 분야에서 새로운 개념이었는데, 시민들에게 티켓 구입법을 알려주는 것이 문제였다. 훌륭히 설계된 시스템과 무관하게 사람들은 설명서를 읽고도 사용법을 이해하지 못했다.

그래서 어떻게 했을까? 한 달 남짓 동안 모든 티켓 발매기 옆에 '전문가'를 한 명씩 배치했다. 사실 이 기계의 사용법은 어린아이들밖에 몰랐다. 아이들은 시민들에게 어떻게 하면 티켓을 뽑을 수 있는지 직접 보여주었다. 곧이어 그 사용법을 이해한 사람들이 많아졌고, 자신들이 이해한 지식을 자기 뒤에 줄 지어 서 있던 사람들에게 알려주기 시작했다. 이는 자동차의 점프스타팅*이나 컴퓨터 부팅과 같이 커뮤니티의 마음에 시동을 거는 멋진 사례다. 투자된 것은 한 달간 배치된 소수의 인력뿐이었다. 그 정도 투자로 워싱턴의 통근자들에게 기술이 흡수되는 방식에 대한 완전한 차이를 만들어낸 것이다.

제록스 – 복사기는 실제로 어떻게 수리되는가

이제 지식과 지식 공유 및 지식 포착을 이해하는 방식을 의미심장하게 재고해보기 위해 다소 형식을 갖춘 제록스 내부의 사례를 들어보자. 이 사례 역시 나의 삶을 변화시키는 계기가 된 경험이다.

이 스토리는 리스버그의 전문 수리기사 폴의 스토리에서 이어진다. 제록스의 경영진은 내게 전 세계의 장비 문제를 담당하는 기술 담당자 2만 5,000명의 업무 수행력을 끌어올릴 수 있는 좋은 방법을 연구해보라고 주문했다. "아, 그런데 이 사람들을 훈련시킬 방법을

---

* 점프스타팅 : 다른 차의 배터리와 연결해 시동을 거는 일.

찾아볼 수 있겠습니까? 그러면 이들을 리스버그로 보내 재교육시키는 데 들어가는 연간 2억 달러의 비용을 절감할 수 있을 겁니다.”

이 제안이 내 생애 가장 흥미로운 과제가 될 것이라고는 상상도 못했다. 그러나 어쨌든 맡아서 해보겠다고 답했고, 한 가지 조건을 제시했다. 즉 설령 기업 문화를 거스른다 하더라도 내가 보기에 문제가 있으면 고치겠다는 조건이었다.

“알아서 하세요. 존.”

나는 리스버그로 돌아가 폴을 만났다. “좋았어, 우리는 정말로 이 일을 맡고 싶었다고.” 이미 나는 무엇이든 원하는 대로 할 수 있다는 허가를 받았기 때문에 당시로서는 수상쩍게 여겨질 수도 있는 일에 착수했다. 우연히도 그 일은 내가 이제껏 해왔던 조치들 중 가장 영리한 수에 속했다. 나는 말했다. “사람들이 실제로 기계를 어떻게 수리하는지 알아봅시다. 물어보는 것이 아니라 그 사람들이 되어서 말이죠.” 자전거를 타는 사람들에게 어떻게 방향을 트는지 보고서를 작성하라고 해보라. 그 보고서는 분명 정확하지 못할 것이다.

나는 인류학자 몇 명을 고용했다. 그 중에는 현재 가장 유명해진 줄리언 오어(Julian Orr)도 있었다.[2] 나는 그에게 뉴욕이나 덴버와 같은 콘크리트 정글 안으로 들어가라고 주문했다. 그곳의 기술 담당자들과 함께 생활하고 놀고 마시고 무엇이건 하면서 6개월을 채우고는, 그곳에서 진행되는 일들을 체계적으로 수집해 오는 것이 그들의 과제였다.

“경영진에게 상황을 물어봐도 소용없습니다. 그들은 아무 것도 모르니까요. 그곳의 기술 담당자들에게도 물어보지 못할 것입니다. 그들은 자신들이 아는 것을 모르고 있으니까요."

그 후 줄리언은 돌아와 내게 자신이 배운 것들, 특히 기술 담당자들이 실제로 사용했던 묵시적 실행들에 대해 말해주어야 했다. 이들을 고용함으로써 우리는 기술 담당자들이 실제로 어떤 일을 하고 어떤 실행을 하는지, 그래서 우리가 어떤 작업을 하면 되는지 어느 정도 파악할 수 있기를 기대했다.

6개월 후 줄리언이 돌아왔다. 그는 내 사무실로 들어오더니 이렇게 말했다 "존, 어떻게 들릴지 모르겠지만, 당신이 적어준 문제 해결 방법들은 모두 완전히 잘못됐어요."

내가 그 이유를 묻자 그가 대답했다.

"당신은 이 멋진 오류 차단 절차들을 개발했고 일련의 문제 해결 시나리오로 엮었지만, 그들은 그런 식으로 작업하지 않았어요."

"음, 그렇군요. 줄리언, 그러면 그들은 도대체 어떤 식으로 작업했죠?"

"말씀드릴게요. 그 사람들은 특히 일의 진척이 원활하지 않을 때, 그리고 자신들이 해결하기 어려운 기계가 있을 때 동료를 불러서 함께 내러티브를 만들었어요. 내러티브를 통해 그 기계를 설명하면서 기계가 어떻게 작동되는지, 그 부분에 무엇이 잘못되었는지를 얘기했지요. 어떤 식으로 했냐고요? 말 그대로 기계 주위를 맴돌면서 스토리를 엮는 거죠. 스토리는 취해진 조치를 포함해 기계에 관한 분명한 정보들을 설명하려는 노력으로 시작돼요. 그 정보를 통해서 그들은 과거의 경험을 떠올리고, 그 기억들을 새로운 스토리의 단편들을 만들어내는 데 사용했죠. 하루 종일 그들은 기계 주변을 서성이면서 그 복잡한 스토리를 엮어냈어요. 그리고 마침내 이 복잡한 기계의 모든 정보의 단편들을 설명할 수 있는 스토리를 완성했지요. 그들은 이 내러티브를 구성하면서 사실상 기계를 완전히 이해했고, 기계도 고칠 수 있게 되었어요. 물론 그렇게 해서 기계가 고쳐지지 않으면 스토리는 계속해서 전개되는 거죠.”

이처럼 논리만이 문제 해결의 동력이 되는 것은 아니다. 문제 해결이란 내러티브의 구성과도 연관되어 있음이 밝혀졌다. 그러나 더 흥미로운 사실은 그 이후의 행동이었다. 나중에 기술 담당자들은 주점이나 커피숍에 모여 자신의 스토리를 전달하고 서로의 스토리를 들었다. 스토리 말하기와 듣기, 그리고 평가를 진단하는 사회적 프로세스를 거치면서 스토리는 더욱 다듬어지고 종종 지혜의 보고가 되기도 한다.

이러한 통찰을 바탕으로 우리는 매우 복잡한 기술을 이용해보기로 했다. 우선 밖으로 나가 모든 기술 담당자에게 송수신 겸용 무전기를 사주었다. 이 무전기를 항상 켜놓게 함으로써 해당 지역이나 도시 안에 있는 모든 기술 담당자가 언제든 서로 연락할 수 있도록 해두었다. 그들은 실행 공동체로서 서로의 마음을 읽을 수 있었고, 따라서 누군가에게 문제가 발생하면 무전기를 통해 그 상황을 듣고 모두가 그 사람의 주변에서 가상 세계의 중심 속으로 이동해 도움을 줄 수 있었기 때문이다. 이렇게 우리는 스토리를 전달하고 계획적으로 스토리를 구성할 수 있는 대단히 훌륭한 매체를 갖게 되었다.

한편 이 방법은 우리가 도제로 행동하는 방식이기도 했다. 새로운 사람들이 다가와서 우리의 대화에 연결되어 전체적인 지식 네트워크가 이 모든 새로운 기술과 자신감을 형성하고 전달하는 주변에서 그것을 들을 수도 있기 때문이다. 그리고 그들은 자신들이 다른 사람에게 연락하여 도와줄 수 있음을 알고 있었다.

원활한 시스템을 구축하는 데 가장 큰 문제는 신뢰였다. 비록 사적 채널이었지만 무전기 역시 전파를 타는 방송이었기에 담당자들은 경영진이 자신들의 대화를 듣게 될까 봐 우려했다. 그러나 그럴 수 없다는 사실을 알게 되자 모두 매우 적극적인 태도를 보였다. 그들은 허심탄회한 대화도 나눴다. 아마도 임원들이 이 중 한 채널이라도 들을 수 있다면 사교적 성격과 기술적 성격을 자유롭게 넘나드는 그 대화들 가운데 흥분을 감추지 못할 얘기들도 발견할 수 있을 것이다. 그러므로 이러한 전체적인 일들을 가능케 하려면 신뢰를 쌓는 일이 무엇보다도 중요하다.

제록스의 유레카

결국 우리는 제록스가 내게 주문했던 전문가 시스템이 아무런 효과를 발휘할 수 없으리란 사실을 깨달았다. 우리는 인공지능과 전산화된 전문가 시스템의 구상을 무효화했다. 우리에게 필요한 것은 명백한 실행 공동체였다. 문제는 일단 스토리가 전달되면 도시나 지역 내에서 돌아다니고 그 공동체의 마인드 속에 머물 뿐 같은 상황에 직면한 지구 반대편에는 전달되지 않는다는 것이었다. 이런 문제의식에서 우리는 유레카(Eureka)라는 시스템을 고안했다. 어떻게 지식 베이스를 구축하여 전 세계 2만 5,000명의 제록스 기술 담당자들에게 전달할 수 있을지 보다 주의를 기울여 고민한 결과였다.

지식이란 무엇인가?

이 과정에서 우리는 해묵은 질문 하나와 씨름해야 했다. 지식이란 무엇인가? 이에 대해서는 숱한 견해가 있어왔다. 약 2,000여 년 전 플라톤은 지식을 "정당화된 진실(그것이 무엇을 의미하건)인 신념"이라고 말했다.[3] 다시 말해서 사람들이 각자의 의견을 갖고 있어도, 그에 따라 행동하지 않는 이상 지식이라고 말할 수는 없다는 것이다. 지식과 행동이 일치될 때 그 정당성을 믿으며, 그에 따라 행동도 기꺼이 조직할 수 있다.

이 새로운 시스템은 다음과 같이 작동한다. 기술자들 중 한 명이 재미있는 스토리 소재나 새로운 아이디어 혹은 새로운 스토리를 갖고 있을 때 커피숍이나 호프집에 들어가듯 시스템에 접속한다. 그러고는 동료 검토위원회를 선택한 후 인트라넷을 이용해 동료 집단과의 협조하에 스토리에 대한 사회적 심사를 받는다. 일단 심사가 끝난 스토리는 저자의 이름을 달고 지식 베이스에 보관된다. 만약 동료 검토 집단이 그 스토리에 더 많은 스토리를 첨가하면, 그 동료 검토 집단의 이름 역시 특정 정보에 함께 올라간다. 이 시스템은 지적 자본과 사회적 자본을 동시에 축적시켰다. 후일 이 사실은 명백해졌지만, 당시로서는 놀라운 일이었다. 시스템은 사회적 자본을 쌓아나갔다. 전 세계적 지식 베이스에 기여했던 사람들의 이름이 그 정보와 함께 돌아다녔기 때문이다. 그리고 정말로 훌륭한 스토리들을 만드는 데 기여했던 사람들은 상대적으로 폐쇄된 전 세계적 실행 공동체 안에서 곧 영웅이 되었다.

기술 담당자들은 놀랄 만큼의 스토리를 갖고 있었다. 브라질의 기술자가 캐나다 기술자의 아이디어로 엄청난 액수의 돈을 절약하기도 했다. 캐나다의 기술자는 브라질에서 영웅이 되었다. 그 외에도 사례는 무궁무진하다.

그들 자신의 정체성 역시 변화하기 시작했다. 사실상 이 시스템은 사회적 자본과 지적 자본을 동시에 쌓아나갔다. 곧이어 개인의 정체성들이 구체화되며 지식 실행 공동체를 통해 드러나기 시작했다. 결과적으로 우리는 지적 자본과 사회적 자본만 손에 넣은 것이 아니라 기술자들의 생활 속에 의미를 창출하는 발판이 된 중추적 도구까지 얻게 되었다.

인센티브 문제

이렇게 우리는 삼중의 성공을 거두었다. 하지만 그렇다 하더라도 여전히 시스템의 사회 역학을 이해하는 데 어려움이 따랐다. 이 시스템을 만든 후 많은 일이 일어났다. 재산 가치가 있는 어떤 아이디어는 회사에 막대한 비용 절감 효과를 가져왔다. 우리는 기술 담당자들을 찾아가 공로가 많은 사람에게 보너스를 주자고 제안하면서, 어떻게 하면 시스템을 향상시킬 수 있을지 조언을 구했다.

그러나 기술 공동체에 속한 그들의 대답은 "절대 안 됩니다!"였다. 그들의 대답은 본질적으로 다음과 같은 의미를 지니고 있었다. "우리는 내적 동기를 대체할 외적 동기를 원하지 않습니다. 우리에게 보너스를 주면 그 즉시 이 시스템을 잃게 됩니다. 보너스는 우리가 만들어낸 사회적 구조의 측면에서 시스템을 훼손시킬 것입니다."

나는 간혹 우리가 충분한 보너스를 주었다면 어땠을지 궁금해진다. 만약 각각에게 100만 달러의 상여금을 주었다면 어떤 일이 벌어졌을지 누가 알 것인가? 만약 그랬다면 우리가 만들어낸 사회적 기본틀은 뿌리째 뽑혀 나갔을 것이다. 기술 담당자들이 느꼈던 의미와 정체감, 커다란 공동체 속의 일원이 되는 소속감을 잃어버렸을 것이다.

유레카의 비즈니스 성과

또 한 가지 흥미로운 사실은 다양한 나라에서 통제된 실험들을 거듭함으로써 일부 결과들을 평가할 수 있었다는 것이다. 예를 들어 우리는 2년 동안 6개월 단위의 통제 실험을 통해 이 커뮤티니 성원들의 학습 곡선을 측정할 수 있었는데, 전체 집단의 학습 곡선 중 300퍼센트가 향상되었다. 우리로서는 서비스 시간의 10퍼센트가 단축되었고 막대한 비용의 일부가 절약되었다. 상담 전화를 받을 때 우물거리거나 통화를 길게 끄는 일도 훨씬 줄어들었고, 고객 만족도도 향상되었다. 이 수치들은 유레카가 비즈니스적 관점에서 실로 효과를 발휘했음을 보여주었다.

오픈소스 개발

또 다른 사례는 오픈소스 개발에 관한 것이다. 리눅스(Linux)는 컴퓨터 운영체제 개발자들의 협회로 전 세계 수천 명이 자신의 자유 시간을 이용하여 이 조직에 참여한다.[4] 핀란드 헬싱키 출신의 리누스 토발즈(Linus Torvalds)가 이끄는 리눅스 조직은 지배적인 서버 시스템 중 하나를 만들어냈다. 이 오픈소스협회의 사회적 역학을 되돌아보는 것은 흥미로운 관찰이 된다. 당시 존재하는 것이라곤 중앙의 소수 집단과 대표뿐이었고, 대표는 운영체제에 포함 또는 제외시킬 부분을 결정했다. 그러나 코드는 완전히 개방되었다. 누구든 코드를 볼 수 있을 뿐만 아니라 누구든 향상시킬 수 있다. 운영체제를 향상시킬 수 있는 의견을 적어 대표에게 보낼 수도 있다. 만약 대표가 그 의견을 마음에 들어하면 제시자의 이름을 단 코드가 운영체제에 통합되었다.

다른 사람들이 읽을 수 있도록 코드를 입력하는 컴퓨터공학자는 그가 처음이었다. 만약 그 코드를 읽을 수 없다면 그 코드를 이해하거나 수정할 수도 없고, 코드를 보고 배울 수도 없다. 따라서 오픈소스협회는 거대한 학습 공동체가 되어 투명하고 읽기 쉬우며 수정 가능한, 따라서 여러 실험이 가능한 코드를 만듦으로써 최고의 실행을 공유하고 있다.

그러므로 이 협회는 학습 공동체다. 지식 창조 공동체이기도 하다. 코드를 찾아 수정하고, 그것이 더 나은 방향인지 확인하며, 그것을 통합해 본래의 자리로 돌려보낸다. 그것이 받아들여지면 영웅이 되는 것이고, 받아들여지지 않으면 조금 더 노력하면 된다.

이러한 운영 방식은 21세기로 들어서면서 더욱 중요해지고 있으며, 이런 방식은 내러티브 구축뿐 아니라 내가 브리콜라주라고 칭하는 행위에도 연대감을 일으킨다. 브리콜라주 역시 추상성에 대한 숭배에서 구체성을 띤 작업으로 옮겨가는 과정이다. 코드라는 구체적인 조각들을 갖고 하는 작업 말이다. 연산은 추상적일지 모르지만 코드는 구체적이다. 그리고 누구든 그 코드들을 가져와 서툰 솜씨로 만지작거릴 수 있다. 브리콜라주도 이러한 '만지작거림'과 관계가 있다. 구체적인 코드들을 만지작거리면서 더 낫게 만들 수 있는지 직접 알아보는 것이다. 더 나은 것을 얻었다고 여겨질 때까지 브리콜라주를 만지작거리다가 그 성과물을 검토의 장으로 돌려보낸다. 만약 그것이 받아들여지면 사회적 자본이나 평판은 높아지는 것이다.

제록스 PARC

　지금까지 매우 간단한 방법으로 포착된 배움과 지식에 관해 서술했다. 그것이 스토리의 전부는 아니다. 내게 더 흥미로운 문제는 다음과 같다. "우리는 어떻게 근본적 혁신을 모방하고 완전히 새로운 지식을 만들어내는가?" 팰러앨토연구소(Palo Alto Research Center, PARC)는 지식 공유와 급진적 아이디어의 형성에 관한 영역을 구축하는 공간의 축소판이다. PARC와 그 일반적인 사업들을 추론하는 가장 좋은 방법은 일단의 지식 생태학을 연상하는 것이다. PARC와 같은 공간 안에는 다양한 기술과 학문이 존재한다. 이론물리학과 수학 및 공학에서부터 생태학과 사회학 그리고 심리학에 이르기까지 모든 분야를 아우르는 학문들 말이다. 이제 그곳에는 예술가들까지 포함되어 있다.

　PARC는 학문의 생태 공간이다. 지식생태학에 대해 생각해보라. 모든 종류의 생태학과 마찬가지로 지식생태학도 하나의 체계다. 지식 생태학에는 모든 종류의 역동적 상호작용 능력이 존재한다. 그것은 열려 있어야 한다. 또한 경영되기보다는 비판적으로 양성되고 관리되어야 한다. 창의성을 경영할 수는 없다. 발명을 경영할 수도 없다. 그러나 혁신은 경영할 수 있다. 혁신이란 발명을 시장 안에 수용하는가의 문제이기 때문이다. 그러나 창의성은 양성되거나 관리되어야 한다. 문제는 구조(structure)와 자연 발생성(spontaneity) 사이의 균형을 이루는 것이다. 만약 모든 것이 자연 발생적으로 생긴다면 우리는 모든 종류의 자기 소멸적 행동들 역시 갖게 될 것이다. 너무 많은 아이디어가 도출되지만 그중 아무것도 적절히 추구되지 못한다는 의미다.

문제는 다음과 같다. "지식생태학 안에 창의적 실행들을 가능케 하고 서로 조화시키며 억압적 요소로 작용하지 않을 중심축을 어떻게 세울 것인가? 어떻게 구조와 자연 발생성 양자를 모두 인정할 것인가? 어떻게 다원적 공존을 위한 공간을 창출할 것인가?"

창조적 자극

학문은 각 영역들 간의 교류가 원만하기 힘들다. 어떤 학교든 들어가보라. 모든 분야의 학자들을 한자리에 불러 모아보자. 가령 공식 회의를 위해 공학자와 심리학자 및 인류학자 등을 초빙할 경우, 그들은 서로에게 탁상공론의 반칙볼을 던지면서 회의가 급격히 변질될 것이다. 따라서 문제는 다음과 같다. "어떻게 창조적 자극을 촉진하고 존중할 수 있는 다원적 공존의 공간을 창출해 진정 생산적인 방식으로 서로에게 마찰을 주는 아이디어들을 얻을 수 있을까?" 우리는 이 개념을 현상(現狀)에 도전하기 위한 방법으로 이용할 수 있다. 상자 안에 갇힌 생각을 꺼내 묵시적 실행까지는 아니라도 묵시적으로 보유한 감성들은 검토해볼 수 있을 것이다.

모든 분야의 학자들을 한자리에 불러 모아보자. 가령 공식 회의를 위해 공학자와 심리학자 및 인류학자 등을 초빙할 경우, 그들은 서로에게 탁상공론의 반칙볼을 던지면서 회의는 급격히 변질될 것이다.

순결한 공간

그러나 이런 개념이 정말로 효과를 발휘하려면 공간의 형태와 장소의 역할에 대해 생각해봐야 한다. 영감을 떠올리기 위해 영국 로열 셰익스피어극단(Royal Shakespeare Company)의 저명한 연출가 피터 브룩(Peter Brook)의 예를 들어보자. 다음 인용문은 지난 몇 년간 나의 생각을 구체화하는 데 많은 영향을 끼쳤다.

"양질의 어떤 일이 벌어지게 하기 위해서는 빈 공간이 형성되어야 한다. 빈 공간은 새로운 현상의 태동을 가능케 만든다. 내용과 의미, 표현, 언어, 그리고 음악이 암시하는 것은 무엇이든 오직 신선하고 새로운 경험 뒤에서만 존재할 수 있기 때문이다. 그러나 그것을 받아들일 순수하고 순결한 공간이 존재하지 않는다면 신선하고 새로운 경험은 찾아오지 않을 수도 있다."[5]

실제로 순결한 공간이라는 개념을 받아들여 작업 환경 속으로 설계해 넣을 필요가 있다. 물리적·사회적 공간, 그리고 정보의 공간이 창조적 긴장과 조율할 수 있도록 말이다. 여기에서 문제는 정보만이 아니기 때문이다. 사회적 설계 혹은 물리적 도안만의 문제도 아니다. 문제는 어떻게 이들 세 가지 요소를 순결한 공간을 만들어내는 방법으로 가져올 것인가이다.

커피포트

서로 다른 분야의 사람들을 한데 모으기 위해 우리가 창출했던 몇 가지 공간의 사례를 들어보자. 공식적 공간에 있을 때는 서로에게 원론적인 공격을 가했다. 그러나 비공식적인 자리에서 그들은 서로 대화를 하고 스토리를 나눌 수 있었다.

먼저 우리는 인터넷선이 연결된 커피포트를 몇 개 설치했다. 즉 언제든 커피가 끓으면 인터넷을 통해 신호가 전달된다는 의미다. 건물 안에서는 누구든 신선한 커피가 끓고 있음을 알 수 있었다. 건물 안 곳곳에 있던 사람들이 문을 열고 물밀듯 밀려나왔다. 신선한 커피를 마시러 나온 사람들은 물론 커피포트 앞에서 서로 부딪치기도 했다. 이러한 신호 메커니즘은 실제로 서로 다른 분야의 사람들을 한데 불러 모았다. 과거에는 커피포트가 주로 건물 내의 한 장소에 설치되어 있었고, 그곳은 한 학과가 임시로 사용하고 있었기 때문이다. 이것은 '1단계'였다.

우리는 거기에서 멈추지 않았다. 다음 단계로 커피포트 옆에 천장에서 바닥까지 닿는 대형 화이트보드를 설치해 실제로 커피포트 주변에서 대화들이 진행되고 있음을 확인할 수 있었다. 대화가 가능한 이 환경은 건축가 작업실에서 진행 중인 업무와 마찬가지로 모두가 함께 이용할 수 있었다. 전체적인 환경이 조성되고 여기에서 대화가 진행되면, 다른 사람들 곁을 지나가면서 주변을 둘러보고 흥미로운 얘깃거리가 있는지 살핀다. 대화에 관심이 있으면 자연스럽게 합류해 대화의 맥락을 파악할 수 있다. 그것이 '2단계'였다.

일단 대화에 사회적·물리적 시동이 걸리면, '제3단계'는 시간을 두고 그 대화들을 계속 이어나가게 만드는 것이었다. 물리적 공간에 얽매이고 싶지 않았던 우리는 화이트보드가 아닌 인터넷에서 방법을 찾아보기로 했다. 그래서 천정에 커피포트가 설치된 전체 벽면을 16컷으로 나누어 촬영하는 카메라를 설치했고, 그 장면들을 디지털 작업으로 이어붙인 초고해상도 이미지로 만들어 인터넷에 올렸다. 인터넷을 통해 그 화면을 검색한 이용자들은 아주 작은 부분에조차 자신의 흔적을 남기지 않을 수도 있고, 화이트보드 위에 원하는 바를 덧붙일 수도 있었다. 이로써 대화는 지속될 수 있었다.

그리고 '마지막 단계'는 아직 진행 중인 실험이다. 우리는 샌프란시스코의 사무실에서 뉴욕의 사무실까지 이 커피포트를 전송할 수 있는지 확인하고 싶다. 처음 시작할 때는 터무니없이 비쌌지만 지금은 거의 비용이 들지 않는다. 우리가 광섬유 케이블을 임대함으로써 현재 이 두 개의 공간은 항상 연결 상태에 있다. 그리고 모든 사람이 일주일 내내, 하루 종일 참여할 수 있다. 우리는 이 기술을 이용해 회의실이 아닌 공동의 장소에 접속했던 것이다.

문턱, 현관, 그리고 계단

그런가 하면 첨단 기술이 필요 없는 아이디어도 있다. 현관 때문에 생기는 빈 공간에 대해 생각해본 적 있는가? 현관은 놀라울 정도로 안전하게 대화를 시작할 수 있는 장소다. 만약 대화가 내키지 않으면 뒤로 물러서면 되고, 대화가 하고 싶다면 상대를 안으로 초대할 수 있다. 피터 브룩의 말을 빌리면, 현관은 순결한 공간이다. 일단 현관 위에 서보라. 기억을 환기시키는 그 공간에 들어섬으로써 허용되는 그 많은 아이디어와 대화의 범주에 대해 생각해보라.

니켈로디언 빌딩(Nickelodeon Building)

뉴욕 니켈로디언 본점에서 또 다른 사례를 찾아볼 수 있다. 본점 건물에는 여러 층의 한가운데에 중앙 계단이 설계되어 있다. 이 계단은 비공식 사교 모임 장소로 활용되었을 뿐 아니라 동료를 만날 때도 이용되었다. 계단 위에는 사람들이 앉아 있는 모습을 종종 볼 수 있다. 난간에 기대어 있기도 하다. 매우 비공식적인 모습이다. 여기에서는 쉽게 스토리도 나눌 수 있다. 따라서 이 공간은 매우 흥미로운 장소가 되었다. 이 공간은 서로 다른 분야, 다른 층의 사람들을 한데 모아 함께 엮어준다.

실행과 내러티브

지식의 패러독스—점착성, 이동성, 그리고 불가해성

지식경영에 관한 서적들을 읽을 때 매우 호기심을 느낄 만한 문제들이 있다. 지식의 점착력이 얼마나 강한지에 대한 논문들도 있다.

HP의 이쪽에서 알고 있던 지식을 HP의 저쪽에서 알 수만 있었더라면! 사람들은 지식이 조직의 한 부분에서 창출된다고 말한다. 그리고 창출된 지식을 연구에서 기술로, 기술에서 제조업으로 이동시키기란 거의 불가능하다고 말한다.

한편 지식은 쉽게 빠져나가는 이동성이 있다고 말하기도 하다. 팰러앨토연구소 같은 곳의 예를 들어보자. 지식은 매우 힘든 과정을 통해 로체스터로 옮겨졌다. 그러나 그 지식은 야금야금 빠져나가 애플의 제품으로 흘러들어갔고, 다시 MS로 건너갔다. 그 뒷이야기는 모두가 아는 그대로다. 때문에 어떤 사람들은 지식의 이동성이 매우 크다고 말한다. 들러붙는 성질이 동시에 빠져나가는 성질처럼 보이기도 하는 것이다.

따라서 지식은 점착력이 강하고 이동성이 있으며, 또한 모호하다. 어떻게 그럴 수 있을까?

여기에서 우리는 '신뢰'라는 대단히 중요한 요소로 돌아가는데, 실행 공동체가 그토록 재능을 보이는 행위와 관계가 있다. 실행을 공유하거나 혹은 공동 실행을 전개할 때, 서로를 읽는 법을 배우고 서로에게 어떤 재능이 있는지 알아갈 때, 그리고 공유된 실행을 통해 일종의 신뢰와 공통의 지반이 형성된다. 덕분에 근본적으로 지식은 실행 공동체 안에서 매우 활발하게 순환된다. 그러나 그 공동체의 범위를 벗어나는 일은 흔치 않다.

실행—지식이 흐르는 길

사실 실행이란 지식이 흐를 수 있는 길을 놓는 것이다.

그러나 여기에는 문제가 있다. 즉 한 실행 공동체 안에서 지식은 매우 원활히 흘러 다닌다. 그러나 또 다른 실행 공동체에 그 흐름을 이식시키는 것에는 어려움이 따른다. 이는 그 공동체와 공유하고 있는 실행이 거의 없거나 전무하기 때문이다. 실행이라는 길 위로 흐르는 지식은 여기저기로 이동해야 한다. 실행을 공유하지 않을 때 신뢰와 요구되는 공통의 지반 형성이 힘들다.

예를 하나 들어보자. 우리가 연구소에서 독보적인 새 인쇄 기술을 발명했을 때 로체스터의 주임 기사가 들어와 그것을 보았다. 그는 문을 통해 들어오며 말했다. "존, 나는 이 프로젝트를 망가뜨리러 왔어요." 대화를 시작하는 참으로 대단한 방법이다.

그리고 벌어진 상황은 다음과 같다. 나는 이 기술력이 완벽한 기술 체계를 갖추고 확실한 신뢰성을 지녔다고 믿었다. 그렇게 믿지 않을 이유가 없다고 생각했다. 그리고 주임 기사는 나를 보면서 이렇게 말한다. "존, 당신이 회사에 대박 상품을 만들어준 게 언제였죠?"

"상품을 만든 적은 없는데요."

"내 말이! 당신은 연구원이죠! 그런데 제조업에 대해서는 아는 게 뭡니까?"

"글쎄요, 제조업에 대해서는 많이 알지 못합니다."

"제조 공장에서 일주일 정도라도 있어본 적 있어요?"

"아니요, 나는 항상 연구소에 있었습니다."

이런 문답이 반복됐다. 우리의 실행이 서로 매우 다른 것으로 확인되었고, 그는 결국 이렇게 말했다. "자, 존. 내가 하는 일은 당신과 너무 달라요. 내가 어떻게 당신을 믿을 수 있겠습니까? 당신은 그런 말을 할 기초도 되어 있지 않아요. 이 기술이 신뢰성 있다니, 적어도 내겐 아니군요."

이렇게 시작된 대화는 결국 매우 유용했던 것으로 드러났다. 이 대화로 서로 다른 두 개의 실행 공동체에 속한 우리 두 사람은 경계물(boundary object)에 접근할 수 있었는데, 우선 첫 번째는 기술이었고 두 번째는 연구실에서 제조 과정으로 기술을 이전시키는 데 이용되는 일련의 기준들이었다.

우리는 진행 과정의 단계들(일련의 기준)을 이용해 중요한 매개변수의 의미와 관련 범위 등을 포함하는 내러티브를 창조할 수 있다. 이렇게 경계물을 둘러싸고 우리 두 사람 사이에 어느 정도의 신뢰를 가능케 하는 새로운 종류의 내러티브를 구축할 수 있었다. 이로써 아이디어가 하나의 실행 공동체에서 다른 실행 공동체로 이전될 수 있다는 생각도 가능했다.

실행과 내러티브를 위한 기술적 지원

과거에는 비교적 기계적인 관점에서 기업을 뒷받침하는 과학 기술과 기법에 초점을 맞추곤 했다. 이제 우리는 점점 더 네트워크 기반이나 공동체 기반이라는 관점에서 기업을 바라보고 있으며 우리가 쌓아가야 할 기술과 기법은 기업의 지식생태학, 더 나아가 전 산업의 지식생태학과 서로 스토리를 전달하는 사람들로 가득 찬 지식 생태학을 뒷받침해야 한다.

만약 이러한 생태학들이 활기 넘치고 영구적이라면, 구조와 자연 발생성이 모두 포함되어 있음에 틀림없다. 문제는 "어떻게 이것을 가능하게 할 기술과 기법을 개발할 것인가?"이다. 우리가 직업 현장에서 실제로 벌어지는 일들을 좀더 잘 이해하고 기계적 환상을 실제 상황이 풍부한 보다 현실적인 그림으로 대체하기 시작하면, 우리는 배우는 사람들의 공동체로서 지식을 나누고 내러티브를 교류하며 창조할 수 있는 지식 노동자 공동체가 되어 그러한 기술을 개발하고 제공할 수 있을 것이다.

수천 년의 세월 동안 우리는 얼굴을 맞대고 스토리를 나누며 내러티브를 창조하는 실행들을 배워왔다. 그러나 스토리가 이처럼 개인과 개인의 영역에 머무른다면 지리적으로 산재된 조직들 간에 한정된 가치로 남게 될 것이다. 사실상 우리는 실행과 내러티브, 그리고 스토리텔링이 주는 유익의 범위와 규모를 널리 확신시킬 기술의 잠재력을 놓치고 있는지도 모른다. 많은 사람들은 우리가 지식 생태학을 위한 맥락 중심적이며 보완적인 기술(supportive technology)을 개발하는 데 대해 회의적이라는 사실을 알고 있다. 그러나 나는 다소 낙관적이다. 기술 영역에서 진정한 과제는 "어떻게 자연과 사회를 존중하고 보완하며, 그것을 대체하는 것이 아니라 더욱 증강시킬 방법을 찾는가?"라고 믿는다. 그리고 만약 우리가 그것을 할 수 있다면, 학습과 창의성의 문화가 더욱 정착된 작업 환경을 창출할 수 있을 것이다.

실행의 렌즈

내가 전하고 싶은 핵심적인 메시지는 우리가 지식의 렌즈가 아닌 실행의 렌즈를 통해서 세상을 읽는다는 사실이다. 이 메시지는 매우 심오한 것으로, 내가 여전히 고민하고 있는 모든 함축적 의미를 담고 있다.

어떻게 프로세스를 통해 충분하지만 넘치지 않는, 권한을 갖췄지만 강압적이지 않은 구조를 제공할 것인가의 문제 사이에는 흥미로운 줄타기가 존재한다.

여기에는 분명 이러한 프로세스를 강력하게, 그러나 과도하지 않게 만들어 그 프로세스가 생태학의 중축이 될 수 있도록 제시하는 리더십 정신이 연관되어 있다. 문제는 바로 그 시의 적절한 순간에 맞추어 균형을 얻는 것이다.

리더십이 그토록 중요한 이유가 여기에 있다. 중소 규모의 기업들은 실행들을 통합시키는 몇 가지 프로세스를 갖고 독보적인 실행들에 착수한다. 그러다가 어떤 오류와 마주치면 프로세스에 새로운 단계를 추가하는데, 언뜻 합리적인 행동처럼 보이지만 결국 프로세스는 금세 매우 복잡하고 번거로운 것이 된다. 이렇게 될 때 지식은 너무 쉽게 생명력을 잃는다.

따라서 문제는 다음과 같다. "협상과 실행, 스토리를 나누는 것이 창조적인 자극의 원천이 될 수 있도록 이 경계물들을 어떻게 이용할 것인가?"

과거에 창조적 자극은 인식론적 관점에서 다루어져왔다. 우리는 이것을 서로 다른 공동체를 한데 모아 함께 조화를 이루도록 설득하는 리더십 도구로서 역시 바라보아야 한다. 리더십이 반드시 조직의 최상층에만 있는 것은 아니다. 누구나 자신이 앉아 있는 그 자리에서 리더십을 발휘할 수 있다.

아이디어를 공유하는 지식의 생태계

2001년 나는 기업의 지식생태학, 나아가 전 산업의 지식생태학을 부양할 기법과 기술을 축적해야 할 필요에 대해 말했다. 그 이후로 이 문제는 현재의 경제적·정치적 토론에서 점점 더 중심적 위치를 차지하게 되었다. 산업 집단들에 관한 저작들 중에는 이미 이러한 내용이 많이 포함되어 있다. 그러나 아직 많은 사람은 실리콘밸리와 같은 산업 집단이 주로 아이디어의 교류를 가능케 해주는 가치 있는 단위라는 사실을 이해하지 못한다. '생태'와 '집단' 사이의 차이라면, 생태가 유기적으로 생활하고 성장하는 개체들뿐 아니라 아이디어의 상호 교류를 통해 혁신의 세대까지 반영한다는 사실에 있다. 제록스 PARC가 지닌 마법의 힘 중 일부는 공통의 문제로 부딪칠 수 있는 서로 다른 감성과 견해가 가득한 건물 안에 매우 많은 다양한 분야의 사람들이 함께 일하고 있다는 점이다. 그 결과 서로 교류하고 아이디어들을 뒤섞어 혁신을 가속화하는 상호 학습의 상향 곡선이 그려진다.

업무의 오프쇼링*은 미국에서 중심적인 정치 문제가 되었다. 그러나 실제로 어떤 미국인 저자나 권위자, 정치인들도 이해하지 못하는 듯한 사실이 있다. 아시아의 인도나 말레이시아, 싱가포르, 홍콩, 그리고 중국 남부와 같은 일부 국가들에서 특정 유형의 기술에 전문화된, 빈틈없는 혁신생태학이 발전하기 시작했다는 사실이다. 인도에는 소프트웨어가 있다. 홍콩은 인접한 외곽 지역에서 플라스틱을 압출 성형해 소비자 가전 용도의 거대한 플라스틱 몰딩을 만드는 능력을 보유하고 있다. 중국 남부와 홍콩, 인도 등지에서도 그 외의 수많은 사례가 발견된다. 이처럼 고도로 전문화된 생태학은 각 지역 기업과 개인들의 급격한 기술적 심화로 나타난 결과 다. 이러한 발전들은 실리콘밸리에서 전개된 상황과 유사한데, 먼저 컴퓨터와 소프트웨어의 디지털 영역에 일어난 혁신이 생명공학의 영역으로 옮겨가는 현상이다.

오늘날 회자되는 업무 아웃소싱 분야에서는 고도로 전문화된 생태학 능력이 심화되고 있다는 사실이 대개 인식되지 못하고 있다. 이는 개별 기업이나 일단의 기업들뿐 아니라 더욱 심화된 능력들의 다양한 네트워크와 연관된 전체 생태학이다. 제록스 PARC가 기업

---

* 오프쇼링(off- shoring) : IT 서비스 등의 서비스 기능을 국외로 아웃소싱하는 것을 말한다.

내의 생태학처럼 작용하고 실리콘밸리가 개별 기업의 경계를 초월한 생태학으로 자리 잡은 것과 마찬가지로, 아시아 지역에 출현한 생태학들은 자국 국경을 넘어선 영향력을 행사하고 있다. 사실 그들은 세계 경제 발전의 지형을 바꾸기 시작하고 있다.

사회학 이론의 불명료한 2차적 문제에 불과했던 이 문제는 갑작스럽게 정치적 토론을 불러일으키고 미국에 중대한 과제를 제시하고 있다. 이것은 단순히 누구나 한마디쯤 할 말이 있는 임금 중재 문제도 아니고, '작업 수출의 금지' 법안을 통과시키는 문제도 아니다. 이것은 혁신의 문제다. 생태학이 등장하고 자기 진화적 기술들이 분출되는 시기는 매우 전문화된 능력들을 급속히 발전시켜 전 지구적 경쟁 구도를 뒤바꾸어놓을 수 있다.

오프쇼링과 아웃소싱에서 핵심 문제 중 하나는 다음과 같다. "때로는 방대한 지리적 거리로 서로 떨어져 있는 사람들 사이에, 전후좌우의 의사소통을 용이하게 만들 방법은 무엇인가?" 이 질문은 2001년 있었던 '생각을 환기시키는 객체'의 중요성에 대한 토론을 떠올리게 한다. 각 기업 내의 서로 다른 분야나 산업의 서로 다른 분야를 생태학 안으로 불러 모아 프로젝트의 전체적인 의미를 공유할 수 있는 개념적 전형(conceptual prototype)과 같은 것이다. 개념적 전형은 '생각을 환기시키는 객체'로 기능할 수 있다. 스토리처럼 모든 참여자가 '자기 스스로' 그 전형이 주는 암시를 둘러싸고 부가적이고 미묘한 차이를 갖는 의미들을 나름의 방식으로 구축하게 만드는 것이다. 단순히 딱딱한 설계 도면을 공유하는 것만으로 건물을 완성할 수는 없다. 문제는 개념적 전형을 둘러싼 맥락의 구성이며, 그런 연후 그것이 무엇이고 어디에 사용되며 어떤 의미인지 공동의 이해를 구축해야 한다. 우리가 프로젝트를 구성하고 수행하는 새로운 방식으로 옮겨감에 따라, '생각을 환기시키는 객체'의 힘에 대해 2001년도에 가졌던 직관은 참여자들이 일련의 전문화된 능력 속에 다양하게 분포되어 있을 때 점점 더 중요한 역할을 할 것으로 전망된다. 참여자들이 고도로 분산된 전문적 능력을 지니고 있을 때 말이다.

실로 기업 내의 서로 다른 능력이나 기업들 사이에 엄밀한 경계가 존재한다는 생각은, 산업 생태학의 혁신적인 잠재력을 움켜잡으면서 수그러들고 있으며, 산업생태학 내에는 공동의 이해에 대한 사회적 구축과 창의적 자극이 존재한다. 이 의미를 이해하는 국가 및 지역과 기업들은 승승장구하는 반면, 그렇지 못한 집단들은 시련의 시기를 맞게 될 것이다.

설계 단계에서 스토리보드 이용하기

새로운 정보 장치의 예를 들어 보자. 설계자가 사용자 인터페이스의 모든 측면을 한정하고 어떻게 사용해야 하는지 정확히 열거하려하는 것은 실수다. 대신 해야 할 일은 스토리보드를 만드는 것이다. 이 스토리보드는 영화제작소의 스토리보드와 같은 기능을 한다. 사람들은 스토리보드를 중심으로 모여들고, 각자가 처한 상황에서 그 스토리보드가 어떤 의미가 될지 예측하기 시작한다. 사실 제록스 PARC에서 우리가 기술을 이전할 때 가장 흥미롭게 사용했던 방법들은 스토리보드와 비디오, 필름 시나리오를 이용하는 것이었다.

우선 우리가 '배우'로 출연하는 30분짜리 비디오 클립을 만들어 신형 정보 장치 사용법에 대한 예비 지식을 풀어낸다. 그런 비디오 클립을 두 차례 정도 만드는데, 이는 기업의 최고경영진에게 상영되어 그들에기 그 장치의 용도를 훨씬 쉽게 전달한다. 그리고 그들에게 말한다. "자, 이제 이 제품을 어떻게 생각하는지 적어주세요." 그러고 나서 우리는 스토리보드를 이용해 그 내용에 살을 붙인다. 이것이 넓은 의미에서 내러티브의 힘이다. 먼저 참여자를 스토리 안으로 들어오기 만든 다음, 더 나아가 "이제 스토리를 끝내는 것은 당신의 일입니다."라고 말하는 것이다.

처음의 비디오 클립 세 개는 내가 '직관 펌프(intuition pump)'라고 부르는 것이다. 직관 펌프는 참여자들로 하여금 우뇌를 사용해 마음속에 있는 상상의 내러티브 틀 안에서 생각하게 하고 그들의 직관적 샘이 흐르게 만든다. 그때 우리는 더 멀리 밀어붙이는 것이다. "당신은 단지 우리의 통찰 결과를 들으러 여기에 온 것이 아닙니다. 우리는 당신이 이 스토리 안으로 들어오기를 원합니다. 개인적으로 이 발명품들 어떻게 사용하면 좋을지 들려주세요." 그러면 스토리에 마침표를 찍는 것은 그들의 역할이다. 이것은 참여자들의 이해에 시동 장치를 연결해주는 프로세스로, 그들의 직관이 샘솟게 만든다.

"좋습니다. 이제 이 스토리를 완성해주세요. 우리는 당신 스토리보드를 구축할 수 있도록 돕겠습니다." 이 과정은 모든 종류의 집단들 간 의사소통을 위한 발판으로 기능한다. 다시 말해 내러티브에 기반을 둔 활동으로, 시각적 내러티브로 시작하고 스토리보드를 이용한 스토리의 완성으로 끝난다.

우리는 내러티브에 기반을 둔 이 과정이 가치 있는 새로운 아이디어들을 양산한다는 사실을 발견했다. 이 과정은 '생각을 환기시키는 객체'라는 뼈대에 개념의 살을 붙이는 데 일조했다. 현실에 있는 사람들이 출연한 비디오 속의 개념적 전형은 '생각을 환기시키는 객체'가 되어 참가자들을 끌어당겼다. 이 과정은 매우 강력해졌는데, 스토리의 결말을 공동으로 구성하게 만들면서 지리적으로 분산된 집단 간의 대화를 용이하게 해주었기 때문이다. 따라서 이 과정은 효과적인 오프쇼링을 가능하게 만드는 핵심 요소가 된다. 공동으로 구성된 내러티브는 지리적 거리와 문화적 차이를 보다 쉽게 뛰어넘게 만든다. 이 과정의 의미는 이제 3년 전보다 훨씬 더 중요해졌다.

사회적 소프트웨어

2001년 이후 우리가 '사회적 소프트웨어'라고 부르는 분야에서는 중대한 발전이 계속되어왔다. 내가 그때 언급했던 이메일과 웹사이트, 인트라넷 그리고 유레카 등은 세계 곳곳에 그물망처럼 퍼져 있는 2만 5,000명의 제록스 수리기사들의 '공동체의 마음'에 들어가 지원하며 그것을 정의할 수 있도록 조력하는 사회적 소프트웨어의 가장 중요한 사례였다.

2001년 이후 사회적 기본틀을 지원하는 데 사용되는 일단의 새로운 기술들이 쏟아져나왔다. 가장 눈에 띄는 것은 '메신저'라고도 말하는 '인스턴트 메시지'다. 개인적 영역에서 지식 노동의 세계로 이전된 메신저는 사용자들에게 자신의 소규모 작업 집단 혹은 사적 커뮤니티와 항상 함께 있는 효과를 만들어준다. 무척 손쉽게 의사소통이 가능한 이유는 서로의 존재가 늘 인지되기 때문이다. 이메일에서 볼 수 있는 사회적 역학과는 완전히 다른 점이다. 사실 미국의 대서양 연안 지방 사람들은 메신저에 대해 부정확하게 인식하는 경향이 있다. 그쪽 지방 사람들은 메신저를 "블랙베리(Blackberry)"라고 생각하는데, 블랙베리는 정말 신속한 이메일 시스템이다. 그러나 이 기술을 사용하는 집단들 간에 서로의 존재감을 느끼게 해주지는 않는다. 만약 디지털 시대에 성장한 오늘날의 10대 청소년들과 대화를 할 때, 당신이 오직 이메일만을 사용한다면 상대는 당신을 시대에 뒤떨어진 화석 같은 사람이라고 생각할 것이다. 이메일은 사실상 존재감의 혼대를 가져다주지 않기 때문이다.

다음으로 SMS 혹은 문자메시지도 등장했다. 이 문자메시지가 특별히 유행한다고 할 수 없는 미국과 달리, 아시아와 유럽 지역에서는 매우 널리 퍼져 있다. 미국이 스스로를 인터넷 강국이라고 생각하듯 유럽 역시 스스로를 모바일 커뮤니케이션의 리더라고 여기는

데, 이는 문자메시지와 상관이 있다. 또한 우리가 이 세상에서 살아
가는 방식에 관한 사회적 프로토콜은 흥미로운 차이를 보여준다. 예
를 들어 우리는 누군가의 휴대전화로 전화를 하기 전에 반드시 '문
자메시지'를 먼저 보낸다. 문자메시지를 보내면 혹시 상대를 방해
하는 것이 아닌지 미리 알 수 있기 때문이다. 이는 가상 공간에 들어
서기 전에 노크를 하는 것과 같다. 비록 대답의 사실 여부를 확인할
수는 없지만 말이다.

다음으로 블로그와 웹로그가 있다. 이용자들은 이곳에 개인의 생
각을 일기처럼 게시하고 질문이나 평가를 받기도 한다. 블로그는 조
직 내의 사회적 기본틀을 지탱하고 상황 인식을 강화시키는 현상적
수단(phenomenal way)이다.

위키의 예도 들 수 있다. 위키는 일종의 공동체용 블로그인데, 개
인용 서랍이 아닌 공동체용 서랍이다. 여기에 참여하는 데는 조금
다른 규칙이 있다. 위키는 한 줄로 연결된 토론 집단으로만 기능하
지 않는다. 위키의 흥미로운 특징 중 하나는 정보 이용자가 잘못된
정보를 정정하는 역할도 할 수 있다는 점이다. 정보에 대한 지적이
나 비평은 할 수 없다. 실제로 위키를 이용해 거대한 백과사전을 만
들려는 시도도 진행되고 있다.

프렌즈터(friendster)도 있다. 프렌즈터는 서로서로 아는 사람을
한데 모으는 장치다. 지구상의 모든 인구는 원칙적으로 '여섯 다리
만 건너면' 모두 아는 사이라고들 한다. 프렌즈터 회원들은 말한다.
"어떻게 하면 한 다리 건너 아는 사이로 좁힐 수 있을까?" 즉 누군

가에 대한 정보를 찾고 싶거나 그와 관계를 맺고 싶을 때, 그를 아는 사람과 친분이 있다면 원하는 그 사람과도 연결이 되거나 정보를 확인할 수 있다. 프렌즈터는 필요한 사람과의 연결을 용이하게 해주는 방식으로 사람들 사이의 관계도를 그릴 수 있게 해준다.

그 외에 RSS피드(RSS feed, 원격 교환 방식)라는 것이 있다. RSS 피드란 특정한 목적으로 개인에게 컨텐트를 자동으로 배급해주는 방법이다. 따라서 RSS피드를 통해 우리는 직접 통합 관리자(aggregatcr)가 될 수 있다. 이것을 이용하는 이유(내가 이용하는 이유 중의 하나)는 사회적 기본틀을 지원하는 것이다.

서던캘리포니아대학교(USC)

내가 비상근으로 일하고 있는 서던캘리포니아대학교(USC)의 사례를 들어보자. 내 업무는 캠퍼스 곳곳에 흩어진 여섯 개의 서로 다른 기관들의 협력을 이끌어내는 것이다. 이들은 서로 대화도 많이 나누지 않는다. 내 업무의 핵심은 다음과 같다. 만약 이 기관들이 비전을 공유할 수 있다면 USC는 디지털 매체를 선도할 수 있는 세계적 공간이 될 것이다. 지금 기술자들은 사회과학자들과 대화하지 않고, 사회과학자들은 영화 산업 종사자들과 대화하지 않으며, 영화 산업 종사자들은 통신 분야의 사람들과 대화하지 않는다. 전문 기술의 저장고 안에서 각 분야의 전문가들은 자기 나름의 디지털 문화적 측면에만 관심을 기울이며 한데 어울리지 않는다. 서로에게서 배움을 얻지 않는다. 그들은 자기 분야의 상황에 기초하여 혁신을 꾀하지만 다른 분야에 대해서는 개의치 않는다. 지난주 내가 그곳을 방문했을 때 한 젊은 연구원이 다음과 같은 말을 하는 것을 들었다. "세상에, 그 회의가 열리는 줄 알았다면! 정말 거기에 있었다면 좋았을걸." 그의 말은 이 조직의 핵심적인 딜레마였다. 사람들은 하루 종일 상황이 어떻게 돌아가는지 알아보려고 애쓴다. 그러나 주변에 널려 있는 그 풍부한 정보들에는 아무런 주의도 기울이지 않고 자신의 저장고에 앉아 있을 뿐이다.

우리는 이 딜레마를 RSS피드로 풀어나가고 있었다. 우리는 학교 안 모든 집단의 웹사이트 RSS피드와 연중 일정표를 전송받을 수 있는 방법을 찾았다. 그리고 그 자료들을 각각의 검색자가 원하는 방식으로 찾아볼 수 있도록 포맷을 변형시킨 다음, 일 단위로 특정 이해 공동체에 속한 사람들이 무엇에 주의를 기울이는지에 대한 운영 보고서에 그 자료를 통합시켰다.

어떤 점에서 새로운 것이 아니었다. 지금도 이런 식으로 혹은 웹사이트 등에서 많은 자료를 모으고 그것을 복사 및 게시하거나 다시 입력하는 경우가 흔하기 때문이다. 그러나 그 작업은 상당히 집약적인 노동일 수 있고 많은 사람이 하기 싫어하거나 지속하지 못한다. 새로운 상황은 이제 우리가 "좋아, 이제 이런 걸 만든단 말이지. 저리 치워버려."라고 말하는 각 웹사이트에 스파이를 들여보내는 자동화된 장비를 이용할 수 있게 되었다는 점이다.

이제 우리는 디지털 미디어 및 디지털 문화와 관련해 캠퍼스 곳곳에서 진행되는 모든 상황을 광범위하게 이해할 수 있게 되었다. 참여자에게 요구되는 부수적인 노력은 거의 없었다. 이 사이트들은 이미 html이나 xml 등으로 기록되어, 그 내용을 기록하는 형식에 대해 의견을 물을 필요가 없어졌기 때문이다. 우리는 피드 메커니즘 안에 번역기를 설치함으로써 누구든 자신에게 필요한 형식으로 자료를 얻을 수 있게 했고, 이들 서로 다른 이해 집단을 넘어서는 새로운 유형의 사회적 기본틀을 짜기 시작했다. 이 사회적 기본틀을 통해 모든 정보가 자동적으로 취합되어 용도 변경됨으로써, 참여자들은 디지털 미디어와 관련된 일에 대해 그날의 혹은 그 주, 그 달의 모든 상황을 매우 손쉽게 인지하게 되었다.

이렇듯 현재는 흥미로운 결과를 낳는 신기술들이 다양하게 등장해 비즈니스 간의 연결과 사회적 실행을 용이하게 만들고 있다. 이는 단순히 일차원적 방식으로 비즈니스 과정의 정밀 지도를 그리는 일이 아니다. 여기에는 사회적 기본틀에서 오가는 복잡한 상호 작용의 특징들이 반영되어 있다.

권한 부여의 비즈니스 프로세스

'비즈니스 프로세스'를 보다 깊이 있게 이해하고, 근본적으로 강압적인 프로세스에서 본질적인 권한 부여의 프로세스로 이동해가기 위한 노력들이 존재한다. 끊임없이 자신을 쥐어짜고 '그저 한 가지 방식'만을 파고들면서 다른 예외가 없거나 잘못될 리 없는 것처럼 행동하기보다는, 실제로 일이 완성되도록 스스로를 돕고 다른 사람들과 조화를 이루며 연결될 수 있는 프로세스를 설계하는 과정을 추구한다.

아직까지 기업에는 업무 진행 과정을 일일이 열거해 상대로 하여금 즉흥적인 선택으로 업무를 처리하거나 예외적인 상황들을 다룰 필요가 없도록 만드는 사람들이 있다. 그러나 면밀하게 들여다보면 불수록, 종류를 막론하고 발생된 상황의 현장성이 존재한다는 점에서 유일하게 예측할 수 있는 상황은 '예측 불가능성' 뿐이다. 대부분의 일상적 업무에서조차 그러하다. 과거에 예외적인 환경이 존재할 때는 언제라도 진행 과정에 무언가를 보완해 예외 상황이 다시는 발생하지 않도록 만드는 경향이 있었다. 그러나 지속적인 보완은 본래의 과정을 매우 복잡하고 서투른 것으로 만든다. 나는 원래 1페이지 분량의 과정을 담았던 계획이 5년 후 50장 분량의 과정으로 늘어나는 경우를 수차례 보아왔다. 우리에게는 구조와 자연 발생성 사이에 더 뛰어난 균형 감각이 필요하다.

요컨대 임의적 결정 허용과 그 임의적 결정을 억제하는 프로세스 창출 사이에 올바른 균형 감각을 가져야 한다. 새로운 사회적 소프트웨어의 한 가지 강점은 과거에 비해 정보가 필요한 즉시 그 정보에 접근할 수 있으며, 훨씬 더 쉽게 임의의 경계들을 마련할 수 있다는 점이다. 따라서 구조와 자연 발생성 사이의 차이를 이해하는 것, 임의적 대응 능력을 존중하는 것과 임의적 대응의 여지조차 제거하려는 것의 차이를 이해하는 것은 점점 더 중요해지고 있다. 특히 활동 목표에 대한 공동의 이해가 있을 때 더욱 그러하다.

조정과 내러티브

조정이란 종종 절차를 통해서가 아니라 목표에 대한 보다 깊은 이해 속에서 얻어지곤 한다. 그리고 우리는 조직의 사명 선언문을 만듦으로써가 아니라 스토리를 창조하면서 목표를 더 잘 이해할 수 있다. 따라서 내러티브의 중요한 가치는 내러티브가 올바르게 발전될 때 기업을 위한 조정 메커니즘으로 기능한다는 데 있다.

예를 들어 새로운 상품을 세상에 내놓는 연구와 공학기술 간의 조정을 살펴보자. 연구원들은 기술자들에 의해 제품으로 이전되는 기술을 입안한다. 어떻게 제대로 넘겨줄 것인가? 어떻게 연구원들이 해야 할 일과 기술자들이 해야 할 일에 공감을 유도할 것인가? 모든 사람이 굳은 신뢰 속에서 움직인다고 생각해보자(이런 신뢰가 항상 가능하지 않은 이유는 한쪽 집단이 자신들의 영역을 방어하고 자신들의 업무를 덜 위험하고 더 쉬운 과정으로 만들고 싶어하기 때문이다). 그러나 잠시만 그러한 신뢰를 가정해보자. 모든 사람이 가능한 최상의 방벽으로 상품이 완성되기를 원한다면, 어떻게 그런 바람을 현실화할 것인가?

만약 연구원들이 기술의 내구성을 특정 수준까지 확인시켜주어야 하고 기술자들이 나머지 과정을 통해 그 제품을 책임져야 한다는 규칙이 있다면, 각 집단은 되도록 상대 집단에게 일을 전가하려고 노력할 것이다. 기술자들은 조건을 높이며 기술의 내구성이 더 뛰어나야 한다고 말한다. 물론 연구원들은 이미 충분한 내구성을 지녔다고 말한다.

다른 운영 방식을 선택하고 관련 사항에 대한 공동의 이해를 형성하는 것이 대안이 될 수 있다. 만약 이해가 공유되는 환경을 조성할 수 있다면 아마도 연구원은 이렇게 말할 것이다. "세상에, 이 작은 부품을 이렇게 조립하면 제조가 대단히 쉬워지는군요. 이런 중요한 사항을 미처 몰랐어요. 우리 쪽의 뭔가를 바꾸면 당신 일도 보다 쉬워질 거예요." 그러면 기술자는 "아, 이런 요구를 충족시키는 것이 그토록 힘든 일인 줄 몰랐어요. 이 문제는 우리가 이렇게 보완할 수 있을 거예요."라고 말할 것이다. 따라서 규칙과 절차에 기초한 접근에서는 의지 간의 격한 충돌을 불러왔던 상황이 이해를 공유하는 순간 건설적이고 혁신적인 조정, 즉 생산적 춤(generative dance)이 된다. 연구원과 기술자들은 갑자기 약간의 다른 노력을 가함으로써 서로에게 진정한 도움이 될 수 있다는 사실을 발견한다. 그리고 경쟁은 창의적 자극과 함께 창조적인 토론이 된다. 참여자들은 유기적 통합이 부분들의 합보다 더 낫다는 사실을 깨달으면서 결국 올바른 교환의 자세에 다다른다. 정말 쉽게 풀리지 않는 문제에 봉착했을 때 그들은 이렇게 말할 것이다. "이봐요, 이렇게 하면 공평한 타협이 될 거예요. 확실히, 내가 이렇게 하면 당신은 그것을 더 쉽게 할 수 있어요." 그들은 이러한 미세 조정(micro-adjustment)을 통해

때로는 양쪽 모두에게 완전히 새로운 방법을 생각해낼 수도 있다.

이제 이런 종류의 생산적 춤을 아웃소싱의 형식까지 확대하면 양쪽 세계에서 최상의 결과를 얻을 수 있다. 이러한 조정 행위는 두 관계가 존재하는 어떠한 특수 분야에든 영향을 미칠 뿐 아니라, 프로세스 네트워크 안에서 서로를 연결시킴으로써 전체적인 목표에 대한 이해의 공유에서 비롯되고 적절한 보상 정책으로 보완되는 계속적인 협상의 환경을 제공해준다.

내러티브의 진화

2001년 심포지엄이 개인적으로 내게 의미하는 바에 대해 나는 조직과 일에 관한 정말 많은 새로운 생각들을 시작하게 되었다고 말하고 싶다. 고백건대, 처음 내러티브와 스토리텔링에 대해 들었을 때는 허튼소리가 아닌지 의구심을 가졌다. 그러나 당시 나는 폴 두기드(Paul Duguid)와 함께 《비트에서 인간으로(*The Social Life of Information*)》라는 책을 막 집필할 때였다. 비록 컴퓨터공학을 전공했고 컴퓨터공학은 고도의 기술적 분야지만, 나의 관심은 항상 기술에 비해 '사회적' 가치가 얼마나 과소평가되고 있는지로 향했다. 사회적 가치가 제대로 이해되지 못하는 현실은 무척 놀라웠다. 게다가 나는 개인적으로 내러티브와 관련되어 있기도 했는데, 거의 10년 가까이 캐털리나 그로흐와 함께 그녀의 영화를 제작하고 있었기 때문이다. USC의 영화학교(Cinema School)에도 느슨하게 연결되어 있었으므로 영화 속 내러티브의 역할에 대해 관심이 있었다. 래리 프루삭을 알고 있던 나는 스티븐 데닝을 만났고 의기투합하게 되었다. "이 일을 함께 해봅시다." 각자 서로 다른 문화에 속했던 우리가 함께 뭉칠 수 있는 기회였다. 이렇게 해서 우리는 이 일을 시작했다.

2001년 심포지엄 이후, 나는 내러티브에 대해 훨씬 더 많이 고민하기 시작했고 조정을 수행할 때 내러티브가 차지하는 중심적 역할도 이해하게 되었다. 우리는 관례적인 조정의 틀 속으로 사람들을 밀어 넣을 수도 있고, 그들을 끌어당길 수도 있다. 사람을 밀어 넣거나 끌어당기는 문제인 것이다. 끌어당기는 것은 내러티브나 '생각을 환기시키는 객체' 등을 창출해 사람들이 특정한 방식으로 세상을 바라보고 차별적인 눈으로 작업에 접근하도록 만드는 것이다. 나는 사람들을 끌어당기는 가장 강력한 수단 중의 하나가 스토리의 힘이라는 점을 이해하게 되었다. 그리고 그 힘은 단순히 스토리 자체에만 있는 것이 아니라, 스토리가 어떻게 받아들여지는가, 스토리를 어떻게 함께 구성하는가에 따라서도 좌우된다. 스토리에서 진정으로 흥미로운 점은 그 스토리가 구술되는 환경에 따라 스토리의 용도가 변경된다는 사실이다. 스토리의 듣기와 말하기는 모두 매우 능동적인 과정으로 새로운 상황에서 항상 새로운 관계를 찾아낸다. 그리고 이 '상황성'이 바로 힘을 창조하는 요소다. 이 요소로 인해 사람들은 상황과 맥락을 서로 달리 이해한다. 또한 상황성 덕분에 스토리의 공동 구성을 통한 이해의 공유가 가능해지며, 결국 묵시적 형태의 조정이 초래된다. 이것은 독특하고, 확실히 훨씬 효과적인 문제 접근 방법이다.

조직화의 새로운 방식을 창출하라

국내에 있을 때뿐 아니라 전 세계를 돌아다닐 때, 특히 공장과 기업들을 방문할 때 늘 관심이 가는 문제 중 하나는 사람들이 그다지 행복해 보이지 않는다는 점이다. 모든 사람은 압박감에 시달리고 있다. 여유가 줄어들고, 한정된 시간도 더 짧아지고 있다. 더 적은 투자로 더 많은 일을 해야 한다. 그 외에도 행복하지 못한 현실을 만드는 조건은 많이 있다. "조직화에 또 다른 방식이 존재할지도 몰라." 어쩌면 공동의 이해를 구축하는 스토리의 힘은 구조에 대한 집착을 피하고 조화롭게 작용하는 자연 발생성을 존중하는 방법일 수도 있다.

이런 생각에도 거부감을 느끼는 사람이 있을까? 당연히 있다. 내러티브 접근법이 지배적인 기업문화의 몇 가지 기초적 가설들에 도전하기 때문이다. 작금의 기업문화는 온통 프로세스와 구조에 관한 문제들이다. 내러티브는 반(反)문화적 추진력이다. 그런 이유로 저항이 따르며, 또한 이 문제가 그토록 중요한 것도 그 때문이다.

내러티브 접근법의 일반화까지는 어렵더라도 내러티브 접근법이 보다 쉽게 받아들여지는 문화권이 있다. 몇몇 제3세계 국가들에는 우리처럼 거대한 레거시 시스템*이 존재하지 않는다. 때문에 그들은 경우에 따라 훨씬 손쉽게 일에 착수할 수 있으며, 이런 환경에서 아이디어들이 뿌리내릴 수 있는 보다 좋은 기회가 제공된다. 한편 본래부터 오늘날의 미국 사회보다 스토리의 진가를 더 높이 평가하는 문화권도 있다(미국 사회에서 스토리에 대한 인식의 발생이 그리 오래전 일이 아닌 데 비해). 어쨌든 지금 매우 흥미로운 현상이 진행 중이며, 그것도 전 세계적으로 발생하고 있다. 바로 그런 이유 때문에 우리는 내러티브를 이해하고 설명하려고 노력하며, 내러티브가 가치 있는 시도로 인식되도록 애쓰고 있는 것이다.

---

* 레거시 시스템(Legacy System) : 기업에서 장기간에 걸쳐 가동해온 컴퓨터 시스템. 특정 운용 환경에 의존하는 특징이 있어 쉽게 새로운 환경으로 이동하기 어렵다.

4장

강한 기업은 지식의 공동체다

– 스티븐 데닝

S t o r y　 E c o n o m y

부드러운 땅의 표면에는 사람의 발자국이 남게 마련이다.
마음의 길도 마찬가지다. 그러면 세계의 큰 길은 얼마나 밟혀서
닳고 먼지투성이일 것이며, 전통과 타협의 바퀴자국은 얼마나 깊이 패었겠는가.

– 헨리 소로(Henry Thoreau)[1]

01

세계은행은 어떻게 혁신되었는가

2장에서 래리 프루삭은 조직 내 스토리들을 범주화하는 방법을 보여주었고, 3장에서 존 실리 브라운은 내러티브가 어떻게 실행되고 조직 내 모든 측면의 지식들과 밀접하게 연결되는지를 보여주었다. 4장에서 나는 조직 내의 보다 일반적인 문제, 즉 어떻게 혁신적 변화를 자극할 것인가를 놓고 스토리텔링을 구체적으로 적용하는 방식을 설명할 것이다.

경영 컨퍼런스에 참석하거나 경영 관련 서적을 보면, 오늘날 우리에게 가능한 모든 경이로운 기회와 창의성, 자극 등의 긍정적인 요소들을 말한다. 그러나 월요일 아침 사무실에 들어서면 경쟁과 불신 및 불평 등의 다소 다른 모습들을 보게 되고, 때로는 이 두 세계가 서로 어떤 관련이 있는지 궁금해한다. 이번 장은 월요일 아침 사무실의 모습을 어떻게 극복할 것인지에 관한 내용이다. 조직 내 실생활의 문제에 어떻게 대처할 것인가?

변화 저항 조직의 문제

오늘날 대규모 조직의 조직원들은 불가항력적인 변화 앞에서 조직의 요지부동이라는 문제에 직면하곤 한다. 앞 장에서 존 실리 브라운은 우리 사회가 거대하고 폭력적인 이행의 시기를 통과하고 있으며, 기업들은 이러한 변화에 적응하기 위한 불가피한 요구를 받는다고 지적했다. 그러나 당신은 조직으로 돌아가 변화의 필요성을 전달하려 할 때 그 말을 듣고 싶어하는 사람이 한 명도 없다는 사실을 발견하게 될 것이다. 조직은 그 자리에 고정되어 있는 것처럼 보인다. 조직 내의 어느 누구도 모두의 직장 생활이 뒤죽박죽 뒤집힐 것이라는 얘기를 듣고 싶어하지 않는다. 변화는 억누를 수 없는데, 조직은 요지부동이다. 어떻게 해야 하는가?

이러한 딜레마는 널리 퍼져 있다. 대기업을 변화시키기 위해 고용된 최고경영자들이 그 일에 얼마나 오래 매달리는지 관찰하다 보면, 종종 그 기간이 그리 길지 않음을 알게 될 것이다. 흔히 2년 남짓이다. 그러나 지금 우리는 그 기간을 1년도 채 넘기기 힘든 현실을 목격하고 있다.[2] 1년 동안 잘못된 점을 파악하고, 해야 할 일을 결정하며, 변화를 설득하고 또 그 변화를 실행하며 결과를 도출한다고? 어떤 사람이 1년 만에 이런 일을 할 수 있겠는가? 결국 리더들은 조직원들에게 변화를 설명하고 변화의 이유를 역설하지만 곧이어 아무런 효과도 없음을 발견하게 된다. 그리하여 경영자들은 종종 호소하기도 한다. "자, 당신들은 이 일을 해야 합니다. 그렇지 않으면 해고요!" 혹은 때때로 되는 대로 사람들을 해고하고 일단의 새로운 직원을 채용해 처음부터 다시 시작한다. 그러나 대개 그들은 그러한 계획들을 실행할 조건을 갖추기도 전에 해고된다. 기본적으로 이런 방식은 조직을 변화시키기에 너무 큰 대가를 요하는데다 비생산적이다.

방법들은 본래 적대적이고 대립된다. 자연스럽게 저항을 불러일으키고 많은 전투를 초래한다. 비록 경영진들이 이러한 전투에서 몇 번의 승리를 거둔다 하더라도 전체 전쟁에서 이기기는 어렵다. 손자(孫子)는 수천 년 전에 이미 최고의 방책이란 100번의 전투에서 100번 승리를 거두는 것이 아니라, 싸우지 않고 이기는 것이라고 말했다.[3]

아무런 전투도 치르지 않고, 과거의 어떤 방식보다 효과적이고 효율적이며 인간적으로 조직을 변화시킬 방법이 있을까? 물론 있다. 협력적이고 비적대적인 태도로 대상에 접근하는 방법이다. 놀라운 사실은 이러한 방법이 웹 컨퍼런스의 난해한 분위기에서뿐 아니라 현대 조직의 기구 축소와 경쟁 및 불신이라는 현실세계의 난제와 난국 가운데서도 그 효과를 발휘한다는 점이다.

스토리텔링에 대한 사전 지식은 잊어라

나는 조직 내 변화에 접근하는 보다 쉽고 자연스러우며 신속한 방법에 대해 말하려고 한다. 사실 이런 말을 하게 된 내 자신이 무척 놀랍다. 5년 전 우연히 스토리텔링을 접하게 되었을 때, 나는 지식이란 믿을 만하고 객관적이며 추상적이고 분석적인 것이라고 생각했다. 반면 스토리텔링 같은 것은 불명료하고 덧없으며 주관적이고 비과학적이라고 여겼다. 지식의 이러한 속성들(신뢰성, 객관성, 추상성, 분석적 특징)은 좋은 성질이고, 스토리텔링의 속성들(불명료함, 순간성, 주관성, 비과학성)은 매우 좋지 않은 성질이라고 믿었다. 그 후로 몇 해 동안 내 생각이 얼마나 잘못되었는지 알게 되었다. 사실 조직과 스토리텔링에 대해 내가 '알고' 있다고 생각했던 많은 부분을 머릿속에서 지워야 했다.

세계은행

변화를 위한 출발점

내가 우연히 스토리텔링을 처음 접한 것은 1996년 2월이었다. 당시 나는 세계은행에서 일했고, 국제적 기업으로 워싱턴에 본부를 두고 있던 이 은행은 세계 빈곤 국가들의 가난을 줄이는 것이 목표였다. 세계은행은 출범 초기부터 지금까지 대출을 위주로 한 조직이었다. 연간 300억 달러의 대출금이 나가며 영리적 방침에 따라 운영된다.

또한 악명 높은 변화 저항 조직이기도 하다. 연이어 자리에 올랐던 총재들은 조직을 변화시키려 노력했으나 실패했다. 그 결과 이 은행은 세계에서 가장 변화 저항이 큰 조직 중 하나로 여겨지기에 이르렀다. 이른바 변화 저항 조직계의 에베레스트 산이라고까지 불릴 정도였다. 변화가 일어나기란 여간 힘든 일이 아니다.

1996년 2월, 당시 세계은행 경영진으로 있던 나는 은행에 지식경영의 개념을 도입하기 위한 방법을 모색 중이었다. 은행 안에는 지식경영을 위한 어떤 본질적인 요소도 적재적소에 존재하지 않았다. 지식경영을 위한 최고경영자의 후원도 없었다. 사명 선언문도 없었다. 지식 전략도 지식 조직도, 지식 예산도 없었다. 지식경영을 장려하는 아무런 유인도 없었다. 극소수의 실행 공동체만 존재했을 뿐이다. 기술도, 평가를 위한 도구도 없었다. 사실상 기업 범위의 지식경영 프로그램을 시작하고 이행하는 데 필요한 아무런 바탕도 없었던 것이다.

요즈음 나는 간혹 경영대학원 수업 시간에 질문을 한다. "만약 내가 1996년 2월로 되돌아간다면, 성공할 수 있는 기회요소는 무엇이 있을까요? 세계은행과 같은 변화 저항 조직에서 지식경영을 성공적으로 시작할 수 있는 가능성은 무엇일까요?" '0퍼센트' 라거나 '0퍼센트에 가깝다.' 고 대답한다. 그리고 어떤 면에서는 그들이 옳다. 엄격한 합리주의적 관점에서 그 상황은 가망이 없었다. 그러나 엄격한 합리주의적 관점은 조직의 현실을 이해하는 방법으로 적합하지 못하다.

4년 뒤, 2000년 이 모든 요소가 세계은행에서 제자리를 찾았다. 경영진의 후원과 지식 공유를 포함한 사명 선언문, 지식 공유 전략, 지식 조직, 지식 예산, 지식 공유를 위한 장려 정책, 100개 이상의 실행 공동체, 지식 공유를 위한 기술, 발전을 탐지하는 평가 시스템 등 대규모 조직에서 지식경영을 가능케 만드는 모든 요소가 이행되었다. 결국 세계은행은 수차례 지식경영 분야의 세계적 선구자로 벤치마킹되었다. 이제 사람들이 내게 묻기 시작했다. "그러한 변화 저항 조직에서 어떻게 이런 변화가 일어났습니까? 그 괴물 같은 조직에 어떤 먹이를 준 겁니까?"

스토리가 시작되는 방법

변화의 스토리는 1996년 2월에 시작되었다. 그때까지 나는 수십 년간 세계은행에서 일하면서 차근차근 경영의 사다리를 타고 올라왔다. 당시 나는 아프리카 지역을 감독하는 자리에 있었다. 아프리카 지역은 세계은행 대출 규모의 3분의 1에 가까운 비중을 차지했으므로 나는 이 자리가 상당히 중요한 위치라고 생각하기 시작했다.

그러나 대기업 내에서 흔히 그러하듯 상황이 바뀌었다. 루이스 프레스턴(Lewis Preston) 총재가 돌연 사망했고, 내 상사였던 킴 제이콕스(Kim Jaycox)는 갑자기 은퇴했다. 내 자리에는 다른 사람이 임명되었다. 세계은행 내에서의 내 전망은 그리 밝아 보이지 않았다. 나는 최고경영진들을 찾아가 나에 대해 어떤 염두를 두고 있는지 물었다. "그런 거 없네." 내가 더욱 강도 높여 질문하자 그들은 마침내 이렇게 말했다. "정보 분야로 가보지 않겠나?"

1996년 2월 당시 세계은행에서 정보 분야의 위치는 주차장이나 구내식당과 크게 다를 바 없었다. 따라서 그 자리로 가는 것이 정확히 말해 승진이라고 할 수는 없었다. 오히려 유형지로 보내지는 것과 같았다. 그러나 나는 정보와 컴퓨터에 관심이 있었다. "좋습니다, 정보 분야로 가지요."

나는 세계은행 내부를 돌아보며 정보 분야를 살펴보았다. 그리고 대기업에서 일하는 사람이라면 누구든 익히 보아왔을 장면들을 목격했다.

우리는 정보의 바다 속에서 허우적대고 있었다. 정보를 얻는 데 막대한 돈을 쏟아 부으면서도 딱히 이익은 얻지 못하고 있었던 것이다. 필요한 정보를 찾기도 매우 어려웠다. 반드시 개선해야 할 문제였고, 이 문제가 바로잡히면 비용 절감도 기대할 수 있다.

그런 상황을 고민하다 보니 다른 무언가가 선명하게 떠올랐다. 정보 부서의 상황을 바로잡으면 업무는 효율적으로 변화되겠지만, 우리는 여전히 시대에 뒤떨어진 대부기관으로 남게 될 것이다. 대부기관으로서의 세계은행의 미래는 확실치 않았다. 수년 전까지만 해도 세계은행은 거의 독점적으로 저개발 국가들에 돈을 대출하는 기업이었지만, 이제 상황은 바뀌었다. 사금융이 등장해 개발도상국에게 훨씬 많이 대출을 해주고 있는 것이다. 세계은행보다 훨씬 빠르고 저렴하게, 그리고 더 완화된 대부 조건으로 돈을 빌려주고 있다. 심지어 국제 규모의 캠페인이 일어나 세계은행은 문을 닫아야 한다고 주장하기도 했다. 이들은 "50년이면 충분하다!"는 정치 슬로건을 외쳐댔다. 대부기관으로서 우리의 미래는 불투명해 보였다. 단순히 조금 더 효율적인 조직이 되는 것으로는 문제 해결에 다가갈 수 없는 상황이었던 것이다.

왜 지식을 공유하지 않을까?

따라서 나는 달리 생각하기 시작했다. "지식을 공유하면 어떨까?" 지난 50년 동안 세계은행은 개발 분야에서 효과적인 정책과 효과적이지 않은 정책들에 대해 방대한 전문 지식을 습득해왔다. 우리에게는 농업과 교육, 건강, 재무, 은행업 등에서 문제를 해결하는 방식과 전 세계 국가들 내에서 개발을 일으키는 방식 등에 관한 수많은 노하우가 있었다.

그러나 그 전문 지식과 노하우에 접근하기란 매우 어려웠다. 만약 당신이 세계은행 직원이고 전문 지식을 갖춘 누군가를 알고 있으며 그 사람과 식사를 하면서 대화를 나눌 수 있다면, 세계은행이 그 분야에 대해 보유한 지식을 알 수 있다. 하지만 그런 방법 외에는 지식을 공유할 수 있는 통로가 없었다. 또한 조직원이 아닐 경우 사실상 대출 사업에 관계되지 않고서는 세계은행의 전문 지식에 접근할 수 없었다. 그 결과 세계은행의 방대한 지식들로부터 실제로 이득을 볼 수 있는 사람은 전 세계적으로 극히 일부에 불과했다.

대부기관

이렇게 나는 세계은행이 보다 널리 지식을 공유할 가능성에 대해 생각했다. 기술은 변화하고 있었다. 따라서 세계은행 경영진이 마음만 먹으면 지식을 전 세계와 공유하는 것도 가능했다. 우리가 지식 공유 기업이 되면 미래가 밝은 매우 약동적인 조직으로 거듭날 수 있음이 확실했다. 나는 세계은행을 지식 공유 조직으로 만들기 위한 노력을 시작했다.

나는 이것이 가능성 있는 아이디어라고 생각했지만, 내 설명을 들은 동료들의 반응은 상당히 회의적이었다. "스티븐, 여기는 '세계은행'이야! 대부기관이란 말이야. 과거에도 그랬고 지금도 마찬가지야. 조직을 지탱해주는 것은 대출이고 자네 월급을 주는 것도 대출이지. 다른 생각 하지 마! 지식은 흥미로울 수 있겠지만 여기는 본질적으로 은행이라고."

우리 회사가 은행이라는 사실은 누구나 알고 있었다. 그것이 우리가 했던 일이다. 이는 자명한 사실이다. 모든 사람이 대부라는 렌즈를 통해 조직을 바라보았다. 당시에 나는 그 사실을 깨닫지 못했다. 그러나 되돌아보니 그들 역시 '지워버리는 법'을 배웠어야 했다는 사실을 이해하게 되었다. 내가 돌진하고 있던 벽돌담은 존 실리 브라운이 기존에 알고 있던 자전거 타는 법을 지우라고 말할 때 설명했던 벽돌담과 동일한 것이었다.

처음의 설득은 아무 효과도 거두지 못했다. 그래서 다시 생각했다. "이 조직에 어떻게 변화를 설득할 것인가?"

컨설턴트들이 어떤 설명을 할 때 도표와 화살표로 가득한 차트와 슬라이드를 사용한다는 사실이 떠올랐다. 그래서 그런 슬라이드를 만들어 사용해보았지만 여전히 사람들은 멍한 표정을 지을 뿐이었다.

합리적인 논쟁도 시도해보았다. 그러나 매우 지성적이고 이지적인 조직에 속하는 세계은행도 그 말을 관심 있게 귀담아듣지 않았다.

잠비아 스토리

그러다가 우연히 무언가를 발견하게 됐다. 나는 세계은행의 미래와 그 미래가 어떻게 달라질 것인지에 대해 얘기하고 있었다. 하지만 어떻게? 과연 미래는 어떤 모습일까? "글쎄요." 나는 이렇게 답했다. "미래는 현재와 똑같을 겁니다. 몇 달 전 일어났던 일을 들려드리죠."

당시는 아직 1996년 초기였다. 나는 다음과 같은 얘기를 시작했다.

1995년 6월, 잠비아의 작은 마을에 사는 한 의료보조원이 조지아주 애틀랜타에 위치한 질병통제센터(Centers for Disease Control and Prevention) 웹사이트에 접속해 말라리아에 어떻게 대처할 것인지 알아냈습니다. 당시는 2015년이 아니라 1995년 6월이었습니다. 게다가 장소도 잠비아의 수도가 아니라 그곳에서 600킬로미터 떨어진 작은 마을이었습니다. 잠비아는 부유한 나라가 아닙니다. 세계에서 가장 가난한 나라 중 하나지요. 그러나 세계은행에서 일하는 우리가 이 스토리에서 주목해야 할 부분은 세계은행이 이 그림 안에 존재하지 않는다는 사실입니다. 우리는 우리가 가진 노하우를 그런 방식으로 체계화하지 않고 있습니다. 우리에겐 전 세계 수백만 명의 가난한 사람들과 공유할 수 있는 노하우가 있는데 말입니다. 우리가 그러한 노하우를 조직화한다고 상상해보십시오. 그런 방식으로 지식을 조직화해 공유할 수 있다고 상상해보십시오. 그랬을 때 우리가 어떤 조직이 될지 생각해보십시오!

이 스토리는 울림을 갖기 시작했다. 의도가 적중한 것이다. 우선 직원들 사이에 공감이 퍼져나갔고, 간부들에게까지 확대되었다. 그리고 다시 중역들에게로 전달되었다. 사실상 단 몇 개월 만에 몇몇 고위 경영진이 총재에게 스토리를 전달했다. 1996년 10월, 수백 명의 금융기관 관계자들이 참가한 세계은행 연례회의에서 총재는 우리가 머리끝에서 발끝까지 지식 공유 조직으로 거듭날 것이라고 선언했다. 우리는 '지식 은행'이 될 터였다. 공식적인 자리였다. 지식 경영이 우리의 전략이 되었다.

그러나 그것으로 전쟁이 끝난 것은 아니었다. 사실 그것은 전쟁의 시작에 불과했다. 불과 몇 달 전 나를 유형지로 보냈던 사람들이 '유형지의 직원'이 귀환한다는 사실을 깨달았기 때문이다. 설상가상으로 그들은 어쩐 일인지 은행의 전 직원과 간부, 그리고 세계은행의 지식 기업화라는 이상한 전략을 수행할 총재까지 새로 선출하려 하고 있었다. 이것은 단순히 나쁜 소식이 아니라, 사실상 최악의 시나리오였다. 이들은 지금까지 써오던 으름장 대신 진짜 칼날을 들이대기 시작했다. 이제 지식경영이 실제로 이행될 위기에 처했기 때문이었다.

실제로 그 후 몇 년 동안 조직의 상부에서는 '지식경영'이라는 것이 무엇인지에 대해 그리고 그것을 이행할지, 어떻게 이행해갈지를 둘러싸고 격한 분쟁과 대립 및 충돌이 벌어졌다.

2000년 1월의 전략적 토론

2000년 1월 그러한 토론 중 하나가 열렸다. 당시 우리는 몇 년간 지식경영을 실천하는 중이었고, 조직의 곳곳에서 성공적인 지식경영의 증거들이 발견되었다. 불과 1년 전 1999년의 연례 전략 포럼에서는 조직의 미래에서 지식경영의 중심적 역할을 확인했다. 사명 선언문은 지식 공유를 중요한 교의로 반영했고, 외부의 평가는 우리의 방향이 올바름을 증명했다. 벤치마킹 운동은 세계은행을 최고의 실천 사례로 꼽았다. 내부 조사와 포커스그룹 역시 발전 상황을 보여주었다. 그러나 이 모든 전략적 조각이 제자리를 찾은 듯 보이던 그때, 이 모든 발전의 주역들이 영예를 누리고 있던 그 순간 모든 것이 갑작스레 궤도를 벗어나고 있었다.

1999년 12월 휴가 기간 중, 나는 이메일을 통해 비즈니스 담당 책임자들을 포함한 핵심 중간 간부들 몇 명이 더 이상 지식경영을 이해하지 못하고 있음을 분명히 알게 되었다. 연간 전략적 사업계획을 다루었던 지난 몇 주 동안의 회의에서 몇몇이 지식경영을 불가사의 하고 혼란스러운 것으로 받아들이고 있었던 것이다. 특히 그들은 지식경영에 대한 투자의 보상이 불확실하다고 의심했다. 게다가 그들은 지식경영의 완성을 이끌어야 할 조직 최고경영진에 속한 사람들이었다.

이메일 내용에 따르면, 그 외에 제대로 진행되지 않는 회의가 또 있었다. 동의를 얻은 일정의 감독에 관한 일상적인 브리핑이 결국 깨지고 말았다. 지식 공유 방침의 단순한 미세 조정으로 제시된 문제가 전체 프로그램을 폐기해야 할 이유로 확대되었다. 이론이 분분한 예산 토론 열기 속에서, 지난 3년 동안 신중하게 모아온 합의는 다시 뿔뿔이 흩어지는 것처럼 보였다.

새해 휴가를 보내고 워싱턴으로 돌아오자 최악의 상황이 확인되었다. 한 간부의 걱정에서 비롯된 문제가 이제 빠르게 퍼져나가고 있었다. 조직의 고위층 사이에서는 지식경영에 대한 공격이 갑작스런 유행이 되었다. 그들은 날카로운 질문을 던졌다. 전체 조직 전반에 비판이 넘쳤다. 지식경영 프로그램은 밥이나 먹으며 조롱하는 대상이 되었고 삼삼오오 모여 떠드는 가십거리가 되었다. 이러한 반대 의견들은 급속히 퍼져나갔지만 눈에 보이는 형태는 아니었다. 실로 간단히 대처하기 어려운 형국이었던 것이다.

이러한 일촉즉발의 환경 속에서 차분하고 객관적인 사실 확인과 상황 판단은 불가능해 보였다. 우리는 몇몇 비즈니스 리더들과 일대

일 면담을 가졌다. 우리가 파악할 수 있었던 혼란의 가장 정확한 원인은 글머리 기호를 단 추상적 목록들이 잔뜩 올라 있는 전문 용어 투성이의 흑백 슬라이드 프레젠테이션이었다. 간부들의 표정으로는 그들이 완전히 이해하지 못하고 있다는 사실을 알 수 없었다. 그러나 문제는 눈에 보이는 곳보다 그들이 세상을 바라보는 마음의 환경 속에 존재하는 법이다. 그들의 마음의 눈에는 그것이 더 이상 미래로 가는 길로 보이지 않았던 것이다.

지식경영을 이행해온 지난 몇 년간 발생했던 각각의 위기들을 극복하면서 나는 스토리를 전달했다. 과거에 우리의 스토리텔링 초점은 주로 사원들이었다. 몇몇 고위 지도자들이 전체 줄거리를 이해하지 못하는 상황은 고려하지 못했다. 이제 우리는 변화를 이끌어야 할 인물들로 스토리텔링의 대상을 변경해야 했다.

나는 마다가스카르의 스토리를 여러 번 사용했는데, 이 스토리는 갖가지 다른 환경들 속에서 집단을 움직이는 능력을 보여주었다. 새로운 스토리가 더 좋을 수도 있지만, 새로운 스토리를 발견해서 가다듬고 그 효과를 실험해보기에는 당시의 상황이 너무 위험하고 촉박했다. 어떤 경우든 이 조직에서 마다가스카르 스토리는 여전히 새로운 스토리였다.

부총재들과 그들의 대리인들과 함께하는 점심 시간 설명회였다. 사람들은 참치 샌드위치를 먹고 플라스틱 빨대로 소다수를 마셨다. 그들 앞에서 나는 간략한 소개를 마치고 왜 세계은행이 그 지식을 공유해야 하는지 스토리 속으로 들어갔다.

마다가스카르 스토리

1998년 말 무렵, 한 팀의 리더에게 고민이 있었다. 그는 아프리카 마다가스카르의 수도인 안타나나리보에서 세계은행 직원들의 조직을 이끌며 마다가스카르의 공공 세출을 포괄적으로 사찰하는 일을 맡고 있었다. 이 업무는 마다가스카르 정부와 그 외 많은 국내외 파트너와의 협력적인 노력이 필요한 일이었다.

마다가스카르에서는 부가가치세 도입 문제로 논쟁이 확산되고 있었다. 부가가치세를 도입하는 목적은 관리가 불편하고 세입을 증가하는 데도 비효율적인 개별 세금들을 단세(單稅)로 바꿔, 정부의 행정적 부담을 덜어주고 공공 세입을 보호 및 확대하고자 하는 것이었다. 논쟁의 대상은 의약품에 부가세가 면제되어야 하는가의 문제였다. 일부는 특히 빈곤 계층의 공중보건이라는 명분을 들어 예외 사항을 만들어야 한다는 데 찬성했다. 다른 이들은 전면적인 제도 이행에 예외를 두는 점에 대해 우려를 표했다. 일단 한 가지 예외가 인정되면 다른 예외들이 뒤따를 것이고, 그러면 세금 제도는 현행의 잡다한 세제보다 더 복잡해진다는 것이었다. 논쟁은 지속적으로 열기를 더해갔다.

팀의 리더는 이 분야에서 다년간의 경험을 쌓은 노련한 전문가였다. 그는 공공 과세를 단순화하려던 다른 계획들이 그러한 면제 조항들 때문에 실패했던 사례들도 보아왔다. 따라서 그도 면제에 반대하는 주장을 지지하는 쪽이었다. 그러나 논쟁이 확산될수록 이 논쟁 때문에 전체 공공 세출 사찰(public expenditure review)의 성공이 위협을 받을 수도 있다는 사실이 눈에 들어왔다.

과거에 이와 같은 상황이 벌어질 경우 대개는 팀의 리더가 자신의 견해를 납득시켰고, 만약 설득에 실패하면 워싱턴에 위치한 본부로 돌아가 동료나 감독관의 의견을 구했다. 결국 논쟁을 해결하리라는 희망을 갖고 다른 관계자에게 세계은행의 '공식적 지위'를 넘겨주면, 그러한 '공식적 지위'를 얻은 담당자가 논쟁을 더 크게 일으켜 몇 달 혹은 몇 년간 그 논쟁이 지속되기도 했다. 이러한 상황은 공공 세출 관리에서 필수적인 협력 정신을 훼손했다.

이번 경우에는 세계은행에서 가동 중인 지식경영 프로그램의 결과로 상당히 다른 상황이 벌어졌다. 안타나나리보의 업무팀 리더는 세계은행 안팎의 세금 관리국에 있는 동료들에게 이메일을 보냈다. 이 네트워크는 지식 공유를 용이하게 하기 위해 오랜 시간 구축되어 온 공동체였다. 그는 긴급히 약품 면세 인정에 관한 세계적 경험들에 대해 질의했다.

72시간 만에 자카르타 담당 사무소와 모스크바 담당 사무소, 중동, 개발 연구 그룹 등의 세계은행 직원들과 세계은행 퇴직자 모임 회원, 그리고 토론토대학교의 세금 전문가 등을 포함해 다양한 분야의 사람들이 안타나나티보로 답장을 보내왔다. 그 답장들을 통해 팀 리더는 국제적 경험 속에서 의약품 부가세 면제의 중요성을 이해하게 되었고, 수일 내로 다른 사찰 담당자를 찾아가 탁자 위에 그 국제적 경험들을 올려놓고 문제를 해결할 수 있었다. 그 결과 약품의 부가세 면제가 승인되었고, 공공 세출 사찰도 협력 속에 완수하게 되었다.

지식경영은 거기에서 멈추지 않았다. 이제 세계은행은 부가가치세를 설계하고 시행하는 문제, 특히 면세에 접근하는 법에 대해 깨달은 바가 있었다. 은행은 그 경험을 포착해 재활용할 수 있도록 편집하고 지식 베이스에 저장했다. 다른 직원들도 웹을 통해 그 정보에 접근할 수 있었다. 이 노하우들은 웹을 통해 외부에서도 활용할 수 있도록 정보화될 전망이다. 그러면 누구든 질문을 올려 세계은행이 갖고 있는 일부 명시적 노하우들과 그 외 축적해온 무수한 전문적 지식들을 답변으로 받을 수 있다.

이런 일은 웹을 통해 전 세계적으로 분포된 사람들을 모으는 기술 덕분만으로 가능한 것이 아니다. 사람들이 공동체를 형성한다는 사실, 그들이 서로를 알고 있다는 사실도 이를 가능하게 만든다. 마다가스카르 업무팀의 리더는 조언을 구할 때 필연적으로 "나는 모릅니다."라는 말을 해야 했다. "내 분야에서 중요한 질문이 될 수도 있는 그 문제에 대해 나는 답을 모릅니다. 그리고 내가 일하는 조직은 자기 분야의 중요한 문제에 대한 답을 갖지 못한 사람을 살펴보고 퇴출시키는 곳입니다." 따라서 그는 안전이 확인되지 않을 경우 질문하지 않았을 것이다. 그러나 그는 자신이 보낸 이메일을 받을 사람들을 잘 알고 있었다. 또한 그들이 일종의 공동체를 형성하고 있으며 그 공동체 안에서는 질문이 기꺼이 수용된다는 사실, 알지 못하는 게 허용되고 사람들이 거기에서 흠을 잡아내려 하지 않는다는 사실을 알고 있었다. 그들은 "질문을 하다니, 당신은 문제가 있군요. 우리는 당신이 조직에서 나가주길 바랍니다."라고 말하지 않았다. 대신 리더가 답을 찾도록 도와주었다.

마다가스카르 스토리의 영향력

이 스토리 덕분에 나는 이들 고위 간부들과 다시 연결되어 지식경영에 대한 생각을 전달할 수 있었다. 그들의 생각은 변하기 시작했다. "지구상의 외딴 곳에서 벌어진 상황에 그토록 빨리 대응할 수 있다니 정말 놀랍군. 조직 전반에 걸쳐 그런 능력이 필요하겠어." 그리고 실제로 그들은 이렇게 말했다. "어서 합시다! 어서 그 민첩한 지식 공유 조직이 됩시다."

그래서 초기 회의는 군사재판이나 재난조사위원회처럼 지식 경영의 결함이나 오류에 대해 나를 추궁하는 자리가 될 것이라는 몇몇 사람들의 예상을 피해 갈 수 있었다. 대신 연이은 전략 회의에서 지식 공유가 미래를 위한 전략적 중핵임을 확인했다. 그리고 다시 한 번 나는 1996년에 생각했던 것처럼 스토리텔링이 덧없고 불확실하며 무가치한 것이 아님을 깨달았다. 오히려 그것은 대규모 변화 저항 조직에 중대한 변화를 가져다주는 강력한 도구였다.

스토리의 기능

조직 내에서 스토리의 기능을 연구하기 시작하면서 나는 스토리가 거의 모든 분야에서 활용될 수 있음을 깨달았다.

- 엔터테인먼트
- 정보 전달
- 공동체 양성
- 혁신의 촉진
- 조직 보호
- 조직의 변화

서로 다른 목적에는 서로 다른 종류의 스토리가 요구된다. 그리고 내가 이 지면을 통해 강조하고 싶은 것은 조직을 변화시키는 스토리의 활용이다. 조직 내에서 스토리를 이용할 때 마음에 새겨야 할 가장 중요한 사항들 중의 하나는 그 스토리가 활용되는 목적이 분명해야 한다는 점이다. 우리 인류는 스토리의 매력을 발견하면, 너무 쉽게 그 스토리 자체에 흥미를 붙여 그 스토리를 이용하고자 했던 목적을 놓치고 만다. 여기에서 우리는 복잡한 생각들을 전달하고 변화에 불을 붙여 행동을 유발하는 데 유용한 스토리의 유형들을 다룰 것이다.

조직을 변화시키는 스토리들

조직을 변화시키는 스토리들은 어떻게 기능을 발휘할까? 마다가스카르 스토리를 들려주면서 나는 이렇게 말했다. "우리 은행의 마다가스카르 업무팀에서 있었던 일에 대해 말씀드리겠습니다. 그들은 인도네시아와 모스크바의 사무소, 그리고 토론토의 교수, 퇴직자 모임 회원 등에게 조언을 구했고 모두에게서 답변을 받았습니다. 여기에서 배웠던 경험은 워싱턴의 지식 베이스에 저장되어 있습니다." 내가 모든 스토리를 들려주는 동안 그들은 꼼짝 않고 의자에 앉아 있기만 했다. 그러나 그들이 스토리를 잘 따라왔다면 마음속으로 15초 만에 전 세계를 한 바퀴 돌고 돌아왔을 것이다.

여기에서 우리가 살펴보아야 할 것은 칼 융이 지적했던 현상, 즉 시간과 공간의 법칙에 종속되지 않는 인간 자아의 일부가 존재한다는 점이다. 그리고 스토리텔링, 즉 간단한 스토리를 전하고 듣는 일도 그러한 현상 중의 하나다.

스토리를 들을 때, 듣는 이들은 그 생각의 내면으로 들어간다. 그들은 그 생각을 즐긴다. 마치 자신들이 마다가스카르의 업무팀에 속해 있고 긴박하지만 불명료한 문제에 어떻게 대처해야 할지 모르다가 거의 기적적으로 신속하게 답을 얻게 된 것처럼 느낀다. 그들은 마치 직접 그 상황에 있었던 것처럼 스토리를 경험한다. 이 과정에서 스토리와 그 스토리 속의 생각은 청중의 것이 된다. 복잡한 개념의 추상적인 설명을 경험하기란 거의 불가능하다. 그것은 흰 가운을 입은 과학자처럼 뒤로 물러서 있는 외부 관찰자로서 경험하거나, 일종의 참견꾼이나 평론가로 평가하는 것과는 다르다. 오히려 당사자로서, 그 스토리 속에 실제로 존재하고 직접 경험하고 느꼈던 사람에 가까운 것이다.

스토리가 설명하는 것

스토리를 통해 설명되는 것은 무엇인가? 이제는 모두 알고 있지만, 지식경영이란 복잡한 개념이다. 나는 그 단면이 10개인지 20개인지 모르지만, 지식경영이 대규모 조직 전반에 성공적으로 성취되기 위해 반드시 숙달해야 할 많은 단면이 있다는 사실에 확신한다. 일단 논의를 위해 지식경영에 16개의 단면이 있다고 해보자.[4]

관중앞에서 "지금부터 지식경영의 16개 단면들 각각을 상세하고 깊이 있게 설명하겠습니다."라고 말하면, 벌써부터 시계를 들여다보며 생각할 것이다. "어떻게 하면 큰 소동 없이 이 모임에서 벗어날 수 있을까?" 지식경영의 16단면들에 대한 종합적인 설명을 고대하는 사람은 아무도 없다.

내가 "자, 차트를 보여드리겠습니다."라고 말하면, 대부분은 멍한 표정을 짓는다.

많은 사람이 묻는다. "차트가 효과가 없다니요? 확실히 그림이 말보다 1,000배는 더 효과적일 텐데요?" 내 대답은 그림이 할 수 있는 일과 할 수 없는 일을 생각해볼 필요가 있다는 것이다. 특히 그림으로 이른바 16단면을 지닌 지식경영과 같이 복잡한 개념을 전달하는 것이 이론적으로라도 가능할지 고려해볼 필요가 있다. 근본적인 문제는 단면이 16개나 되는 개념을 그린다는 것이 불가능하지는 않다 하더라도 매우 어렵다는 점이다. 두 개나 세 개, 혹은 네 개의 단면이라면 그릴 수 있겠지만 16개의 단면을 그리려면 상황을 이해할 만한 수학 전문가가 필요할 것이다.

그러나 내가 이렇게 말한다고 가정해보자. "몇 달 전 잠비아에서 있었던 일을 들려드리겠습니다." 다시 말해서 스토리를 전달할 때의 즉각적인 반응은 다음과 같다. "좋아요, 듣고 싶어요." 그들은 내가 어떤 스토리를 풀어놓을지 알지 못한다. 그러나 살아오며 많은 흥미로운 스토리들을 들어왔고, 새로운 스토리를 듣는 데 긍정적인 태도와 기대감을 갖고 있다. 만약 내가 지루한 스토리를 들려주거나 흥미로운 스토리를 재미없게 설명한다면 머지않아 흥미를 잃겠지만, 그들이 최초에 지녔던 태도와 기대감은 긍정적이다. 때문에 나는 스토리를 들려주겠다고 제안할 때, 추상적인 설명을 하거나 차트를 보여줄 때와는 달리 듣는 사람들의 편에서 흥미를 느낄 수 있는 소재로 시작한다.

어떤 사람들은 이렇게 생각할지도 모른다. "어떻게 그런 효과를 낼 수 있단 말인가? 잠비아 스토리처럼 29개 단어로 된 스토리가 어떻게 청중에게 지식경영 같은 16개 단면의 개념을 전달할 수 있을까? 적어도 두 단어 안에 한 단면을 설명해야 할 텐데. 그것이 어떻게 가능하단 말인가?"

사실 의사소통에 대한 전통적 관점을 채택한다면 불가능한 일이다. 의사소통에 대한 전통적 관점은 다음과 같이 펼쳐진다.

나는 관중에게 강연하고 있다. 따라서 나의 머리는 틀림없이 정보들로 꽉 차 있다. 관중은 다소 조용히 앉아 분명히 듣고 있다. 따라서 그들의 머리는 본질적으로 비어 있다. 그리고 내 의사소통의 목표는 꽉 찬 내

두뇌 속의 정보들을 저들의 텅 빈 머릿속에 복사해주는 것이다.

다시 말해서 의사 전달이란 일종의 컴퓨터 다운로드와 같다. 이는 래리 프루삭이 학습의 우격다짐식 이론이라고 했던 것과 그리 먼 얘기가 아니다. 듣는 사람의 머리를 열고 그 안에 '지식'을 쏟아 부어주는 것이다.

이 얘기에는 잘못된 부분이 많으며, 전체적으로 완전히 터무니없는 소리다. 단순히 내가 지식경영의 16단면에 대해 사람들에게 들려줄 모든 대답을 다 갖지 못해서가 아니다. 내가 그 대답을 다 갖고 있다 하더라도 청중이 내게 양보할 수 있는 시간 안에 모두 전달해줄 수는 없다. 이 얘기의 보다 근본적인 결함은 관중의 머리가 텅 비지 않았다는 데 있다. 사람들의 머리는 세상이 어떻게 돌아가는지, 잠비아가 어디에 있는지, 말라리아가 무엇인지, 월드와이드웹이 무엇인지 등에 대한 이해로 가득 차 있다. 이 모든 것은 그들의 마음속에 존재한다. 내게 필요한 것이라곤 그들 마음속에 있는 묵시적 이해들과 연결할 스토리라는 작은 도화선뿐이다. 내가 그 이해들에 불을 붙이는 데 성공할 수 있다면, 그 즉시 그들의 마음속에는 새로운 유형의 이해가 떠오르고 세상이 이전에 생각했던 것과는 상당히 다른 방식으로 서로 조화를 이루는 모습을 보게 될 것이다.

머릿속의 작은 목소리

관중석에 앉아 있는 모든 개인은 사실 각각 두 명의 청중이다. 내

앞에는 한 명의 물리적 사람이 앉아 있지만 그 자리에는 '머릿속의 작은 목소리'라고 하는 제2의 청중이 함께 듣고 있다. 우리는 모두 머릿속의 작은 목소리가 무엇인지 알고 있다. 만약 "스티븐이 지금 무슨 말을 하고 있는 거지? '머릿속의 작은 목소리'가 도대체 무슨 뜻이야?"라고 스스로에게 묻고 있다면, 자, 그것이 바로 내가 말하는 작은 목소리다!

내적 담화 현상, 다시 말해 우리 스스로 쉴 새 없이 행하는 자가 담화에 대한 기록이 거의 없다는 사실은 놀랄 만한 일이다. 조지 슈타이너(George Steiner)는 이와 같은 무언의 독백이 외적 의사소통에 사용되는 음성 언어보다 훨씬 많은 부분을 차지하는데도 불구하고 주로 언어학과 시론 및 인식론에서 미개척 분야로 남아 있다고 지적한다.[5]

그런데 그 목소리는 그침이 없다. 따라서 관중에 속하는 모든 물리적 개인은 한 명이 아니라 두 명의 청중이다. 나는 관중에게 잠비아에 관한 스토리를 들려주고 있다. 그러나 청중의 머릿속에 있는 작은 목소리 역시 이렇게 말할 것이다. "사무실에 처리해야 할 문제들이 산더미 같은데. 결재가 밀린 서류들도 한가득이고. 이메일 답장도 보내야 하는군. 여기서 어떻게 빠져나간담!" 이처럼 머릿속의 작은 목소리는 내 얘기를 전혀 안 듣거나, 청중이 내 얘기에 주의를 기울이지 못하도록 정신을 산만하게 만들 수도 있다.

의사소통게 관한 전통적인 관점에서는 이 머릿속의 작은 목소리를 간단히 구시한다. 이런 관점은 이 작은 목소리가 조용히 머물기를 바라면서 나의 메시지가 어쨌든 받아들여지기를 바라는 셈이다. 유감스럽게도 머릿속의 작은 목소리는 '조용히 머무는' 경우가 거의 없다. 종종 바쁘게 움직이며 앞에 서 있는 화자가 알아채거나 의심을 품기 전에 이미 들려오는 이야기에 대해 완전히 새로운(그리고 종종 달갑지 않은) 관점을 갖도록 만든다.

때문에 나는 다소 다른 방법을 제안한다. 그 작은 목소리를 무시하지 말라고 말하는 것이다. 대신 그 목소리와 함께 일하라. 목소리를 끌어들여라. 머릿속의 작은 목소리를 끌어들이는 방법은 그 목소리에게 할 일을 주는 것이다. 머릿속의 작은 목소리에게서 제2의 스토리를 이끌어낼 수 있도록 스토리를 구술하라.

그래서 나는 청중에게 "잠비아에서 있었던 일을 들려드리겠습니다."라고 말할 때, 머릿속의 작은 목소리가 이렇게 말하기를 바란다. "우리는 고속도로에서 일하고 있어. 이 일을 고속도로에서 하면 어떨까?" 혹은 금융 분야에 종사하고 있는 사람이라면 "이 일을 아시아에서 해보자."라고 말할 수 있다. 사실상 머릿속의 작은 목소리는 새로운 스토리와 청중에게 전혀 새로운 행동, 그리고 새로운 미래에 대해 상상하기 시작한다. 상상이 잘 진행된다면 그 목소리는 자신이 그린 그림에 살을 입히기 시작한다. "당연히 우리에겐 공동체가 있어야 해. 우리가 조직화될 필요도 있을 거야. 그리고 더 많은 사람도 끌어들여야겠지. 그러니 그 일을 해야겠군. 어서 실행에 옮겨야겠어."

이 순간 작은 목소리는 이미 앞서 달리며 조직 내에 변화를 일으키는 아이디어들을 어떻게 실행할지 계산하고 있다. 아이디어를 만들어낸 사람은 바로 청중 자신이기 때문에 그들은 그 아이디어를 좋아한다. 자신이 만들었기 때문이다. 스스로 만들어낸 멋진 아이디어이기 때문이다!

지식과 실천의 차이

근래 들어 지식과 실천의 차이를 좁히는 문제에 대한 많은 대안이 쏟아져 나오고 있으며, 이런 문제를 다루는 베스트셀러 도서들도 눈에 띈다.[6] 어떤 일을 해야 하는지 알면서도 그 일을 하지 않는다! 이런 현상은 오늘날 조직들이 직면한 큰 문제다. 그러나 나는 지식과 실천의 차이를 줄여가며 결국 없애버리자는 등의 말을 하려는 것이 아니다. 어떻게 그럴 수 있겠는가?

만약 내가 이렇게 말한다고 생각해보자. "나는 내일 아침부터 당신들 부서에 다음의 16단면들을 적용한 지식 공유 프로그램을 시작하고자 합니다." 이 아이디어, 즉 '나'의 아이디어는 청중에게 마치 날아드는 미사일처럼 느껴질 것이다. '이상하고 생소한 아이디어'가 '그들'의 영역에 날아들고 있다. 그들은 생각할 것이다. "이 날아오는 미사일을 어떻게 처리하지? 어떻게 미사일 경로에서 벗어날 수 있을까?" 이런 생각이 들 때 우리는 이미 지식과 실천의 차이에 깊숙이 들어가 있는 셈이다.

그러나 단약 내가 "얼마 전 마다가스카르에서 있었던 일에 대해 들려드리겠습니다."라고 말한다면 상황은 달라진다. 청중은 "글쎄,

마다가스카르에서 그런 효과를 볼 수 있었다면, 꽤 쓸 만하군. 우리 부서에서도 똑같이 시작해볼 수 있겠어."라고 생각할 것이다. 그리고 작은 목소리가 그 아이디어를 청중의 아이디어로 만들기 시작한다. 물론 우리는 모두 자기 자신의 아이디어를 좋아한다. 이제 작은 목소리는 아직 화자가 말을 계속하고 있는 중에 벌써 그 아이디어를 구체화하기 시작한다. 여기에는 지식과 실천의 차이가 나타나지 않는다. 아이디어의 구체화에 아무런 걸림돌도 없는 것이다.

동일한 스토리를 전달하는 방식

스토리가 청중에게 공명을 일으키면, 곧 사람들이 똑같은 스토리를 전달하기 시작하는 현상을 볼 수 있다. 1998년 가을, 나는 세계은행 총재에게 파키스탄 고속도로와 관련된 스토리를 들려주었다.[7] 그리고 약 한 달 후, 나는 세계은행에서 개최된 한 회의에 참석했다. 수백 명의 관계자와 외부인들이 참석한 대규모 회의였는데, 그 자리에서 바로 그 파키스탄 고속도로 스토리가 나왔다. 마침 세계은행 총재가 그 자리에 있었고, 한 발표자의 프레젠테이션 도중 그 스토리가 언급되었다. 프레젠테이션이 끝난 직후 총재가 발표자에게 말했다. "파키스탄 스토리를 사용했군요. 하지만 원래는 그런 스토리가 아니에요. 파키스탄 고속도로 스토리에 대해 내가 제대로 들려드리지요." 그리고 총재 자신이 맞다고 생각하는 방식으로 파키스탄 스토리를 이어나갔다. 그는 매우 잘 해냈다. 활기와 재능, 열정이 엿보이는 스토리였다.

그가 한 달 전 들었던 파키스탄 고속도로 스토리는 그의 일부가 되었다. 그 스토리는 그 자신과 그가 대표로 있는 조직이 세상을 바라보는 렌즈가 되었고, 그의 정체감과 그가 생각하는 조직의 정체감을 구성하는 일부가 되었다. 그런데 누군가 자신이 이해하고 있는 방식과는 다르게 그 스토리를 전달하자, 자신과 불화를 일으키는 세계관을 만난 것과 마찬가지로 느꼈다. 그러한 왜곡을 제거하고 다시 자신의 세계를 옳게 보이도록 만들기 위해서는 그 스토리가 원래 묘사되어야 하는 그대로 고쳐 말하는 수밖에 없다. 총재는 스토리에 개입해 스토리를 달리 전달하게 만든 왜곡된 관점을 바로잡지 않고서는 그 상황을 지나칠 수가 없었던 것이다.

이런 현상은 다음의 놀라운 브라질 속담 속에 잘 포착되어 있다. "혼자서 꿈을 꾸면, 단지 꿈에 지나지 않는다. 그러나 여럿이 함께 꿈을 꾸면, 비로소 꿈을 벗어나 새로운 현실이 된다."

때문에 우리는 함께 꿈을 꾸는 과정을 시작하자는 말을 하고 싶은 것이다. 더 나은 세상을 상상하는 여러 사람과 함께 말이다. 우리가 그 과정을 가능하게 만들 수 있다면, 이 글을 읽고 보고 들은 사람들이 꿈을 실현시킬 힘을 갖는다면, 우리가 알아채기도 전에 꿈은 현실이 되기 시작할 것이다. 우리는 흔히 대규모 조직의 실제 현실이 경직되어 있고, 변화에 인색하며, 바꾸기도 어렵다고 생각한다. 우리가 종종 잊어버리는 문제는 아이디어가 외관상 매우 완고해 보이는 현실보다 더욱 강력할 수 있다는 사실이다. 우리가 아이디어들을 올바른 방향으로 실천할 수 있다면, 현존하는 현실은 그 아이디어

앞에 몸을 낮추고 꿈은 비로소 새로운 현실이 될 것이다.

무엇이 스토리 효과를 제한하는가?

변화에 불을 붙이기 위해 스토리를 이용하는 데 제한이 되는 것은 무엇일까? 우리는 생각했다. "하나의 스토리가 이런 효과를 발휘한다면, 틀림없이 스토리가 많을수록 더 많은 효과를 발휘할 거야." 따라서 우리는 두 사람을 모집했고 그들은 25가지의 경이로운 스토리들을 수집했다. 우리는 그 스토리들을 소책자로 묶어 사보에 동봉해 전 조직에 발송했다. 결과는 어땠을까? 우리의 눈에 띄는 결과는 전혀 없었다. 흥분도, 관심도 없었다. 새로운 움직임이 나타나는 아무런 신호도 없었다. 조직에 미치는 식별 가능한 효과가 없었다는 말이다. 따라서 우리는 다시 생각했다. "글쎄, 좋아. 책자는 효과가 없군. 비디오는 어떨까? 확실히 비디오는 효과가 있을 거야. 비디오로 시도해보자." 우리는 구두 시연에서 매우 효과가 뛰어났던 스토리들을 똑같이 엮어 비디오로 제작했다. 그러나 결과는 대부분 사무실 선반 위에 고스란히 남아 있는 비디오테이프들이 말해주고 있었다. 비디오 역시 눈에 띄는 아무런 효과를 발휘하지 못했던 셈이다.

우리는 조직 내에서 눈에 보이며 인식 가능한 것, 즉 사실이나 행동, 정책, 프로세스 등과 눈에 보이지 않으며 손에 잡히지 않는 것, 즉 가치나 태도, 내러티브, 내재적 가정 등의 사이에는 큰 차이가 있다는 사실을 발견했다. 대부분의 상황을 추진하는 동력은 눈에 보이지 않는 가치와 태도 및 내러티브 등이지만, 우리는 조직 내에서 사실과 행동 및 프로세스 등과 같이 눈에 보이고 인식 가능한 부분에 대해 말하고 생각하며 많은 시간을 보낸다.

사실 이러한 소책자와 비디오를 만들었을 때 우리는 가치와 태도, 내러티브의 영역에 이르지 못했다. 소책자와 비디오는 단순히 조직 내에서 눈에 보이고 인식 가능한 사물이 되었다. 추가 제작물이 된 것이다. 단지 어느 조직에든 여기저기 쌓여 있는 자료들에 보태졌을 뿐이라는 뜻이다. 조직에 동력을 제공하는 가치와 태도 및 내러티브의 보이지 않는 영역 속으로 전혀 들어가지 못했던 것이다.

인쇄된 글에는 종종 화자와 내용 사이의 단절이 발생한다. 흔히 독자들은 그 말을 누가 하고 있는지 분명히 알지 못한다. 때문에 그 낱말들은 신뢰성이 결여되고, 신뢰성의 결여는 조직 안에서 심각한 문제를 초래한다. 경영자가 서면으로 전달한 메시지를 읽는 직원들은 그 글에 담긴 진솔함이나 솔직함을 거의 느끼지 못하며, 심지어 필자가 그 글을 쓸 때 지녔던 확신조차 거의 전달받지 못한다. 활자들은 '시스템'이 뿜어낸 얼룩에 지나지 않는 것이다.

그러나 얼굴을 마주 보고 눈을 맞추며 직접 들려주는 스토리는 화자와 청중의 상호작용을 일으킨다. 따라서 상황은 전혀 달리 전개된다. 청중은 나를 바라보고 내 감정을 느끼며 내 말에 귀를 기울일 수 있다. 그리고 내가 정직하게 얘기하고 있는지도 알 수 있다. 그들이 나를 믿든 안 믿든 최소한 스토리의 신뢰성만은 확인할 수 있다. 그렇게 우리가 다다른 결론은 소책자나 비디오로 엮인 스토리들이 아니라 바로 구두로 전해지는 스토리텔링이 큰 효과를 낼 수 있다는 사실이다. 영향력은 '스토리' 자체가 아니라 바로 '스토리텔링'이다.

책이나 영상을 통해서는 효과를 달성할 수 없다는 뜻이 아니다. 그러나 책이나 영상이 영향을 미치는 방식은 스토리텔링과 다르다. 2001년에 열린 스미소니언 심포지엄에서 몇 편의 논픽션 비디오 영상을 감상한 우리는 깊은 인상을 받았었다.[8]

물론 소설처럼 긴 스토리들은 언제나 그 나름의 방식으로 종종 매우 강력하게 스토리를 전달한다. 책 한 권을 읽는 데는 적어도 8시간 이상이 소요된다. 그러나 한 조직 내에서는 듣는 사람에게서 8시간이나 빼앗을 수 없다. 아마 몇 분, 혹은 단 몇 초 내에 의사를 전달해야 하는 경우도 있다. 이런 점에서 책은 너무 많은 시간을 요하는 반면, 구두 스토리는 짧은 시간 안에 임무를 완수할 수 있다. 따라서 비디오와 책은 영향을 미치지 못하는 것이 아니라 구두의 스토리텔링과는 다른 방식으로 효과를 발휘할 뿐이다.

모든 스토리가 이런 방식으로 작용할까?

모든 스토리가 이런 방식으로 작용할까? 그렇지 않다. 청중이 새로운 단계의 이해로 넘어서게 만드는 스토리들은 매우 유사한 유형을 띤다.

스토리는 반드시 듣는 사람이 '이해할 수 있는' 것이어야 한다. 마다가스카르 스토리의 경우, 청중은 마다가스카르라는 나라가 있다는 사실을 알아야 한다. 특정 논쟁점을 지닌 조세 제도에 대한 사실도 알아야 하고, 이메일의 존재도 알아야 한다. 스토리를 이해하기 위해서는 이러한 요소들을 알고 있어야 한다.

또한 스토리는 '단일 주인공의 관점'에서 전개되어야 한다. 조직의 전형적인 상황에 존재하는 한 명의 인물 말이다. 세계은행에 몸담고 있는 사람들이 전형적으로 처하는 곤경은 지구촌 외딴 지역에 떨어져 있으면서 발생한 문제에 대해 필사적으로 해결책을 구하는 상황이다. 단약 석유 회사라면 주인공은 석유 굴착기 기사가 되고, 영업 조직이라면 영업 사원이 그 주인공이다. 한 조직 내에 있는 사람들이 곧바로 이해할 수 있고 중점을 두는 인물, 그들이 가진 딜레마에 공감하고 각 개인의 상황을 체감할 수 있는 인물이어야 한다.

또한 스토리에는 약간의 '생소함'이나 '부조화'가 있어야 한다. 생소하지만 '그럴듯해야' 한다. "마다가스카르에서 그토록 짧은 시간에 문제에 대한 해결책을 구할 수 있었다니, 정말 인상적이군. 하지만 그럴듯해. 그럴 수도 있을 거야. 세금 관리국에다가 이메일과 인터넷까지 있으니 말이야. 맞아, 이 스토리는 정말 실화일지도 몰라."

스토리는 '변화의 아이디어를 최대한 구체적으로 표현'해야 한다. 마다가스카르 스토리를 잘 따라온 청중은 세계은행의 중요한 지식 공유 요소들을 경험할 수 있다. 아이디어의 전 음계를 모두 경험하는 것이다.

스토리는 ‘가능한 한 최근’의 것이어야 한다. ‘지난주에 있었던 일’은 긴박감을 전달한다. 오래전 스토리도 효과를 발휘할 수 있지만, 신선한 스토리가 더욱 효과적이다.

스토리는 진실해야 한다

내 경험상 스토리는 반드시 진실에 기초해야 한다.《뉴욕타임스》는 내 책《기업 혁신을 위한 설득의 방법, 스토리텔링(*The Springboard*)》을 소개하는 기사에 다음과 같은 제목을 달았다. “스토리텔링은 스토리가 진실일 때만 효과를 발휘한다.” 나는 여기에 동의한다. 스토리의 진실성(truth)은 스프링보드 효과(springboard effect)를 얻는 데 핵심적인 부분이다. 현저성을 살리는 것도 스토리의 진실성이다. 반대로 만약 내가 지식경영을 도입할 때 벌어질 일들에 관해 가공의 스토리를 들려주었다면 “우리 회사에서는 그런 일이 절대 일어나지 않아!”라는 반응을 얻었을 것이다. 그러나 그 스토리가 불과 얼마 전 회사의 업무팀에게 실제로 닥쳤던 일이라면, 청중은 이 스토리들을 주의 깊게 들어야 한다. 스토리가 진실이라면 그 일이 자신의 현실이 될 수도 있기 때문이다. 그런 이유에서 나는《뉴욕타임스》에 동의한다. 스토리의 진실성은 매우 중요하다. 이는 우리가 어머니에게서 들었던 말과도 동일하다. “거짓말하지 마라!” 그 스토리가 진실이 아니라고 소문을 내는 행동은 현명한 처사가 아니다.

미니멀리즘 양식의 스토리

　스토리는 또한 가능한 단순하게 전개되어야 한다. 다시 말해서 나는 연예산업의 스토리텔러들이 흔히 쓰는 기교들을 사용하지 않는다. 잠비아 스토리를 들려줄 때 나는 '잠비아의 의료보조원'이라고 말했을 뿐, 그 의료보조원이 여성인지 남성인지, 의사인지 간호사인지 말하지 않았다. 머리 색이나 눈동자 색에 관한 정보도 주지 않았다. 날씨가 더웠는지 추웠는지, 주위는 조용했는지 시끄러웠는지, 공기는 상쾌했는지 탁했는지 아무런 언급도 하지 않았다. 스토리에 기교가 끼어들면 청중은 잠비아의 상황이 지닌 하나하나의 배경 속에 파묻힐 것이다. 나는 모든 부연을 제쳐두었다. 잠비아에서 의료보조원이 처한 상황과 관련된 모든 부연을 생략한 까닭은 내게 다른 목적이 있었기 때문이다. 나는 청중이 잠비아에 지나친 관심을 두지 않기를 바란다. 내 목표는 머릿속의 작은 목소리가 새로운 스토리를 표현하는 것, 즉 청중의 배경에 기초하고 청중의 이해력에서 추출된 새로운 스토리가 탄생되는 것이다. 만약 내가 청중에게 잠비아의 상황에 대해 지나치게 관심을 갖게 만든다면, 그들은 결코 생각을 확대해 그들 자신의 스토리를 발명하지 못할 것이다. 이런 종류의 스토리는 오락을 목적으로 하는 스토리를 전달할 때와 다르다. 나는 사람들이 스토리를 따라오기에는 충분하지만 명시적 스토리의 소소한 면에 대해서는 지나치게 신경 쓰지 않을 만큼의 세부 사항만을 묘사한다. 때문에 나는 미니멀리즘 양식으로 스토리를 전달한다.

결말은 해피엔딩이어야 한다

　마지막으로, 할리우드가 옳았다. 스토리가 행동을 일으키기 위해서는 결말이 반드시 해피엔딩이어야 한다. 나는 "지식경영을 도입하지 않은 결과 파산을 맞이한 한 조직의 이야기를 들려드리겠습니다."와 같은 스토리텔링으로 성공을 거두어본 적이 없다. 부정적인 스토리로는 좋은 결과를 만들어 내지 못한다.

　최근 신경학 관련 연구들을 보면 그 이유를 알 수 있다. 지난 수백년 동안 인간의 뇌에 대한 관심은 거의 대뇌피질에 집중되어 있었다. 그러나 최근 수십 년간 과거에는 관찰할 수 없었던 뇌의 다른 부위들에 대한 접근이 가능해졌다. 특히 우리는 모든 사람에게 존재하며 포유류 두뇌 바로 아래에 위치하는 파충류 두뇌뿐 아니라, 포유류 두뇌와 변연계를 관찰했다. 포유류 두뇌와 파충류 두뇌는 그다지 영리하지 않지만 매우 민첩하고 많은 잡음을 만들어낸다. 이 부위들은 다른 신체 부위들과 하나의 고리처럼 연결되어 있는데, 이런 기관이 흥분하면 혈압이 상승하고 아드레날린 수치가 증가하는 등의 반응을 유발해 온몸을 들썩이게 만든다.

　"이 기업은 지식경영을 도입하지 않았기 때문에 파산했습니다!"와 같이 결말이 불행한 스토리를 듣게 될 경우, 태초의 기억과 본능을 담당하는 변연계가 활발하게 움직이며 다음의 신호를 전달할 것이다. "문제 발생! 해로운 일이 일어났다! 조치를 취하라! 전투태세! 전투태세!" 그러면 두뇌의 대뇌피질은 이 반응을 중재하고 무시하면서 다음과 같이 말한다. "이봐, 변연계, 진정해. 상황을 분석보자고. 불행하지만 교훈적인 이 스토리에서 배울 부분이 있을 거야.”
그러나 이 동요가 가라앉고 신체가 정상으로 돌아갈 때쯤이면 새로
운 미래를 창조할 기회도 이미 지나간 후다. 학습은 일어날지 모르
지만 신속한 행동은 수반되지 않는다. 스프링보드 효과도 기대하기
어렵다. 대뇌피질은 파충류 두뇌와의 또 다른 교전을 끝낸 후 기운
을 회복하는 중이다.

그러나 반대로 결말이 행복한 스토리를 듣는다면 변연계는 대뇌
피질을 마비시키는 ‘내인성 아편제’, 즉 엔도르핀을 활발히 분출한
다. 근본적으로는 두뇌에 아편을 주입하는 것과 같다. 이로써 마음
은 ‘따뜻하고 날아갈 듯한 기분’, 멋진 영화를 감상한 직후의 행복
감을 느끼게 된다. 이런 상태는 새로운 미래와 자기 자신 혹은 자기
조직의 새로운 정체성에 대해 생각할 수 있는 완벽한 마음의 틀이
되는 셈이다.

스토리텔러는 통제 욕구를 참아야 한다

스프링보드 효과를 억제하는 또 다른 한계들도 있다. 그중 하나는
화자가 통제 욕구를 다스려야 한다는 것이다. 내가 잠비아 스토리나
마다가스카르 스토리를 전달하고 이렇게 얘기한다고 가정해보자.
“이 스토리는 당신 부서에서 이러한 의미를 지닙니다. 내일 아침 당
신이 해야 할 일을 말씀드리죠.” 이러한 발언은 지휘명령 체계로 돌
입하게 됨을 의미한다. 때문에 나는 특정 범위까지, 스토리가 청중
의 창의성을 불러일으킬 만큼 신뢰를 얻을 때까지 뒤로 물러서 있어

야 한다. 그리고 청중에게 나의 견해를 강요하지 않기 위해 자제해
야 한다. 나는 내 아이디어를 강요하는 전투에 임한 것이 아니다. 청
중이 스스로 자신의 마음을 결정하도록 놔두어야 한다. 이는 매우
어려운 일이다. 명령을 지시하는 일은 우리 마음속에 뿌리내린 습성
이므로 통제를 포기하는 것은 하찮은 일이 아니다. 특히 수년간 경
영자로 활동해온 사람이라면, 방향을 지시하고 의사를 결정하며 책
임을 지는 데 익숙한 사람이라면 더욱 그렇다.

면역을 지닌 집단

　이런 종류의 스토리텔링이 큰 효과를 발휘하지 못하는 집단들도
있는데, 구체제의 소련이나 회계사의 경우가 해당된다. 실제로 자신
의 세계관을 타인에게 강요하는 데 열중하는 사람들은 이런 종류의
스토리를 들으면 즉각적으로 맥박이 빨라지거나 어떤 에너지 혹은
다른 유형의 조직적 전망이 분출되는 것을 느낀다. 그리고 곧장 불안
한 바이러스가 그들 조직 내로 침투하고 있음을 감지한다. 뇌에서는
예측 불가능성과 통제력 상실의 위험이 있다는 경고음이 송출된다.
평화주의자들에게는 환영할 만한 일이나, 통제 중심의 사고를 지닌
사람들은 전형적으로 그 바이러스를 찾아내어 저항할 준비를 하며
통제력과 예측 가능성을 재확립하려 한다. 대개 그들은 바이러스를
찾는 데 실패하는데, 그 불안한 요소가 스토리 따위처럼 단순하고 무
해한 것에서 비롯될 수 있다고는 전혀 생각하지 못하기 때문이다. 그
들은 스토리가 순간적이고 종속적이며 이야깃거리에 불과하다고 생

각하며, 심각하게 받아들일 것이 못 된다고 알고 있다. 그러나 그들은 스스로 진두지휘하여 스토리의 마법에 저항할 것이다. 자신들의 평온하고 통제된 사회에서 무언가가 잘못되고 있음을 느끼기 때문이다. 따라서 스토리가 누구에게나 스프링보드 효과를 가져다주는 것은 아니다. 어떤 집단에 대해서는 그 '도약'을 기대하기 어렵다.

스토리텔러는 믿어야 한다

스토리가 스프링보드 효과를 지니기 위해서는 감정과 함께 전달되어야 한다. 열정이 들어 있어야 한다. 스토리텔러는 자신이 마치 직접 경험했던 것처럼, 자신이 필사적으로 해결책을 구하던 마다가스카르 업므 팀의 리더였던 것처럼 스토리를 전해야 한다. 청중을 매혹시키는 것은 스토리의 지적 내용뿐 아니라 그 스토리에 들어 있는 감정이기도 하기 때문이다. 스토리텔러와 청중을 연결시키는 요소가 바로 감정이다. 감정이야말로 청중의 주의를 붙잡는 요소, 스토리에 '도약의 힘'을 주는 요소, 청중이 나름의 상황에 맞춰 새로운 스토리를 재창조하도록 감화시키는 요소, 그리고 새로운 스토리가 행동으로 옮겨지기까지의 간극을 메워주는 요소인 것이다.

내러티브와 분석의 결합

중요하게 마음에 새겨둬야 할 부분은 스토리텔링이 만병통치약이 아니라는 점이다. 대규모 조직에서 복잡한 아이디어를 실현하는 데 뒤따르는 대가와 이익 들, 위험과 시의성을 비롯해 모든 구조적 문제에 대한 분석을 무시해도 좋다는 의미가 아니다. 내가 하고 싶은 말은 "철저히 분석하라. 그러나 내러티브를 이용해 그 아이디어 속으로 빠져들게 해야만 사람들은 그 아이디어를 경험하고, 그 아이디어를 체감하며, 그 아이디어가 어떻게 작용할 것인지 이해할 수 있다."는 것이다. 그리고 한번 그 아이디어 속으로 빠져들면, 그 아이디어를 체감하고 이해하면 한 걸음 더 나아가 그들과 그 아이디어의 분석도 공유할 수 있다.

그러므로 내러티브와 분석을 결합시켜야 한다. 스토리를 통해 아이디어를 경험한 청중은 보다 균형감 있게 그 아이디어를 분석하면서 아이디어 실현의 대가와 유익 양자를 살펴볼 수 있다. 조직에서 새로운 아이디어를 분석할 때는 흔히 그 비용과 위험, 어려움, 혼란, 실패 등에 초점을 맞추게 된다. 그것이 바로 변화를 요하는 상황을 접한 사람들이 반사적으로 떠올리는 상황들이기 때문이다. 분석을 통해 얻게 되는 이익을 도출해내기 어려운 이유는, 우리가 고려의 대상에서 부정적 측면을 인식하는 데 훨씬 경도되어 있기 때문이다.

적절한 스토리의 발견

나는 종종 "적절한 스토리를 어떻게 찾아냅니까?"라는 질문을 받는다. 내가 세계은행에서 했던 일은 은행들을 순회하며 사람들에게 이를테면 부분적이나마 내가 원했던 변화가 일어난 사례가 있는지 묻는 것이었다. 사실 길을 걷다 예쁜 조약돌을 주워들 듯이 스토리를 '찾을' 수는 없다. 내가 찾아내는 사례들은 처음부터 완벽한 형태를 갖춘 스토리가 아니다. 오히려 처음 발견 당시에는 한 줄의 머리글에 가까우며, 그 안에서 스토리로 전환될 수 있는 조각들을 발견하는 것이다.

예를 들어 처음 마다가스카르 스토리를 접한 것은 결과의 일부분을 서술한 이메일을 통해서였다. 그 이메일은 휴지통으로 직행했다. "이런 사건은 아무런 소용이 없어. 이런 내용도 없고 저런 내용도 없어. 내게 필요한 요소들이 없어." 처음에는 새롭게 태어날 수 있는 그 스토리를 인식하지 못했다. 그런 식으로 머리글들이 폐기 처분되었다. 결국 내 눈앞에 있던 모든 머리글의 가능성을 휴지통에 넣어버렸던 셈이다. 나는 다시 휴지통 폴더를 열고 마다가스카르 사건을 포함한 모든 이메일에 대해 질문하기 시작했다. "해결책을 구하자 어떤 일들이 일어났습니까?" 그리고 그가 받은 조언이 한 개가 아니라는 사실을 알게 되었다. "오, 좋군. 퇴직자도 있었다니." 내 질문은 계속되었다. "그렇군. 토론토의 교수도 있었어." 마침내 이 머리글들을 어떻게 하나의 스토리 속으로 엮어 넣을 수 있을지 보이기 시작했다. 일단 충분한 재료를 얻고 나면, 그 다음에 스토리를 완성해야 한다. 현재 전달되는 스토리의 모양새는 처음 그 스토리를 구술하기 위해 애쓸 때와 다르지만, 청중에게는 마치 원래 그랬던 것처럼 들린다. 그러나 그런 스토리가 완성되기까지는 숱한 실험을 거쳐왔다. 적절한 스토리를 얻을 수 있는 방법은 오직 실행뿐이다.

우리 모두가 스토리텔러

누가 스프링보드 스토리텔러가 될 수 있을까? 스프링보드 효과를 낼 수 있는 사람은 누구일까? 그러기 위해 특별한 재능이나 환경이 필요할까? 수개월 전 언젠가 나는 한 컨퍼런스에서 프레젠테이션을 마치고 내려와 몇몇 참여자들 뒤에 앉게 되었다. 내가 거기 있다는 사실을 모르는 그중 한 사람이 동료에게 건네는 말이 들려왔다. "사실 흥미롭긴 하지. 하지만 나한테는 소용이 없다고. 나는 생사가 달려 있다 해도 스토리를 꾸밀 재주가 없어. 그러니 이 스토리텔링 도구는 나한테 쓸모가 없지. 나는 스토리텔러가 아니거든."

그에 대한 답변으로 나는 스토리텔러로서의 내 활동을 다소 의외라고 생각하는 아내의 말을 인용하고 싶다. "불가능한 일이야. 자신을 돌아봐, 스티븐. 무뚝뚝하고 조용하고 수줍음도 많잖아. 저녁 식사를 하면서도 말 한마디 하는 법이 없고, 스토리로 나를 즐겁게 해준 적도 없어. 그런데 이제는 전 세계를 돌아다니며 스토리텔링으로 먹고살겠다니, 더욱이 다른 사람들에게 스토리 전달법을 가르치겠다고? 스티븐, 당신이 스토리를 전달할 수 있다면, 못하는 사람이 아무도 없겠네!"

사실 이 말이 바로 핵심이다. 우리는 모두 스토리텔러다. 우리는 삶의 대부분을 의식하든 못하든 스토리를 전달하며 보낸다. 사실 스토리는 배워야 할 대상이 아니다. 그것은 매일매일 일상적으로 우리가 하고 있는 일이다. 사실 두 살배기도 스토리를 전할 수 있다. 제롬 브루너(Jerome Bruner)는 그 나이 또래의 어린아이들이 말을 배우자마자 스토리를 이해하며 자기 나름의 스토리를 전하기 시작하는 과정을 상세히 기록했다. 아이들은 다른 사람을 이해하기 위한 최초의 노력의 일환으로 스토리를 발화하기 시작한다는 것이다. 이 과정이 너무도 수월하고 자연스럽게 행동에 배어나기 때문에 몇몇 과학자들은 스토리텔링이 두뇌에 내재된 능력이라고 믿는다.

그로부터 불과 몇 년 후 학교와 교육 체계의 우격다짐으로 우리는 추상적 언어들을 사용하기 시작한다. 추상적 언어는 아이들에게 자연스럽게 생성되지 않으며, 체계적 학습을 통해 습득되는 언어다. 우리 대부분이 추상적 이론에 숙달되기 위해 갖은 애를 쓰는 것만 봐도, 추상적 언어가 우리 두뇌에 내재된 능력이라고 보기 어렵다. 그런 언어는 학습되어야 하고, 대부분은 그런 언어를 학습한다. 그러나 거기에는 외국어를 배우는 데 필요한 만큼이나 많은 노력이 요구된다. 추상적 개념은 가르침을 통해 습득되고, 그 과정은 대개 느리고 힘들다. 몇몇은 일종의 외국어와도 같은 추상적 언어에 뛰어난 능력을 발휘한다. 그러나 기회가 있을 때마다, 친구들과 휴식을 취하거나 학교 혹은 직장 밖으로 나갈 때마다 우리는 곧바로 내러티브라는 모국어로 돌아간다. 우리는 스토리텔링이라는 모국어를 사용하며 편안해지고, 스토리를 나눌 때 재충전됨을 느낀다. 외국어와 같은 추상 언어를 말할 때 피로감을 느끼는 것과 달리 스토리텔링을 통해 우리는 활력을 얻는다. 그러할진대 모국어로 의사소통하지 않을 이유가 무엇인가?

뛰어난 스토리텔러 되기

이렇듯 모든 사람은 스토리를 전달할 수 있으며, 스토리를 전달하는 방법도 이미 알고 있다. 일상생활에서 늘 하는 일이기 때문이다. 물고기가 수영하는 물을 자각하지 못하듯 우리도 그 사실을 인식하지 못할 뿐이다.

그럼에도 불구하고 막상 청중 앞에서 스토리를 전달할 때는 몸이 얼어붙어 말문이 막히고, 평소 익숙하던 스토리 전달법조차 기억나지 않는 경우가 허다하다. 마치 자전거 타는 법이나 공 던지는 법을 설명해보라는 주문을 받았을 때와 같다. 우리 모두 할 수 있지만 어떻게 하는지 설명하기는 어렵다는 뜻이다. 설명 직후 직접 시범을 보이라는 주문을 받으면 대개 이미 알던 방법도 순간적으로 잊게 된다.

또한 스토리는 플라톤의 《국가론(*Republic*)》 이후 수천 년 동안 경시되어왔기 때문에 우리는 흔히 진지한 목적으로 스토리를 사용해보겠다는 생각조차 별로 해본 적이 없다. 일단 스토리가 어떤 효과를 발휘하고 유용한 목적에 어떻게 이용되는지 이해하고 나면, 우리는 스토리텔러로서의 타고난 재능을 이용하면서 특별한 결과를 얻기 위한 보다 효과적이고 새로운 방법으로 스토리를 조명할 수 있다.

모두가 스토리텔링에 보다 능숙해질 수 있다. 훨씬 더 말이다. 특히 우리가 명시적으로 계획하고 목적하는 효과를 얻기 위해 지적이고 명쾌하게 스토리를 이용하는 데 있어서 그러하다. 인간의 모든 활동 영역을 불문하고 스토리텔링이 어떻게 혹은 왜 그런 효과를 발휘하는지 이해하고, 서로 다른 상황에서 어떤 종류의 스토리가 적격이며 서로 다른 종류의 스토리들은 각각 어떤 효과들을 발휘하는지 배움으로써 우리는 스토리텔링을 훨씬 잘 실천할 수 있다.

그러나 스토리텔링 능력을 향상시키는 가장 중요한 방법은 물론 실행이다. 실행에 실행을 거듭하고, 더 많이 실행해야 한다. 실행하기에 안전한 공간을 찾는 것도 중요하다. 대기업 경영 위원회와 같은 자리에서 처음으로 어떤 스토리를 전하는 상황은 누구도 바라지 않는다. 예기치 못한 결과를 가져올 가능성이 높기 때문이다.

2000년 1월 세계은행 부장급 간부들에게 처음으로 마다가스카르 스토리를 달할 때, 나는 이미 여러 종류의 청중 앞에서 수차례 그 스토리를 전달한 경험이 있었고 그 과정에서 서로 다른 광범위한 청중에게서 내가 의도한 효과를 정확히 얻기 위해 그 스토리를 연마하고 다듬고 완성시켰다. 그래서 나는 고위급 인사들이 모인 위험성 높은 자리에서 스토리텔링을 할 때도 스토리가 본래 지닌 효과를 십분 발휘하리라는 자신감으로 가득 차 있었다. 물론 그 스토리를 잘 알고 있다는 자신감은 화자에게 확신을 심어준다.

그러므로 실행하고, 실행하고, 또 실행하라. 특히 위험성이 낮은 상황을 찾아서 실행하라. 친구나 동료와 함께, 혹은 배우자와 함께 스토리텔링이 편안해질 때까지 실행하라.

일단 기술을 터득하고 나면 스토리텔러로서 긴장을 늦추고 스토리텔링 자체를 즐길 수 있다. 추상적인 자료들을 제시할 때의 긴장감은 사라진다. 적대적인 청중에게 상황분석표를 납득시켜야 할 우려 따위가 없기 때문이다. 스토리는 춤과 같아서 상대를 내 옆으로 초대해 팔짱을 끼고 스토리를 탐색해간다. 마치 스토리텔러와 청중이 함께 오솔길을 산책하며 스토리의 무대와 궤도를 탐색하고 공동으로 창조하는 것과 같다. 그 산책길이 향하는 방향은 화자가 전달하는 스토리가 아니라 청중이 자신에게 구술하는 스토리에 따라 달라질 것이다. 해방과 재충전의 느낌을 주고 진실로 마음을 두드리는 것은 바로 자기 자신의 스토리다.

재무회계만으로 기업을 이끌 수 없다

최초로 스미소니언협회 심포지엄을 조직했던 2001년 4월, 우리는 그 심포지엄의 영향력이 상당히 오래 지속되리라는 사실을 직감했다. 확실히 내게는 그 결과가 오랜 영향을 미치고 있다.

조직 내 스토리텔링의 성장

심포지엄은 나를 조직용 스토리텔링이라는 새로운 세계에 전적으로 뛰어들게 만들었다. 2000년 12월 세계은행을 시작했을 때 나는 지식경영 분야에서 이름을 알리고 있었고, 당연히 스토리텔링보다는 지식경영 분야의 전문가로서 더 많은 관심을 받게 될 것이라고 생각했다. 하지만 놀랍게도 그 후 3년 동안 기업들이 보인 관심은 스토리텔링에 집중되었다. 나는 GE나 맥도날드, IBM 등과 같은 세계적 기업들이 조직용 스토리텔링에 관심을 보이리라고는 예상치 못했다. 이런 현상에는 2001년의 스미소니언 심포지엄도 촉매 역할을 했을 것이다.

그들은 왜 스토리텔링에 관심을 갖는가? 내가 가장 빈번히 도움을 요청받는 분야는 다음과 같다. "나는 어떻게 변할 수 있을까요? 어떻게 하면 변화의 계기를 만들 수 있을까요? 복잡한 새로운 아이디어를 어떻게 전달하나요? 복잡한 새로운 아이디어를 어떻게 사람들이 포용하게 하며, 열광적이고 정력적으로 이행할 수 있게 만들까요? 어떻게 이 조직의 목덜미를 잡아 미래로 내던질 수 있을까요? 그래서 어떻게 하면 모든 사람이 실제로 미래의 일부가 되기를 바라게 만들 수 있을까요?" 내게 접근하는 경영자들은 주로 조직의 최고 책임자 바로 밑에 있는 사람들로, 무엇이 잘못되었고 무엇을 해야 하는지 알지만 조직 통제력을 장악한 인물들과 접촉하기 힘든 환경에 처해 있다. 따라서 이 분야의 가장 큰 관심은 도움을 구한다는 데 목적이 있다.

다른 분야들은 의사소통을 형성하기 위한 스토리텔링과 가치를 전달하는 스토리텔링에 관심이 집중된다. 엔론(Enron)과 다른 기업들의 스캔들 이후로 사람들은 가치관의 중요성을 이해하게 되었다. 회계가 믿을 만하며 시스템은 안전하다고 확신하는 가치관을 조직 내에 어떻게 확산시킬 것인가? 그러나 가장 중요한 분야는 역시 변화 추구에 관한 것이다. 사람들을 어떻게 설득해 변화시킬 것인가? 이 점이 내게 도움을 청하는 주된 이유였다. 그들이 나를 찾는 이유는 모든 수를 다 써봤지만 아무 효과도 보지 못했기 때문이다. 그들은 대개 막다른 길목에 서 있었고, 1996년의 나처럼 절망을 느끼고 있었으며, 무엇이건 기꺼이 시도해볼 자세가 되어 있었다.

조직에서의 스토리텔링 이용 사례

일을 하는 과정에서 나는 스토리를 통해 조직 내의 변화를 이루는 데 성공한 많은 사례를 보아왔다. 그중에는 일류 석유 기업도 있었는데, 당시 기업의 한 책임 연구원은 심해 유전을 건설하는 새로운 방식에 대해 조직을 설득하려고 애쓰는 중이었다. 보통 12~18개월이 소요되던 유전 건설 기간을 4개월로 단축할 수 있는 방법이었다. 그는 심혈을 기울여 이 방법을 개발했고, 사람들에게 공개했을 때 "와, 멋지군요. 그렇게 합시다."라는 반응을 얻으리라 기대했다. 유전 사업과 같은 자본 집중적 프로젝트에서 이 방법은 많은 비용을 절감할 수도 있는 기술이었다. 그는 확실히 그렇게 될 것이라고 확신했다. 그러나 결과는 반대였다. 사람들은 저마다 특정한 경우에 이 방법이 왜 이용될 수 없는지, 혹은 이 방법을 왜 이용해서는 안 되는지 이유를 대고 있었다. 즉 "왜 우리가 해야 합니까?"라거나

“다른 현장에서 시도해본 적이 있습니까?”하는 질문들이 쏟아졌다. 6개월 후, 그는 이 방법을 반드시 관철시키고자 결심했다. 그러나 그는 자신의 계획이 조직 전반에 그 기술을 실현시킬 수 있는 방법인지 확신하지 못했다. 기술 실현을 둘러싼 전방위의 논쟁들이 진행되는 동안 시간과 비용의 절약 효과가 헛되이 사라질 수도 있었다.

그는 직접 조사팀을 꾸려 회사에 신속하게 교훈을 전달할 방법을 연구해보기로 했다. 조사팀은 상부 책임자에게 중간 보고서를 제출해 그들이 직면하고 있는 상황과 선결되어야 할 문제가 무엇인지 설명했다. 그러나 그러한 공식 근거와 차트 및 슬라이드 등을 담은 보고서는 책임자들의 호응을 얻지 못했다. 그들에게는 그 보고서가 그저 또 하나의 변화 제안서일 뿐이었다. 조사팀은 다른 수준에서 책임자들에게 접근해야 함을 깨달았다. 책임자들로 하여금 회사 운영 방식이 달라질 필요가 있다는 사실을 통감하게 만들어야 했다. 그래서 그들은 마지막으로 스토리 형식의 프레젠테이션을 통해 심해 유전 건설 방법에서 새로운 표준 기술을 인정받는 과정의 어려움과, 마침내 어떻게 성공을 거두게 되었는지를 설명하기로 했다. “하지만 상상해보십시오. 단지 상상해보십시오. 183일 걸려 할 수 있는 일을 단 하루 만에 완성했을 때 어떤 결과가 올지 말입니다!”

프레젠테이션을 수행한 연구원을 숨을 죽였다. 경영자에게 회사가 다른 방식으로 운영되어야 한다고 제안하는 것은 위험을 초래할 수도 있었기 때문이다. 그러나 그것은 기우였다. CEO는 잠시 생각에 잠기더니 이렇게 말했다. “내가 젊은 연구원이던 시절이 생각나는군요." 이 말은 곧 젊은 시절 자신들이 이런 문제에 어떻게 대처했는지를 이야기하는 최고 경영팀의 스토리들로 이어졌다. 회의실에 에너지가 일렁였다. "이 방법으로 갑시다. 실현시켜 봅시다." 갑자기 모두가 요점을 파악한 듯 보였다. "이 일이 기회가 될 겁니다. 우리는 변혜야 합니다! 회사 운영 방식도 바뀌어야 합니다!" 그러고는 전체 상황이 그 여세를 타고 착착 진행되었다. 그는 통상적인 방식의 프레젠테이션이 '또 하나의 변화 제안서'에 불과했던 데 비해 스토리 형식 안에 담긴 제안이 갑작스레 책임자들의 개인적 경험과 연결되고 그들 자신의 스토리가 되는 장면을 목격하고 놀라움을 금치 못했다.

영역의 확대와 심화

2001년 이후 발생했던 또 다른 현상은 조직용 스토리텔링의 전체 영역이 확대되고 심화되었다는 점이다. 내게도 그랬고 다른 모든 사람에게도 그랬다. 나는 《기업 혁신을 위한 설득의 방법, 스토리텔링》과 스미소니언 심포지엄에서 가치가 높은 조직용 스토리텔링의 한 종류에 대혀 언급했다. 그러나 그 이후로 비즈니스에서 매우 유용한 스토리텔링을 적어도 여섯 가지 이상 접하게 되었다. 2001년 4월에는 스토리의 목적이 다를 경우 그 목적과 관련된 서로 다른 유형의 내러티브를 갖게 된다는 사실이 분명히 와닿지 않았다. 그리고

2004년에 서로 다른 내러티브 유형을 수집해 그들이 어떤 효과를 발휘하는지, 왜 그런 효과를 발휘하는지, 그리고 그 각각이 어떻게 다른지 연구하는 데 많은 시간과 노력을 투자했다. 이로써 그 유형들의 차이를 이해하면 의도된 효과를 발휘하도록 스토리를 전할 가능성도 극적으로 확대된다는 사실이 보다 명확해졌다.

리더십을 위한 도구로 스토리텔링을 이용하려 할 때 자주 저지르는 실수들이 있다. 바로 서로 다른 목적에 따른 서로 다른 내러티브 유형을 이해하지 못한다는 점이다. 때문에 그들은《하버드비즈니스리뷰》를 읽고 "스토리텔링이란 참 매력적이군." 하는 결론을 내리며 생각한다. "음, 나도 스토리를 이용해봐야겠어." 그러나 어떤 종류의 이야기를 할지, 그 이야기를 전달하는 목적이 무엇인지 생각하지 않았다면, 결국 잘못된 유형의 스토리를 선택할 수도 있는 상당한 위험이 뒤따른다.

예를 들어 사람들의 행동을 촉구하기 위해 부정적인 스토리를 전달할 수도 있다. 지식경영을 도입하려는 사람들을 생각해보자. 그들이 "내가 아는 어떤 회사는 지식경영을 이행하지 않았기 때문에 파산했습니다."라고 이야기한다면 어떨까? 이 말은 흔히 이런 경우에 첫 시도로 이용되는 스토리다. 그러나 기본적으로 이런 스토리가 사람들로 하여금 신속하게 행동을 취해 지식경영을 채택하도록 만들 가능성은 매우 낮다. 스토리의 색조가 부정적이기 때문이다.

사람들을 행동으로 유인하기 위해서는 색조를 반전시켜 긍정적인 스프링보드의 힘을 지닌 스토리로 전환할 필요가 있다. "내가 아는 어떤 회사는 지식경영을 도입해 그 문제를 해결했습니다." 이는 파산한 기업의 스토리가 지식경영에 대한 지식과 이해를 전달하는 데 유용하지 돗하다는 의미가 아니다. 그러나 그런 스토리는 사람들로 하여금 신속한 행동으로 돌입하게 만들 가능성이 별로 없다. 그런 이유로 긍정적 색조의 스토리가 필요한 것이다. 이로써 조직에서의 리더십을 우한 스토리텔링의 중요성을 인식하는 '스토리텔링 1-1단계' 로부터 조직에서 스토리텔링을 이용할 수 있는 서로 다른 목적 및 그 목적에 부합하는 서로 다른 유형의 내러티브를 검토하는 '스토리텔링 1-2단계' 로 나아가게 된다.

스토리텔링 효과의 한계

나는 이런 질문을 자주 받는다. "스토리텔링은 사회 모든 분야에서 효과를 발휘합니까? 문화적 특수함이 존재합니까?" 나는 문화적 차이가 있긴 하지만, 그보다는 유사성이 훨씬 강하다고 생각한다. 나는 이미 스토리텔링에 무감각한 문화를 찾아보고 있다. 그런 문화가 존재할 수도 있겠지만 아직 발견하지는 못했다. 서로 다른 문화는 서로 다른 것에 중점을 두고 있을 뿐이다.

예컨대 한 연구를 통해 알 수 있듯이, 평균적인 남성들은 심상 (image)에 더 크게 반응하고 여성들은 음성(word)에 더 크게 반응한다.[9] 아시아 사람들은 전달받은 내용을 전체적으로 기억하는 반면, 서양인들을 개별적으로 따로따로 관찰하는 경향이 있다는 보고도 있다.[10] 이러한 연구들은 각 문화의 차이를 나타내지만, 그보다 훨씬 중요한 핵심은 모든 문화가 스토리를 중심으로 공전한다는 사실이다. 특정 색조나 주안점이 미묘한 차이를 보이는 문화가 있는가 하면, 특정 유형의 스토리가 월등히 많은 문화도 있다. 그러나 보다 깊이 들여다보면 스토리가 어디에서나 왕성히 활약하고 있다는 사실을 알 수 있다.

디지털 스토리텔링

간혹 다른 질문들을 받기도 하는데, 이메일이나 기타 가상 커뮤니케이션 매체를 통한 스토리텔링의 효과를 묻는 것이다. 정보 공유를 원한다면 전자 미디어는 매우 훌륭한 역할을 해낼 수 있다. 정보는 다른 어디에서와 마찬가지로 웹을 통해서도 쉽게 모을 수 있고, 어쩌면 더 낳은 결과를 얻을 수도 있다. 주가를 알고 싶다면, 날씨 또는 기차 시간표가 궁금하다면 웹을 통해 쉽고 빠르고 정확하게 정보를 얻을 수 있다. 정말 멋진 일이다. 웹은 확실히 생활을 상당한 정도로 단순화시키면서 그러한 정보에 신속하게 접근하는 길을 열어주었다. 그러나 만약 당신이 보다 심화된 종류의 질문으로 들어간다면, 당신이 나와 같은 노력을 하면서 변화 저항 조직에게 변화를 설득하고 있다면, 당신의 말에 관심을 보이지 않는 사람들에게 무언가를 전달하려 하고 있다면, 다른 방법을 생각해보는 것이 좋다. 가상 커뮤니케이션을 통해 그런 종류의 상황을 해결하는 경우는 한 번도 본 적이 없다. 회의적인 사람들을 상대로 이메일을 보내거나 웹사이트를 방문하라고 청해 현저한 변화를 초래할 수 있었던 어떠한 실례도 보지 못했다. 그 이유는 어쨌든 그렇게 되기 어렵기 때문이다. 그 자리에 직접 찾아간다 하더라도 설득이란 어려운 도전이다. 그러나 직접 찾아가지도 않는다면? 설득은 사실상 불가능하다.

우선 대역폭(帶域幅)이 충분치 않다. 스토리텔링의 효과가 무엇이며 그 효과가 어디에서 비롯되는지를 보여주는 몇몇 연구들이 진행되면서, 커뮤니케이션의 약 10퍼센트는 내용에 좌우되고 나머지 약 90퍼센트는 어조와 몸짓 및 마주 보기 등을 통해 전달된다는 사실이 밝혀졌다. 가상 커뮤니케이션에서는 그 90퍼센트의 대부분을 놓치고 10퍼센트만으로 의사를 전달하게 되는데, 이는 사람과 연결되고 의도를 실현할 수 있는 대역폭으로 충분치 않다.

또한 직접적인 스토리텔링이 강력한 교감을 일으키는 반면, 가상 커뮤니케이션은 피동적이기 때문이다. 직접 스토리를 전할 때는 청중의 표정과 몸짓을 통해 그들이 스토리에 반응하는 모든 단서를 얻을 수 있으며, 그 반응을 참작해 스토리를 조절할 수도 있다. 그러나 가상 커뮤니케이션에서는 그러한 종류의 피드백이 부재하고, 따라서 상황도 매우 다르게 진행된다.

웹을 통해 많은 정보를 구할 수 없다는 의미가 아니다. 나도 웹을 무척이나 즐기며, 그 또한 멋진 영역이다. 그러나 예컨대 변화 저항

조직의 목덜미를 잡아 미래를 향해 내던지는 것과 같이 다소 어려운
일을 시도할 경우 나는 매우 간단한 두 어절의 충고를 해주고 싶다.
직접 가라!

5장

새로운 방식으로
세상을 바라보는 방법

– 캐털리나 그로흐

STORY ECONOMY

발견을 위한 진정한 항해는 새로운 땅을 찾는 것이 아니라
새로운 눈을 갖는 데 있다.

– 마르셀 프루스트(Marcel Proust)

01

가능성의 예술, 스토리

앞 장에서 스티븐 데닝은 대규모 조직에서 변화의 매개로 기능하는 스토리텔링의 역할을 소개했다. 5장을 통해 나는 교육 영화를 제작하는 그로흐프로덕션이라는 중소기업 최고경영자로서 경험한 스토리텔링의 기능을 설명하고자 한다. 나의 최근 연작물 '진실한 사람들, 진실한 스토리들' 중 〈가능성의 예술(The Art of Possibility)〉이라는 작품은 오케스트라 지휘자 벤 잰더(Ben Zander)에 관한 기록물이다.

모순된 개념 – 스토리텔링에 관한 교육 영화 시리즈

스티븐 데닝이 보내온 그의 책을 읽으면서 나는 첫 페이지부터 웃음이 나오기 시작했다. 책은 아인슈타인의 말을 인용하며 서두를 열고 있었다

"처음에 모순적이지 않은 아이디어는 희망이 없다."

나는 그 구절이 마음에 들었다. 마침 그 주에 〈진실한 사람들, 진실한 스토리들〉 연작물을 시작하고 있었기 때문이다. 모두는 이 주제가 비디오 연작물로서 매우 생소한 아이디어라고 생각했다. 이 연작물은 35개국어를 사용하는 전 세계 75개 국가로 수출될 예정이었다. 스토리텔링에 대한 애정을 드러내고 있는 이 연작물을 세계 교육 시장에서 어떻게 받아들일지는 확신할 수 없었다.

그러나 이 연작물은 한 배급사가 최근 15년간 취급해온 영화들 중 최초 3개월간의 실적에서 가장 커다란 성공을 거두었다. 사람들은 시사회에 참석하지 않거나 시사회를 요청하지 않고도 비디오가 출시되기 전부터 영화를 사들이고 있었다. 이렇듯 이 영화는 약간 생소함에도 불구하고 강렬한 반응을 얻게 되었다.

영화 제작에서 얻은 교훈들

먼저 우리가 영화를 만들면서 발견한 몇 가지 사항을 들려주고자 한다. 현재 우리는 1년 전과는 매우 다른 방식으로 영화를 제작한다. 몇 가지 최상의 발견들은 다음과 같은 질문을 들을 때 이루어진다. "이것은 이러저러한 이유로 효과가 없습니다." 이처럼 어떤 일이 어떤 이유로 어떤 사람에게 효과를 발휘하지 못할 것이라는 말을 들으면, 다음 질문이 가능하다. "어떤 장벽이 존재하는 걸까?" 우리는 언제나 이해의 장벽을 극복하기 위해 노력하고 있다.

'그래서?'란 무엇인가?

영화에 목적이 있어야 한다는 말은 당연한 소리로 들린다. 그러나 이 목적이야말로 우리가 스스로에게 늘 물어야 하는 대상이다. 영화에 오락적 요소가 많을 때 특히 그러하다. 나는 공동 제작 기술로 영화를 만드는 과정에서 이 사실을 배웠다. 우리는 꽤 오랜 기간 영화를 촬영했고, 흥분되고 멋진 스토리도 많았다. 인터뷰도 잘 진행되었다. 나는 이 영화가 큰 성공을 거두리라 생각했다. 당시 우리는 마이클 쉬라지(Michael Schrage)라는 컨설턴트를 고용해 내용적 측면에서 조언을 받았다. 나는 그에게 시나리오 사본을 보내주면서 생각했다. "이 멋진 영화만 발표하면 우린 앞으로 잘나갈 거야!"

지금도 마이클이 내게 했던 말이 잊히지 않는다. 나는 그와 통화를 했는데, 그는 외부 컨퍼런스에 참가해 곧 강연에 들어가야 할 상황이었다. 그는 늘 바빴다. "캐털리나, 시나리오를 모두 읽었어요. 할 말이 있어요. 하지만 지금 시간이 15분 정도밖에 없네요."

처음 그 말을 들었을 때 나는 잠시 침묵했다. 그와 오랫동안 알지는 못했지만 그는 말을 머뭇거리는 사람이 아니었다. "예, 하지만 사실 15분이나 필요한 말은 아니에요. 1분도 길죠." 나는 웃기 시작했다. 그가 독한 소리를 할 거라 짐작할 수 있었기 때문이다. 그러나 영화를 성공시키기 위해서는 여전히 그의 도움이 필요했다.

"시나리오를 전부 읽었어요. 모든 출연자 각각의 스토리들 모두요. 흐름도 좋고 스토리도 멋져요. 하지만 가장 중요한 질문에 답이 될 만한 요소는 아무것도 없어요. '그래서?' 라는 질문 말이에요." 잠시 침묵이 흐르고 그가 말을 이었다. "괜찮아요? 나는 지금 들어가봐야 해요."

"아, 그러세요!"

나는 그 자리에 주저앉았다. 그가 옳다는 것을 금세 깨달았다. 스토리가 얼마나 멋진지는 중요한 문제가 아니었다. 우리는 공중파로 내보낼 알맹이 없는 다큐멘터리를 만들고 있는 것이 아니었다. 우리의 상대는 매우 까다로운 관객들이었다. 우리는 종종 이런 질문을 받는다. "왜 내가 이 비디오를 구입해서 우리 직원들에게 보여줘야 하지요? 직원들이 여기에서 무엇을 얻을 수 있을까요?" 그들에게는 그 질문에 대한 답이 필요했다. '그래서?' 라는 질문은 우리에게 중대한 발견이었다.

어려운 과정—필수적 장면 추출하기

영화를 제작할 때 가장 어려운 문제 중 하나는 어떤 영상을 남기고 어떤 영상을 편집할까 하는 것이다. 잰더의 스토리를 영상으로 제작하는 과정에서 우리는 끊임없이 연구하고 몇 대의 카메라로 필름 아홉 개를 사용한 후에 몇 시간짜리 분량의 필름을 26분 길이로 편집해야 했다. 필름을 편집하고 있을 때 존 실리 브라운이 방문하겠다며 연락해왔다. 편집자들과 함께 필름을 보면서 내용 편집에 관한 조언과 관객들에게 보다 가치 있는 내용을 만들기 위해 삽입해야 할 내용들을 검토해보자는 것이었다. 처음 영화를 봤을 때 그는 흥분해서 이렇게 말했다. "오, 이렇게 훌륭하게 해내다니!" 그러나 더 많은 필름을 감상해가면서 그의 태도는 바뀌었다. 그가 실망했다는 말이 아니다. 실망했다기보다는 그 분량 때문에 지쳐가고 있었다. "이걸 모두 영화에 집어넣는 겁니까?"

말은 우리가 늘 되돌아가 만나는 질문과도 같았다. 우리는 어떤 영화를 만들려고 하는가? 모든 프로젝트 안에는 하나같이 멋진 스토리들이 들어 있었다. 그러나 요점은 이 영화가 스토리 모음집과는 달라야 한다는 사실이었다. 우리는 신중해야 했다. 이 영화는 단순히 한 훌륭한 음악 선생님의 스토리를 재미있게 감상하는 오락물이 아니었다. 어떤 장면을 선택하고 왜 그 장면을 선택할지는 바로 다음과 같은 질문의 대답에서 나와야 한다. "우리의 청중이 자신의 마음을 연결시킬 요소가 무엇인가? 그들이 왜 이 영화를 보고 싶어하는가?" 그러고는 우리가 선택한 장면들을 모두 모아 더 이상 각각의 단편적이고 개별적인 스토리가 아닌 하나의 완전한 내러티브의 요소들이 되도록 연결해야 한다.

감정에 호소하는 스토리의 결정타

나는 종종 이런 질문을 받는다. "영상 안에서 어떻게 내러티브를 창조해야 하는가?" 우리는 유쾌한 영화를 만들기 위해 노력하지만 단지 웃음이나 즐거움을 느끼는 유쾌함은 아니어야 한다. 영화의 일부는 노래와 농담 등을 삽입해 재미있게 즐길 만한 구성을 만든다. 그러나 영화에는 그 이상, 즉 래리 프루삭이 앞 장에서 감정의 박력이라고 표현했던 요소가 포함되어야 한다. 이는 좋은 스토리에서 가장 중요한 요소이다. 스토리가 영화를 통해 전해지든, 입을 통해 혹은 책을 통해 전해지든 마찬가지다. 그것이 행복한 감정이든 래리가 언급했던 피와 살인에 관한 문화적 스토리에서 오는 격한 감정이든, 슬픈 감정이든 익살스러운 감정이든 중요치 않다. 스토리에는 감정에 호소하는 '결정타'가 있어야 한다. 바라건대 이 영화에 그러한 감정적 결정타가 풍부하기를! 그러한 결정타야 말로 관중을 사로잡는 요소이기 때문이다. 우리는 항상 감정의 변화를 창출하는 데 최대한의 노력을 경주한다.

사람에 따라 다르게 접근해야 한다

영세 규모의 영화제작사 최고경영자인 나는 매일 스토리를 전한다. 사실상 그것이 내가 하는 일의 전부다. 프로듀서 역할을 할 때도, 연출자 역할을 할 때도, 시나리오 작가가 될 때도, 혹은 사람들이 영화에 돈을 쓰도록 만들 때도 나는 늘 스토리를 이용한다.

뮤지션들과 함께 일할 때 나는 특별한 감성을 지닌 음악을 연주하게 만들기 위해서 그들과 한번에 몇 시간씩 대화할 수 있고, 또 대개 그렇게 하고 있다. 이는 당연한 일이다. 예술가로서 그들은 스토리텔러이고, 만약 그들이 훌륭한 뮤지션이라면 음악을 통해 스토리를 전할 것이다. 오랜 시간 그들의 주의를 집중시키는 것은 어려운 일이 아니며, 흔히 있는 일이다. 다른 예술가들과 일하는 과정 역시 간단히 말해 내 일의 한 부분이고, 대개는 그것이 언제나 가장 중요한 일도 아니다. 뮤지션들과 영화 제작자들은 몇 시간씩 스토리를 공유하며 협력해야 할 문제를 토론하지만, 때때로 관중은 대략 30초 정도 스토리를 지켜보다 계속 볼지 말지를 결정한다.

다른 한편으로 내게는 자발적인 관중도 있다는 사실을 알고 있다. 우리는 점심 식사를 끝낸 직후 한 시간 반 동안 만남을 가지면서 느긋하게 대화를 나눌 수도 있다. 그 또한 하나의 스토리텔링이다.

이러한 스토리텔링은 영화 투자에 관심을 불러일으키는 1분여의 대화에서 스토리를 전달하는 것과 사뭇 다르다. 내게는 주로 이런 스토리가 가장 중요한데, 돈이 없으면 영화를 만들 수 없기 때문이다. 배급업체와 나누는 짧은 대화와 스토리는 그 핵심이다. 예를 들어 얼마 전 다른 영화를 제작하고 있을 때 한 대기업 케이블 회사 사장에게 전화를 건 적이 있다. 그는 정확히 내가 필요로 하던 그런 사람이었다. 그는 전파를 통해 영화를 내보내 방대한 규모의 청중에게 영화를 보여줄 수 능력이 있었다. 어떤 측면에서 그는 내게 가장 중요한 사람일 수도 있었다. 우리는 분명히 영화와 청중이 만날 수 있기를 바라고 있었기 때문이다.

그래서 이 케이블 회사 사장에게 전화를 걸었는데, 사실 당시에는 아직 영화 제작을 완성한 단계가 아니었으므로 그와 통화 일정을 잡을 수 있었다는 사실 자체가 놀라웠다. 그가 직접 내 전화를 받아 약간 더 놀라긴 했지만, 나는 완벽하게 준비되어 있다고 생각했다. 메모도 충실히 해두었고, 물론 그에게 어떤 말을 할지 미리 계획도 짜놓았다. 그러나 서로 간략한 소개를 마치고 불과 15초 남짓 지났을 때 그가 내 말을 자르며 말했다. "확실히 당신에게 좋은 스토리가 있을 것 같군요."

나는 웃었다. "예, 그렇습니다."

"좋아요, 들어봅시다."

내가 심호흡을 하며 준비했던 길고 긴 스토리들을 막 시작하려 할 때 그가 다시 내 말을 막아섰다. "두 문장으로 해주세요."

나는 한동안 말문이 막혔다. 그러나 가까스로 입을 열어 물었다. "두 문장이라고요?"

그의 대답은 명쾌했다. "두 문장으로 스토리를 전할 수 없다면, TV 편성표단을 보고 무엇을 볼지 선택하는 시청자들에게 다른 모든 프로그램 중 이 영화를 선택하라고 어떻게 호소하겠습니까?"

나는 침묵했지만 약간 당황스러웠다. 하지만 이상하게도 그토록 뜬금없는 태도로 전해오는 그의 놀라운 제안에 전혀 화가 나지 않았다. 사실 이런 생각이 들었다. "당연하지! 그런 생각을 못하다니, 나도 참 어리석군." 심장이 요동치기 시작했고, 매력적인 두 문장을 찾아내기 위해 머릿속은 재빨리 움직이고 있었다. 그러는 사이 준비해둔 스토리들을 전달할 만큼의 시간이 흘렀다. 몇 분이 지나고 나는 다시 심호흡을 하며 마침내 입을 열었다. "글쎄요……."

다시 그가 내 말을 잘랐지만 이번에는 약간 빈정거리는 듯했다. "'글쎄요'가 설마 첫 번째 문장의 첫 단어는 아니겠죠?"

그 말을 듣고 나는 웃기 시작했다. 지금 상황에서 인상적인 말을 남기지 못할 것은 뻔했다. 게다가 나는 분명히 말문이 막힌 상태였으므로 솔직하게 인정하기로 했다. "스토리를 두 문장만으로 표현하라는 요청은 정말 멋진 주문입니다. 거기에 대해 전혀 생각해보지 못했습니다." 당황하거나 흥분하지 않은 나의 태도가 그의 마음에 든 것 같았다. 내 웃음은 모든 것을 바꿔놓았다.

그 역시 웃으며 말했다. "캐털리나, 나는 심술궂은 사람이 아닙니다. 그저 당신이 시청자들에게 두 문장으로 스토리를 설명할 수 있는지 처음에 내가 알아야 하기 때문이에요. 시청자들이 TV 가이드에서 접할 수 있는 정보는 그 두 문장뿐이니까요. 만약 두 문장으로 스토리를 전달할 수 없다면 아직 나와 애기할 단계가 아닌 것 같군요."

그는 계속 말을 이어나갔다. "당신이 좋은 스토리를 갖고 있을 거라 믿습니다. 당신에게 좋은 스토리가 있다는 사실을 믿어요. 하지만 내일 정오에 다시 전화를 주시겠습니까? 그때 그 두 문장을 들려주세요. 그러시겠습니까?"

나는 좋다고 말하고 전화를 끊었다.

재앙이 될 수도 있었던 일이 정반대의 결과를 낳았다. 다행스럽게도 스토리텔링 시도에서 실패한 데 당황하지 않고 웃을 수 있었다. 그리하여 상대 역시 따라 웃었다. 나는 1분도 안 되는 전화 통화에서 충격과 츠라함을 느꼈다. 그러나 의욕도 솟았다. 운 좋게도 내게 또 다른 기회가 찾아왔음을 깨달았다. 그보다 중요한 것은 지금 막 스토리텔링에 관한 매우 중요한 사실을 배웠다는 깨달음이었다.

물론 다음날 전화 통화에서 나는 준비가 철저했고 계획으로 무장되어 있었다. 내가 그에게 말해준 두 문장은 무엇이었을까? 그는 수화기 너머에서 이렇게 말했다. "캐털리나, 오늘은 확실히 근사한 두 문장을 준비한 것 같군요."

여기에서 내가 한 대답이 핵심이었다. "사실 제가 준비한 것은 단 한 문장이에요." 그가 웃기 시작했다. 우리 둘 다 웃었고, 그가 천천히 말했다. "아주 좋습니다." 마침내 나는 내 영화를 소개하는 한 문장을 들려주었다. "타지인의 의미로 바라보는 바로 그 미국의 스토리"

매우 적절한 선택이었다. 그 후로 우리는 한 시간여 동안 계속 통화를 했으니까 말이다. 그러나 그리 간단하지는 않았다. 스토리텔링의 전개는 무척 더뎠다. 나는 한 문장의 영화 소개 글을 들려주고 기다렸다. 침묵이 이어졌다. 나도 침묵을 깨지 않았다. 잠시의 침묵이 흐른 후 그가 말했다. "훌륭해요. 좋아요, 한 가지만 더 말해주세요."

나는 또 다른 한 문장 소개글을 들려주고는 다시 기다렸다. 다시 몇 분간의 이상한, 그러나 흥미로운 침묵이 흐르고 우리는 마침내 '정상적인' 논의로 돌아갔다. 우리는 활기차게 웃으며 의욕적인 대화를 나눴다.

사실 그날 케이블 회사 사장은 내게 사과를 건넸다. "어제는 성급하게 굴어서 미안합니다. 나를 세상 물정 모르는 머저리라고 생각하지 않기를 바랍니다."

"그럴 리가요." 나는 단순히 내 스토리들을 매력적이고 흥미롭다고 생각한다는 이유로 그가 그토록 많은 시간을 내줄 것이라고는 기대하지 않았었다.

둘째 날, 내가 그의 요구대로 두 문장이 아닌 한 문장을 들고 전화했을 때 나는 그의 언어로 말하고 있었다. 나는 스토리를 듣고 싶어하는 그의 방식을 존중했다. 말을 잘리는 것에 화를 내는 대신 그가 조금 다를 뿐이라는 사실을 인정했다. 그리고 함께 나눈 웃음은 실제로 1분도 안 되는 사이에 우리 둘 사이에 유대감을 형성해주었다. 나는 그가 내 스토리를 듣고 싶어하며 '자신의 방식'으로 듣고 싶어한다는 사실을 깨달았다. 사실상 그는 내 이야기를 차근차근 듣고 싶어했다. 그랬다. 처음에는 그것이 이상하게 느껴졌다. 하지만 그래서 어떻다는 것인가? 그것이 그의 방식이었다. 그리고 그 방식도 괜찮았다. 결국 그와의 대화는 매우 흥미로웠다. 그에게 나의 스토리에 대한 완전한 통제권과 힘을 내주어야 한다는 사실을 그 자리에서 깨달았기 때문이다. 그러나 결국 내 스토리가 그의 내면에서 나와 공유할 수 있는 어떤 감정을 만들어냈을 때 그는 내게 그 통제권을 돌려주었다.

처음에는 그가 무엇에 신경을 쓰고 있는지 찾아내야 했다. 그가 주의를 기울이는 부분은 "이 비디오를 볼 사람들을 위해 어떤 광고를 만들어야 하는가?"였다. 그것이 그의 우선순위였다. 내가 그 실마리를 제공하자 대화가 진전될 수 있었다.

그가 대화를 이끌고 나의 스토리를 가져갔다 하더라도 대화는 좋은 방향으로 진전될 수 있었다. 이 경험은 내게 좋은 발견이었다. 나는 대화를 시작하기 위해 그에게 한 문장을 들려주고, 그가 질문을 할 때까지 기다렸다가 다시 한 문장을 더 들려주었다. 이 강력한 경영자에게는 자신이 원하는 것을 듣는 방법에 대한 통제가 일을 진행시키는 과정의 일부였다. 그것은 상관없었다. 나와는 다른 방식이었지만 괜찮았다. 그 이후 진행된 일들이 또 하나의 중요한 발견이 되었기 때문이다.

대화를 나누면서 그는 영화에 대해 더 많이 질문했고, 나중에 그가 스토리와 영화를 확인하는 데는 많은 개인적 이유가 있었음을 알게 되었다. 우리는 장시간 대화를 나누었지만, 그렇다고 해서 내 영화의 스토리가 그가 접한 가장 놀라운 스토리였기 때문은 아니었다. 긴 대화가 가능했던 이유는 '내' 스토리에 한정하지 않고 '그'의 스토리를 함께 토론할 수 있었기 때문이다. 그렇게 우리는 한 시간 남짓 통화하게 되었던 것이다. 사실 이 바쁜 경영자는 통화를 중단해야 할 때조차 아쉬워하는 것처럼 보였다. 왜 그랬을까? 미완성의 내 영화가 최그의 작품이었기 때문이 아니라, 그가 개인적인 스토리를 공유하면서 가졌던 경험이 종료되기를 바라지 않았기 때문이다. 매우 단순한 이유였던 것이다.

그가 내게 러프컷*이 준비되면 바로 보내달라고 요청한 이유도 거기에 있었다. 그는 자신의 개인적 경험과 개인적 스토리에 기초한 대화에 마음이 끌리기 시작했다. 그 대화는 나의 스토리를 계기로 시작되었지만 결국 그의 스토리에 관한 것이 되었다.

청중의 스토리를 발견하는 것, 우리는 이런 영화를 제작하면서 늘 거기에 도달하기 위해 노력한다. 나는 비즈니스에서 스토리텔러가 될 수 있는 능력이 영화 제작이나 영화 음악을 다루는 것보다 중요하지는 않더라도 그에 버금가게 중요하다는 사실을 깨달았다. 이 경영자는 내게 두 문장을 요구했고, 나는 그에게 한 문장을 주었다. 나는 그가 게임에서 승기를 잡을 수 있게 해주었고, 그러지 말아야 할 이유도 없었다. 그의 언어로 말했고, 그의 스토리텔링 규칙을 존중했으며, 그 후의 대화에서도 그런 방식을 채택했다. 그는 나름의 커뮤니케이션 방식과 자신만의 언어를 갖고 있었다. 나는 그의 말을 들어야만 했지만 불쾌해하지 않고 곧 적응했다. 그리고 그 과정은 진실해야 했다. 그는 가식을 금세 알아차릴 만큼 영리했다. 그의 말을 진심으로 경청하고 그가 진실로 내 스토리를 가져갈 필요가 있음을 깨달음으로써 활기 넘치고 생산적으로 경험을 공유하는 결과를 만들어냈다. 이 일은 결코 잊지 못할 것이다. 그리고 가장 가치 있는

---

* 러프컷(rough cut) : 아직 편집되지 않은 영화 필름.

발견이자 가장 중요한 발견은 모든 사람에게 스토리를 듣는 나름의 방식이 있다는 점이었다. 어떤 경험에 마음이 끌리는 과정은 서로 다르며 그중 어떤 것이 틀린 방식이라고는 말할 수 없다.

따라서 우리는 스토리를 전했을 때 관중이 무엇에 반응하는지 직관적으로 느끼고 듣는 데 노력을 집중했다. 우리의 목표 역시 그와 동일했기 때문이다. 즉 우리의 스토리가 그들에게 하나의 경험을 창출하고 그리하여 우리가 관중의 스토리가 무엇인지 발견하는 것이었다. 관중이 영화를 보는 관객이든, 함께 그 영화를 만든 제작자든, 그 영화를 세상에 공개해줄 경영자이든 말이다.

다양한 사람들을 위해 서로 다른 사람이 들려주는 스토리

한편의 성공적인 영상을 제작하기 위해 여러 사람들이 함께 작업한다. 프로듀서인 나는 하나의 구상을 가지고 일에 착수한다. 그러나 영화 제작에는 많은 사람이 관계되어 있다. 포커스그룹도 포함되는데, 그들은 30~40명으로 구성되어 우리가 영화를 만드는 각각의 단계에서 그 결과물을 관찰하는 역할을 한다.

영화를 보여줄 때 그 반응들을 듣는 일은 무척 즐겁다. 반응들이 매우 제각각이기 때문이다. 나는 사람들이 영화에서 무엇을 얻고 영화를 통해 어떤 생각을 하게 되었는지 배우는 것이 즐겁다. 사실 우리는 부정적으로 보이는 반응들을 통해 대부분의 교훈을 얻는다. 예컨대 "이런 일은 실제 직장에서 별로 일어날 것 같지 않아요."라거나 "이건 잘못됐어요! 우리는 뮤지션이 아니에요! 지휘자인 벤 잰더가 일하는 환경은 우리가 일하는 환경과 달라요!" 같은 반응들 말이다. 우리는 이러한 반응들에서 정말 많은 교훈을 얻는다. 이러한 반응은 우리가 대상으로 삼아야 할 관객이 정말 다양하다는 사실을 깨닫게 해주기 때문이다.

스토리텔링은 상호작용이다

스토리텔링을 어떻게 배울까? 앞장에서 스티븐 데닝이 말했듯이 그것은 실행의 문제다. 첫 시도에서, 혹은 수십 번을 시도한 후에도 스토리를 적절히 전달할 수 없었다면, 당연히 뭔가 다른 방식을 찾아 계속 시도해보아야 한다.

스토리를 어디에서 시작해야 할지 아는 것이 중요하다. 나는 스토리가 대개 시간적 순서에 따라 배열하듯 시작해서는 안 된다는 사실을 깨달았다. 스토리는 청중의 관심사와 연관될 수 있도록 전달되어야 한다. 청중의 관심이 어디에 있는지 어떻게 알 수 있을까? 그것은 직관적인 문제이고, 또한 그것이 실행이다. 여기에는 노력이 필요하다. 그러한 노력을 통해 사람들의 관심을 거의 불러일으키기 힘든 수준으로부터 진정으로 그들의 마음을 끌어당길 수 있는 능력으로 발전해가기 때문이다. 그러한 능력에 도달하기 위해 우리는 최대한 빠르게 교감을 익힐 수 있도록 스토리를 전달한다.

앞 장에서 래리 프루삭이 언급했듯이, 이는 상대의 머리를 열어 지식을 쏟아 붓는 몬티 파이튼식 접근법과는 다르다. 우리는 청중이 반응을 보이며 돌아올 수 있도록 기다린다. 청중이 더 빨리 반응할 수록, 함께 영화를 관람하는 수백 명의 관객이든 강연을 듣는 한 개인이든 청중이 더 빨리 스토리를 경험하고 진정으로 자신의 스토리로 여기게 될수록 더 좋은 스토리라 할 수 있다. 그것이 바로 목표다. 청중이 스토리를 그들 자신의 것으로 경험하게 만드는 것 말이다.

모두에게 스토리는 있다

처음 그런 깨달음이 생긴 것은 〈데비의 길(Debbie's Way)〉라는 다큐멘터리를 제작하고 있을 때였다. 이 영화를 준비할 때 사람들은 내게 20개의 녹화 테이프를 갖다주었는데, 마음에 드는 것은 단 두 개뿐이었다. 이들 두 테이프의 내용은 모두 사실에 근거해서 제작된 것으로, 실제의 스토리였다. 당시에는 미처 인식하지 못했지만 내가 그 프로그램들을 좋아했던 이유도 거기에 있었다.

영화 제작을 위한 첫 번째 인터뷰에서 우리는 모든 사람에게 스토리가 있다는 사실을 알게 되었다. 최고의 스토리는 기업의 최고경영자에게서 나오는 것이 아니었다. 그러한 스토리는 아무도 뛰어난 스토리텔러라고 여기지 않았던 무명인에게서 나왔다. 그 여성은 무척이나 자연스러운 스토리텔러였고, 결국 우리는 영화의 초점을 그녀에게 맞추었다. 이렇게 우리는 많은 이야기를 하지 않는 사람에게 가장 흥미로운 스토리가 있을 수 있다는 사실을 깨달았다. 이런 발견이 우리의 인터뷰와 조사에 길잡이가 되었고, 그러면서 우리가 영화를 제작하는 방식도 달라졌다. 처음에 어떤 윤곽을 그리고 제작에 들어가든 영화는 만드는 과정에서 바뀔 수 있다. 우리는 그러한 변화의 불가피성, 우리의 작업 전체가 물거품이 될 수 있다는 사실들을 편안하게 수용하는 법을 배웠다. 지금까지 이룬 것들을 내다 버리고 앞으로 전진할 용기가 필요한 것이다.

말재주가 없는 사람도 스토리텔러가 될 수 있다

스토리텔링에 관한 가장 매력적인 깨달음은 누구나 스토리텔링을 할 수 있다는 점이다. 모든 사람에게 스토리가 있음을 깨달은 나는 공유된 스토리가 사람들 사이로 옮겨 다니는 과정들을 지켜보면서 그런 현상이 얼마나 강력한지 더욱 더 확신하게 되었다.

나 역시 스토리텔러가 되리라는 기대는 받지 못했던 사람이다. 15년 전에 나를 만났던 사람들은 내가 너무 조용하고 숫기 없다고 생각했을 것이다. 우리 가족은 집에서 헝가리어만 사용했기 때문에 나는 학교에 입학하기 전까지 영어로 말해본 적조차 없었다. 나는 미국에서 태어났지만 입학 후 2년 동안은 영어를 알아들을 수 없었다. 나는 그저 귀를 열고 가만히 앉아 있을 뿐 아이들이 무슨 얘기를 하는지도 몰랐다. 집에 가면 다시 헝가리어를 사용했다. 집에서는 아무도 영어를 사용하지 않았으므로 내가 말을 배우기까지는 긴 시간이 걸렸다. 강한 헝가리 억양 때문에 학교에서는 의사소통이 매우 어려웠다. 때문에 나는 무척 조용한 아이였다. 할 말이 있지만 아무 말도 하지 못할 것 같은 기분은 몇 년 동안이나 지속되었다. 그러다가 한 선생님을 만나면서 도움을 받게 되었다. 그 선생님은 나의 태도가 바뀌도록 도와주고 내가 말을 할 수 있도록 배려해주었다. "캐털리나에게 할 말이 있는 것 같구나." 그리고 이제 나는 다른 사람들이 자신의 스토리를 말하도록 돕고 있다.

스토리를 통해 배운다

새로운 깨달음은 1995년에 찾아왔다. 이 깨달음은 또 다른 뜻밖의 발견이었다. 당시 제작하고 있던 교육 영화에는 교육적 효과를 전달하기 위한 네다섯 가지의 주안점이 있었고, 우리는 그 중점적 내용에 정확한 표현을 사용하기 위해서 전념했다. 그런데 표현은 거의 중요한 문제가 아니라는 점이 우연처럼 발견되었다. 1~2주가 지난 후 사람들이 기억했던 유일한 포인트들은 스토리를 덧입힌 장면들이었다. 대단한 스토리를 보여주면 그 장면을 기억했고, 스토리가 없는 부분은 기억에 남지 않았다. 몇 주 후 영화를 본 사람들을 다시 만났을 때 그들은 우리가 방점을 찍었던 부분을 전혀 기억하지 못했다. 대신 스토리가 삽입된 장면은 거의 정확히 말로 묘사되었다. 스토리를 따라가다 보면 무엇을 배워야 하는지 알게 된다. 그것은 중요한 발견이었다.

스토리 전달을 통해 스토리 이끌어내기

또 하나의 깨달음은 어떻게 사람들에게 스토리를 이끌어내는가의 문제였다. 최고의 스토리는 질문을 한다고 해서 나오지 않는다. 사람들은 거의 무의식적으로 질문한 쪽에서 듣고 싶어할 것이라고 생각하는 대답을 하기 때문이다. 오히려 우리가 먼저 우리의 스토리를 전하면 상대도 그들 개인의 스토리를 들려준다. 이런 과정은 더 이상 질문과 대답의 문제가 아니다. 말을 주고받고 스토리를 교류하는 것이다. 이런 형식을 취하면 상대방이 듣고 싶어한다고 생각하는 말이 아니라, 그들 자신이 진정으로 생각하고 느끼는 바를 담아 스토리를 들려준다.

이런 과정을 통해 영화는 사실 기반의 17분짜리 작품으로 완성되었고 영화 시장에서 유례없는 독창적 작품으로 탄생해 성공을 거두었다. 주인공 여성의 스토리텔링이 지닌 힘 덕분에 영화는 여러 곳에서 리뷰되었고, 홍보 또한 풍부하게 이루어졌다. 그러나 이 영화에서 여전히 스토리텔링은 포착하기 어려운 배경으로 다뤄지고 있다. 벤 잰더를 다룬 〈가능성의 예술〉과 같은 현재의 영화는 명확히 스토리텔링에 관한 연작물로 제작되고 있다.

스토리텔링은 바쁜 사람도 잡아 세운다

우리가 협력 기술에 대한 영화 연작물을 시작할 때였다. 어느 날 30~40명의 일원이 함께 모여 회의를 할 일이 있었다. 그들은 모두 매우 바쁜 사람들로, 점심 시간 후 30분짜리 영화를 검토하기 위해 1시간씩 시간을 내서 찾아왔다. 나는 그들에게 영화 감상 후 45분 동안 토론을 하자고 제안했다. 처음에는 모두 갈 데가 있다거나 회의에 참석해야 한다고 말했고, 몇몇은 점심 시간 동안에조차 오래 머물지 못할 것이라고 답했다. 영화를 본 후 바로 자리를 떠야 하며 나중에 이메일로 의견을 보내주겠다고 말하는 사람도 많았다. 분명히 그 자리에 남을 수 있다고 말한 사람은 아무도 없었다. 그들은 단지 내게 호의를 보이기 위해 참석했을 뿐이었다. 그것이 그들이 온 이유였다. 우리는 영화 관람 후 진행된 토론을 녹화했다. 결국 토론은 4시간 반 동안 지속되었고, 자리를 뜬 사람은 없었다. 남달리 바쁜 그들 모두가 토론 자리에 남았던 것이다. "죄송합니다. 이제 토론을 정리해야 할 것 같습니다."라고 말한 사람은 결국 나였다.

마침내 도두가 떠난 후 나는 이 영화의 주제에 대해 일치된 의견을 보이는 사람이 한 명도 없다는 사실을 알게 되었다. 각자가 서로 다른 생각을 하고 있었다. 토론은 꼬리에 꼬리를 물고 진행되었다. 토론 내용을 보면 영화가 주제를 제대로 전달하지 못하고 있기 때문에 지금까지의 작업 결과는 모두 내버려야만 할 것 같았다.

토론 녹화 테이프에는 참석자들이 논쟁하며 거의 싸우다시피 하는 모습이 크였다. 그들이 이토록 열심이었던 이유는 각자 자기 자신의 스토리를 전달하고 있었기 때문이다. 매우 바쁘고 잠시 짬을 낼 틈도 없으며 단순히 수동적인 영화 관람자에 불과했던 그들이 개인적으로 마음이 끌리는 일에 대해서는 시간을 오래 낼 수도 있다는 사실을 갑작스럽게 깨달은 듯했다. 일단 자신들의 경험을 공유하고 자신의 스토리를 전달할 수 있게 되자 그들은 시간을 만들 수 있었던 것이다.

자기 자신의 스토리를 통해 배운다

스태프 몇 명은 매우 당황했다. "맙소사, 이게 무슨 일이야? 통제가 안 되잖아."

하지만 나는 웃으면서 생각했다. "정말 멋져!" 비록 모든 것을 뒤엎어야 할 상황이었지만 말이다. 나는 관객들이 관심을 갖는 모습을 볼 수 있었다. 그들은 영화 소재들을 자신과 연관시킬 수 있었다. 모두에게 해야 할 말이 생겨났다. 그들이 동의했건 아니건 그것은 중요한 문제가 아니었다. 그들이 논쟁을 펼칠 때 다양한 학습이 일어났다. 그들은 모두 집에 돌아가 그 문제에 대해 생각할 것이다.

그리고 정말로 그랬다. 그들은 내게 연락을 해왔다. 전화를 걸어 질문했다. "다음 테이프는 언제 보게 됩니까?" 그들은 스토리 속으로 매우 깊숙이 들어와 있었다. 그들이 동의하지 않는 것은 중요한 문제가 아니었다. 그보다 중요한 것은 그들이 자신들의 스토리에 대해 생각하고 말하고 토론하며 공유한다는 사실이었다. 통제를 포기하고 얻은 좋은 결과였다.

1인칭 시점으로 스토리 전달하기 – 진솔해지는 것

나는 지금 새로운 인물 다큐멘터리 영화를 만들고 있다. 이 영화를 처음 시작할 때 스토리는 본래 헝가리에 수감되었던 내 부모님에 관한 것이었다. 부다페스트 바로 외곽에서 KGB 감옥을 조망할 예정이었다. 수년 전 그곳을 탈출해 미국까지 오게 된 여정을 담을 생각이었다. 영화에는 액션 요소가 많았으며, 감옥도 비추고 추격 장면도 넣었다. 이러한 액션 장면이 풍부한 영화였다.

그러나 현재 영화는 매우 다른 모양새를 갖추기 시작했다. 영화는 이제 집으로 돌아가는 여정을 담고 있다. 최근까지 우리는 이 영화를 '온전한 존엄(Simple Dignity)'이라고 불렀다. 〈온전한 존엄 : 타지인의 의미로 바라보는 바로 그 미국의 스토리〉가 영화의 제목이다.

이 영화에서 얻은 가장 중요한 교훈은 영화에 대해 말하는 방식의 문제였다. 처음 영화를 제작할 때 나는 3인칭 시점에서 시나리오를 완성했다. 이 영화는 후일 나의 부모님이 된 두 사람에 관한 내용이었지만, 나는 그들이 내 부모님이라는 사실을 말하지 않았다. 이 영화는 체포되어 감옥에 수감된 한 젊은 부부에 관한 내용으로, 그들이 왜 구속되었으며 어떻게 탈출했는지, 그리고 어떻게 미국에 이르게 되었는지에 관한 작품이었다. 우리는 아무도 카메라에 담아본 적이 없던 다섯 개의 교도소를 촬영했다. 그들이 미국에 이르기까지 거쳤던 세 나라의 탈출 여정을 추적했다. 결국 그들이 미국에 도착하기까지는 12년의 세월이 걸렸다. 내가 이 시나리오를 3인칭 시점으로 작성했던 이유는 가족영화로 보이지 않기를 바랐기 때문이다. 이 영화가 진지하게 받아들여지기를 원했기 때문에 3인칭 시점을 유지했던 것이다.

그런 방식으로 영화를 만드는 작업은 매우 고역이었다. 그러나 지금은 일이 매우 쉬워졌다. 결국 영화의 시점을 1인칭으로 바꾸었기 때문이다. 한 배급업체와 영화에 대한 대화를 나누다가 그래야 할 필요성을 깨달았다. 배급업체에서는 영화에 어느 정도 관심을 보였지만, 전적으로 흥미롭게 받아들이지는 않았다. 그러나 영화가 내

부모님에 관한 내용임을 알게 되자 그들의 태도가 갑자기 바뀌었다. "왜 그렇게 말하지 않았어요?" 그들은 내가 자연스러운 방식으로 혹은 진솔한 방식으로 스토리를 전달하지 않고 있다고 생각했다. 나는 내가 옳다고 생각하는 방식으로 이야기를 전개했다. 이 프로젝트를 시작할 당시 나는 스토리를 진솔하게 전달하는 스토리텔러로서 부족한 상태였다. 영화가 진지하게 받아들여지기를 바라는 마음에 내가 옳다고 생각하는 방식으로 영화를 만들었던 것이다. 스토리 안에서 내 자신이 스토리텔러로 역할을 하지 않아도 스토리 자체가 충분히 흥미롭고, 따라서 진지한 영화 스토리가 될 것이라고 생각했다. 그러나 내 말을 들은 사람들이 보인 반응의 차이와 영화 속 부부가 내 부모님이라는 사실에 훨씬 강하게 돌아오는 반응들을 보면서 또 한 가지를 깨닫게 되었다. 내가 말한 '올바른 방법'은 청중의 마음을 끌지 못했다. 사람들은 그 말을 듣고 영화가 흥미롭다고 생각했지만, 그것이 사람들의 마음을 끌어당기지는 못했다. 또한 개인적인 방식으로 사람들 자신의 스토리를 끌어내지도 못했다. 그러나 내가 1인칭 시점에서 스토리를 전달하자 비로소 자신의 스토리를 끌어내기 시작했다. 자신이 말하는 스토리를 탐험할 때 스스로를 믿는 것은 스스로 진정하다고, 스스로를 진솔하다고 믿는 문제다. 내 자신이 진정성을 표할 때, 그리고 스스로의 스토리에 감동할 때 청중 역시 그들 나름의 진솔한 방식으로 그것을 즉각적으로 느끼며 반응한다.

부족할수록 좋은 스토리텔링도 있다

스토리 속에 상세한 부연을 삼갈수록 듣는 사람들이 더 신속하게 그들 자신의 스토리를 들려준다는 사실 역시 알 수 있었다. 예컨대 예고편을 만들어야 할 경우가 그렇다. 어느 날 소니와 HBO 등의 경영자들과 만나면서 갑자기 예고편을 보여주어야 할 일이 생겼다. 예고편을 편집할 수 있는 시간은 단 이틀뿐이었다. 때문에 급하게 만들어진 예고편은 완성도가 매우 떨어졌다. 어떤 방면에는 필름 번호가 그대로 노출되었고, 말 그대로 마무리도 덜 되어 보였다. 게다가 영화의 세부 내용 대부분은 누락되었다.

처음 그 예고편을 보여주었을 때 사무실 안에는 나 외에 소니의 간부들 여섯 명이 함께 있었는데, 그들은 〈플레이어(The Player)〉와 같은 영화를 하루 종일 감상하는 사람들이었다. 영화에 관해서라면 모든 면을 꿰뚫는, 한마디로 정통한 사람들이었다. 우리는 탁자에 둘러 앉아 예고편 테이프를 감상했다. 예고편을 보고 난 후에는 약간 걱정스러웠는데, 너무 서툴고 완성도도 떨어졌기 때문이었다. 필름이 다 돌아간 후 긴 침묵이 흘렀다. 별로 희망이 없어 보였다. 아무도 자리에서 일어서지 않았다. 그리고 아무도 입을 열지 않았다. 침묵만이 흐르고 있었다. 그 상황을 어떻게 받아들여야 할 지 알 수 없었다. 마침내 한 사람이 의자에 앉은 채로 한 바퀴를 휙 돌더니 말을 꺼냈다. "음, 우리 삼촌도 저런 식으로 유고슬라비아를 떠났지요." 그러고는 모두들 각자의 스토리를 꺼내기 시작하더니 그렇게 45분이 흘렀다. 나는 한 마디도 하지 않았고, 그저 듣고 있었다. 간부들은 상당한 감정을 드러내며 오랜 시간 생각조차 하지 않았던 일들에 대해 말하기 시작했다. 이들은 높은 자리에 있는 TV 채널의 중역들이었고, 하루 종일 스토리에 대해 듣는 것이 일이었다. 그러나 이 영화는 그들 자신의 스토리, 거의 잊고 지내던 스토리를 말하게 만들었다. 이는 내게 커다란 배움을 준 경험이었다. 회의를 마치고 나오면서 나는 사무실을 나서자마자 편집자에게 전화를 걸었다. 나는 무척 흥분했고 방금 전의 대화로 매우 들떠 있었다. "바로 이거야! 영화란 이런 거라고! 우리 스토리를 전하는 것이 아니라 사람들의 스토리를 듣는 거야." 이 회의 이후 모든 것이 바뀌었다.

서툰 예고편 덕분에 인해 결국 기대치 못한 상승 효과를 얻게 되었다. 그런 상승 효과는 부분적으로 조잡하고 완성되지 않은 불완전한 예고편에서 비롯된 것이다. 예고편에는 결말이 들어 있지 않았다. 편집이 세련되지 않았다는 사실, 너무 상세하지도 않고 완결도 되지 않았다는 사실이 강점이 되어 앞장에서 스티븐 데닝이 말한 미니멀리즘 양식의 스토리텔링을 확인시켜주었다.

당시 예고편에는 결말이 빠져 있었다. 이제 우리는 인물 영화를 만들면서 더 이상 처음 계획했던 대로 전통적인 결말을 내리지 않는다. 90분짜리 필름에서 전통적인 결말 없이 편집하는 것은 매우 드문 일이다. 그리고 그것이 바로 우리가 하고 있는 일이다. 우리는 조금 다른 실험을 하고 있다. 영화는 여전히 감정의 전환과 음악, 그리고 농담 들로 가득하다. 그러나 결말은 열려 있다. 우리는 영화의 결말을 제시하지 않을 때 관중이 어떻게 그 부분을 스스로 채우는지 배웠다. 그러한 결말은 훨씬 강력한 힘을 갖는다.

우리는 이 영화를 〈춤을 추는 이유(A Reason To Dance)〉라고 부를까 생각 중이다. 이미 3개 대륙의 5개 나라에서 촬영을 마쳤다. 우리에게는 탁월한 영화 촬영 기술이 있고, 뛰어난 인재들과 함께 일하고 있다. 제작된 필름은 매우 아름다웠다. 그 또한 영화의 또 다른 일부다. 대부분의 사람은 무상으로 이 영화 제작에 참여했다. 그들은 스토리가 말하고자 하는 바의 커다란 일부가 되었다. 영화 또한 그들 자신의 스토리가 되었다. 우리 모두에게는 춤을 추는 이유가 있다.

나는 왜 이 영화를 만드는가? 마케팅 과정

상대가 영화 배급업체든 관객이든 우리가 할 일은 똑같다. 듣는 쪽의 스토리를 끌어내는 것이다. 영화를 마케팅할 때는 배급업체들이 무엇에 주의를 기울이는지 고민해야 한다. 다시 말해 상대방의 스토리를 얻어야 함을 의미한다. 따라서 나는 두 명의 캐털리나다. 하나는 따뜻하고 열정적인 영화제작자로 새벽 2시에 편집실 안에서 새로운 아이디어를 떠올리는 캐털리나고, 다른 하나는 치밀한 마케터로 배급업체들에게 영화는 바로 그 자신의 스토리이며 관객들이 보고 싶어하는 영화라고 설득하는 캐털리나다. 후자의 캐털리나가 성공하면 상대는 내 영화에 대해 자신이 배급하고 싶어하며 관객이 보고 싶어하는 영화라고 믿는다. 영화가 상대에게 자기 자신의 스토리로 여겨질 경우 내가 얻을 수 있는 결과다. 그리고 그런 결과가 나오면 나는 그 자리에서 이렇게 말한다. "정말이에요? 그 스토리를 들려주세요!" 상대에게 친절을 베풀기 위해 그런 말을 하는 것이 아니다. 그 말이 핵심이기 때문이다. 그의 스토리는 프로세스의 중심에 위치하고, 상대가 이 과정에 열정적으로 참여하면 영화의 앞길도 순조로워지는 것이다.

이 영화는 무엇을 말하려고 하는가? 편집 과정

영화 제작에는 여러 사람이 관여하는데, 그중 편집 담당자 한 명과 나는 서로에게 무척이나 거센 공격을 가하는 편이다. 다양한 스토리들을 함께 살펴보는 우리는 내가 원하는 것과 그가 원하는 것이 다르다는 것을 간혹 발견하기 때문이다. 그럴 때 우리는 전투에 돌입한다. 하지만 한판 전투가 끝난 후에는 최고의 결과가 남는다. 내게는 확실히 원하는 것이 있고 결코 포기하지 않을 문제가 있다. 그런 부분들이 지나치게 많지는 않다. 결국 그는 내가 자리를 떠난 자정 이후에 최선을 다해 일할 것이다. 아마도 내가 원하는 바에 따라서 말이다. 혹은 부분적으로 내가 원하는 바를 포함시키고 다른 부분에는 자신의 아이디어를 넣을 수도 있다. 벤 잰더에 관한 영화는 특히 합의점을 찾는 데 무척 큰 어려움을 겪었다. 놀랍도록 많은 장면이 매우 아름다웠고, 우리가 보여줄 수 있는 양보다 훨씬 많은 스토리들이 교훈을 전달하고 있었기 때문이다. 그래서 내가 내 나름의 편집 방향을 정해 제시하면 그는 다음과 같은 반응을 보였다. "그만가! 집에 가라고!" 다음날 아침 출근하면 그는 편집본에 오래된 게임 쇼 〈데이팅 게임(The Dating Game)〉* 류의 프로그램에서 따온 '미혼남 1번' 과 같은 이름을 붙여 내게 보여주었다. 그 필름들은 주로 내 주문들을 반영한 편집본이었다. 한편으로 그는 다른 몇 개의 편집본을 더 준비해두고 있었는데, 이따금 자신이 원하는 대로 편집한 '미혼남 3번' 을 먼저 보여주기도 했다. 이것은 우리끼리 즐기는 일종의 게임이다. 거기에 승자는 없다. 결국 누구의 아이디어가 사용되는지의 문제가 아니다. 대개 우리는 합의에 이르고, 간혹 그러지 못할 때도 있다. 그것은 상대의 마음을 열어 결국 최고를 선택할 수 있도록 만드는 과정인 것이다.

가장 효과적이고 완결된 내러티브를 창조하는 과정에서 가장 중요한 부분 중의 하나는 언제 무엇을 버려야 하는지를 아는 것이다. 어렵지만 결정적으로 중요한 부분이다. 오랜 시간을 들여 얻은 장면, 마음에 들지만 효과를 발휘하지 못할 장면들을 버리기란 매우 힘든 일이다. 나와 함께 일하는 편집자는 진행되는 모든 프로젝트에서 이 점을 가르쳐준다. 그가 가진 최고의 능력은 버려야 할 컷과 잊어야 할 컷, 비록 마음에 들지만 효과를 발휘하지 않을 스토리를 본능적으로 알아내는 데 있다. 나는 편집을 끝낸 스토리를 버리지 못해 주저하며 좀더 시간을 끄는 경향이 있다. 그러나 그러한 스토리를 버려야만 새로운 스토리, 더 가치 있고 더 효과적이며 강력한 스토리를 발견할 수 있다. 관객에게 전달할 다양한 스토리와 방법을 찾기 위해

노력하는 것이 최상의 스토리와 방법을 발견하는 열쇠다. 그러나 나머지 스토리를 언제 버려야 할지 아는 것 역시 똑같이 중요하다.

거기에 없지만 보이는 스토리

때로는 매우 훌륭한 소재가 편집실 바닥에 버려지는 경우도 있다. 벤 잰더를 다룬 〈가능성의 예술〉의 편집 과정에서 우리가 가장 공을 들였던 스토리 중의 하나는 항상 제1바이올린을 연주했던 한 뛰어난 바이올리니스트의 스토리였다. 어느 날 잰더는 오케스트라의 수석 바이올리니스트로 늘 맨 앞줄에 앉았던 그녀를 오케스트라의 뒷줄로 이동시켰다. 그녀는 매우 당황했다. 크게 화를 내고 분개하며 말도 하지 않았다. 그 바이올리니스트는 뒷자리로 밀려난 데 대해 매우 격분했다. 바이올린 연주에서 주로 리더를 맡았고 늘 앞자리에 앉아 있었으니 말이다. 몇 주가 지난 후에야 그녀는 왜 잰더가 자신을 뒷줄로 이동시켰는지 깨닫게 되었다. 그리고 비록 마지막 줄에 앉아 있지만 여전히 바이올린 연주를 리드하고 있음을 알 수 있었다.

잰더는 아주 긴 시간을 들여 이 스토리를 들려주었고, 스토리 자체도 매우 괜찮았다. 하지만 결국 그 스토리는 편집에서 포기해야 했는데, 분량이 너무 길었기 때문이다. 그러나 흥미롭게도 영화를 본 관객들이 토론하는 자리에서, 누군가 베이스 연주자가 앞줄에 앉지 않아도 선율을 리드할 수 있다고 말하는 소리가 들렸다. 특정 스토리가 영화에 담기지 않아도 그 스토리는 결국 그 안에 녹아 있다.

가능성을 발산하며, 노래를 멈추지 말라

〈가능성의 예술〉의 시나리오에도 나오는 말이지만, 아마도 영화에서 가장 중요한 개념 중 하나는 삶이란 우리가 창조하는 스토리라는 것이다. 삶은 우리 자신에게 들려주는 우리 자신의 스토리로 이루어진다. 이러한 스토리는 우리가 누구인지 말해준다. 그것이 바로 우리의 정체성이다. 스토리는 우리 자신이다. 우리는 미래를 창조할 수 있다. 우리의 삶은 스토리다. 우리가 창조할 수 있는 스토리다. 그것이 바로 영화를 통해 우리가 전달하고자 하는 내용이다. 또한 이 새로운 연작물의 커버스토리에 적어둔 글이기도 하다.

"모든 인류는 가능성을 발하는 세상 속에 태어난다. 비결은 노래를 멈추지 않는 것이다."

고객의 스토리를 흡수하라

심포지엄이 개최될 당시, 그로
호프로덕션에서는 이미 스토리텔링에 관한 연작물에 착수한 상태였
다. 내가 그 말을 꺼내면 모든 분야의 사람들이 똑같은 질문을 했다.
"그게 뭔가요? 그걸 왜 하는 거죠?" 비록 내 면전에서 웃은 것은 아
니지만 그와 비슷한 반응을 보였고, 스토리텔링에 관한 연작물을 만
든다는 계획은 심각한 회의에 빠졌다. 진심으로 이해하는 사람은 아
무도 없었다. 사람들의 반응은 "어… 그렇군요."에 가까웠다.

그러나 심포지엄에는 굉장히 다양한 사람들이 모였고, 그중 대다
수가 이 주제에 관심을 갖고 있다는 사실을 알게 되었다. 그들은 스
토리텔링을 진정으로 '이해'하고 있었다. 그들은 관심을 보였고, 더
좋았던 점은 많은 질문을 해왔다는 것이다. 스토리텔링 시리즈를 시

작한 이후 처음으로 많은 질문을 받았다. 당시의 반응들은 무척 열렬했고 그 열기는 오랜 시간이 흐른 지금도 변함이 없다. 심포지엄에서 만난 몇몇 사람과는 지금도 계속 만나 대화를 주고받고 있는데, 그들은 우리의 일에 대해 알고 싶어하고 그들 자신이 하는 일과 자신들이 스토리텔링을 이용하는 방법 등을 공유하고 싶어했다. 그 이후로 함께 대화하는 사람들의 수는 여러 차례에 걸쳐 증가했다. 그러나 거기서부터가 진짜 시작이었다.

앞서 말했듯이 우리가 스토리텔링의 힘을 알게 된 계기는 우연이었다. 당시 우리가 그러한 발견에 이르게 된 과정은 지금도 여전히 우리가 영화를 만드는 방법을 지시한다. 우리는 변함없이 스토리를 찾고 있으며 여전히 학습 프로그램을 창조할 수 있기를 바란다. 차이가 있다면, 이제 훌륭한 스토리텔러의 발견을 통해 그러한 프로그램을 창조하기를 바란다는 것이다. 우리는 갈등 해소나 새로운 리더, 변화 혹은 자기 인식 등을 주제로 한 영화를 만들어달라는 주문을 받는다. 현재 우리는 드디어 갈등 해소에 대한 연작물을 제작 중이다. 그러나 이 주제로 영화를 만들어달라는 요청이 있었기 때문이 아니라, 마침내 가장 적합한 스토리의 인물을 찾아냈기 때문이다. 다시 말하지만 우연히, 우리가 찾거나 기대하지도 않았는데 그 분야에 종사하며 걸출한 스토리텔러이기도 한 사람을 발견했다. 프로젝트는 언제나 훌륭한 스토리텔러를 통해 좋은 스토리를 들음으로써 우리 자신의 마음에 불이 붙었을 때 시작된다. 분명 내용이 저 앞에 있다 해도 우리 마음이 움직이지 않는다면, 인간적인 감동을 받지 못한다면 청중이라고 해서 이와 다른 경험을 하겠는가? 그 내용을 경험한 후 오랫동안 잊지 않을 수 있겠는가?

미국뿐 아니라 전 세계에서 우리 영화와 내러티브 스토리텔링에 점차 많은 관심을 보내오고 있다. 우리 영화들은 현재 80여 개 이상의 나라들에서 상영된다. 덧붙여서 우리는 이제 우리가 '산교육'이라고 말하는 워크숍과 세미나를 설계하는 데 20~30퍼센트의 시간을 할애한다. 스토리텔링으로 조직 및 고객을 지원할 새로운 그룹을 조직하면서 스토리텔링의 힘과 그것을 실천하는 방법을 배워나가고 있다.

고객의 스토리 배우기

우리는 고객에게서 많은 교훈을 얻었다. 우리를 방문한 고객은 자신들이 어떻게 우리 프로그램을 이용하고 있으며, 훈련 프로그램이나 스토리텔링을 사용하는 프로그램을 시작하기 위해 어떤 노력을 하고 있는지 얘기했다. 예를 들어 프록터&갬블(Procter & Gamble)은 자체 대학교를 보유하고 리더십과 변화 및 혁신에 관한 프로그램을 설치하고 있다. 그들은 수백 명의 관리자는 물론 다른 리더들까지 그 과정을 거치게 할 뿐 아니라, 우리의 작품을 이용하는 한편으로 자신들만의 통합 프로그램을 운영하기 시작했다. 당일 워크숍이든 3~4일간의 연수든 이런 프로그램을 통해 스토리텔링에 관해 대화하고, 스토리텔링에 어떻게 집중할지 의견을 나눈다.

심포지엄 직후 그로흐프로덕션의 비즈니스는 극적인 변화를 겪었다. 우리가 만든 영화들의 배급권을 다시 찾아와야 했다. 이런 현실은 모든 상황을 바꾸어놓았다. 물론 이듬해 내내 우리는 국제적 유통 기업(distribution company)을 어떻게 만들어야 하는지 배워야 했다. 재미있는 일도 아니었거니와 그 때문에 힘든 시기도 보냈다. 그러나 일상적인 고객서비스 비즈니스를 하게 된 상황은 차근차근 크게 내키는 일이 아니었음에도 결과적으로 우리에게 축복과 같은 일이 되었다. 우리의 창조적인 동료들은 결국 잘 돌아가는 효과적인 기계를 조립하는 법을 배워나갔다. 비록 우리가 이 일을 하느라 창조적 작업들을 한편에 밀어두어야 했음에도 불구하고, 우리가 현재의 작업들에 창조적으로 임하는 데 그 무엇도 이 과정보다 더 큰 도움이 되지 못했을 것이라는 사실은 흥미롭다. 당시에는 인식하지 못했지만 심포지엄 전에는 프로듀서로서 우리의 세계관은 더 협소했다. 당시 우리는 단순한 스토리텔러에 지나지 않았다. 우리는 아이디어와 지식을 전달하는 데 내러티브의 힘에 집중하는 것의 가치를 인식했다. 우리는 우리의 작품을 시장에 전달했다. 스토리를 전한 다음에는 더 많은 스토리를 들어주었다. 스스로를 훌륭한 청중라고 생각했지만 사실 그렇지 않았다.

선도적인 배급업체가 되면서 우리는 전 세계의 고객과 배급업체들을 직접 만나게 되었다. 그리고 이처럼 셀 수 없이 많은 새로운 관계들 속에서 진정한 발견이 찾아왔다. 우리가 프로듀서로만 남아 있었다면 결코 찾아오지 않았을 발견이다. 우리는 이를 통해 성장했을 뿐 아니라, 그 짧은 시간 동안 배운 덕분에 만나는 모든 사람(비즈니스 파트너든 배급업체든 혹은 고객이든)과의 관계에서 화법 자체를 완전히 바꾸게 되었다. 우리가 이룬 성장의 진정한 힘은 고객의 스토리를 이끌어내는 역할에서 비롯되었다.

심포지엄에서 나는 우리가 세상을 바라보는 렌즈에 대해 말했다. 그 이후로 우리가 시장이나 고객을 보는 방식, 즉 영화를 만들 때 대상으로 삼는 사람들을 보는 방식이 완전히 바뀌었다. 당시에는 무언가를 만들어서 시장에 내놓으며 사실 그것이 어떻게 사용되는지 잘 알지 못했던 반면, 현재는 매일 우리를 찾는 고객과 대화하며 그들의 스토리를 공유한다. 그들은 우리의 작업을 얼마나 좋아하는지 들려주고, 자신들의 요구와 제안 혹은 새로운 작품에 대한 아이디어를 갖고 우리를 찾아온다. 고객과 배급업체들의 스토리에 항상 귀기울이는 우리는 내러티브와 스토리텔링의 힘을 그들에게 전달할 수 있을 뿐 아니라, 그들이 어떻게 스토리를 이용하는지도 들을 수 있다. 그것이 바로 우리가 미래에 새로운 프로그램에서 하고자 하는 일들을 함께 배우는 방법이다.

이런 행동들을 반복하면서 그것이 얼마나 강력한 힘을 발휘하는지도 배울 수 있었다. 여기에는 진실함과 겸손함이 있어야 한다. 첫째로 우리는 그들이 나누고자 하는 바를 듣고 싶어해야 한다. 우리가 진심이라면 그들도 느낀다. 또한 그들은 종종 제품만 구매해 가는 것이 아니다. 그들은 우리를 다시 찾아와 더 많은 스토리를 나누려고 한다. 자신의 경험을 함께 공유하기를 원하고, 우리가 그 경험을 듣고 그 밖에 어떤 일들을 할 수 있는지 알고 싶어한다. 스토리의 공유와 학습은 물건을 사는 데서 멈추지 않는다. 구매는 더욱 긴 대화의 시작이다. 공유된 경험에 기초한 관계가 형성되는 것이다. 완전히 낯선 사람과 전화 통화만으로 스토리를 나누고 들으면서 얼마나 빨리 경험을 공유할 수 있는지도 흥미로운 일이지만, 더 놀라운 것은 대화가 끝난 이후에도 그 기억이 오랫동안 남는다는 사실이다. 우리는 더 이상 스토리를 영화에만 이용하지 않는다. 스토리는 우리가 싱가포르에서 온 사람이나 벨기에 또는 캔자스에서 온 사람과 대화할 때도 우리 비즈니스의 모든 영역에 영향을 미치는 힘이다.

이제 우리의 근무 일과는 창조의 시간과 비즈니스의 시간으로 구성된다. 두 가지가 조화를 이루지 못하면 지금과 같은 창조적 작업은 불가능하다. 현재의 우리는 더 크고 완전한 그림, 지속적인 변화를 가져다주며 모든 변화의 단계를 더욱 풍요롭게 만드는 그림을 보고 있기 때문이다. 전화를 받을 때도 그것이 작품에 관한 전화든 더 많은 스토리를 듣고자 하는 전화든 우리에게는 모두 동일하다. 우리는 상대가 무엇을 왜 원하는지 들은 후에야 우리가 무엇을 왜 하고 있는지 공유한다. 상대가 트레이너건, 교수건, 컨설턴트건, 혹은 《포춘(Fortune)》 100대 기업의 최고정보관리 책임자건 중요치 않다. 그가 미국인이건 아르헨티나인이건 우리가 하는 일은 우선 대화의 주인공 역할을 그에게 돌려주는 것이다. 고객과 통화할 때 우리는 다음과 같은 사항들을 가장 먼저 묻는다. "누구십니까? 어떻게 우리 회사에 대해 알게 되셨습니까? 어디에 사십니까? 지금 어디에서 통화 중이십니까? 무슨 이유로 전화하셨습니까? 무엇을 원하십니까?"

비록 그들이 전화하는 이유는 우리에 대해 물어보기 위해, 우리가 판매하거나 가르쳐줄 수 있는 것이 무엇인지 알기 위해서지만 우리는 그들에게 무언가를 판매하려고만 하지 않는다. 모든 대화는 먼저 그들에게 되돌려진다. 그들의 스토리를 듣고 그들의 스토리를 배우기 위해서다. 모든 대화를 장황하게 이끌어 그들의 인생 이야기를 전부 들어줘야 한다는 뜻은 아니지만, 사실 그것도 불가능한 일은 아니다. 긴 시간 동안 그들의 이야기를 듣고 그들이 연락해온 이유를 모두 이해할 필요는 없다. 그러나 우리는 구전 마케팅이야말로 사람들이 우리에 대한 정보를 얻을 수 있는 최고의 방법임을 알고 있다. 어떻게 이런 일이 가능할까? 우리는 스토리텔링과 듣기로 공유된 경험이라는 끊임없이 성장하는 그물망을 통해 가능해진다고 믿는다. 그리고 우리 기업의 성장은 고객이 어떤 사람인지, 그들이 왜 우리 작품을 원하고 좋아하는지 알고자 하는 순수한 관심에서 비롯된 것이라고 믿는다. 이러한 관심은 우리의 영업 활동에 지대한 영향을 미치고 있다.

반복되는 넬슨 만델라 스토리

스튜디오나 편집실에서, 혹은 배급업체들과 대화를 나눌 때도 계속 끄집어내게 되는 스토리들이 있다. 그중에서도 자주 등장하는 스토리는 2년 전쯤 들었던 넬슨 만델라(Nelson Mandela)의 인터뷰에 관한 내용이다. 그는 27년의 감옥 생활을 어떻게 벗어날 수 있었는지, 혼란에 빠진 조국을 어떻게 이끌었는지, 그리고 그 모든 분파와 혼돈 속에서 어떻게 그토록 긴 아픔의 시간을 극복하고 다시 나라를 하나로 이끌 수 있었는지 질문받았다. 한 재기 넘치는 인터뷰에서 오프라 윈프리(Oprah Winfrey)가 그에게 물었다. "어떻게 압제자에 의해 27년간 감옥 생활을 하고 나온 후 복수심이 아니라 기꺼이 용서할 마음을 가질 수 있죠?" 만델라는 답했다. "우선 인생의 가장 좋은 시절을 감옥에서 보내는 건 크나큰 비극이라고 말하고 싶습니다. 그러나 역설적으로 들리겠지만 그 나름의 이점이 있습니다. 만약 감옥에 있지 않았다면 나는 인생의 가장 어려운 과제를 달성할 수 없었을 겁니다. 바로 스스로를 변화시키는 것 말입니다. 그 기회를 얻지 못했을 거예요. 나는 그런 기회를 얻었습니다. 감옥에서는 바깥세상에서 가질 수 없는 것을 갖게 되기 때문입니다. 그것은 바로 앉아서 생각할 기회입니다. 스스로를 바꾸기 위해 노력하는 것이 곧 변화입니다."

오늘날 세계에서 경제적·정치적 불확실성을 비롯한 모든 삶의 불확실성이 아니어도 우리는 스트레스를 겪으며 매우 바쁘게 살아간다. 변화의 물결이 너무 거세므로 자연스럽게 외부세계를 현재의 상태로 지키고 유지하는 데 매달리게 된다. 진정한 변화는 차분하게 자기 내면을 성찰하고, 특히 (다음이 중요하다) 생각해볼 만한 경험을 갖게 될 때 비로소 찾아온다. 그렇다면 이런 경험을 어떻게 가질 수 있을까? 당신은 차트나 그래프에서 배운 내용에 대해 생각하고 그 경험을 꾸준히 기억하는가? 아마 그렇지 않을 것이다. 그러나 스토리는 말하거나 들은 후로 오랫동안 느낄 수 있는 경험들을 창출한다. 혼자 있거나 생각의 여유가 생길 때면 우리에게 세상을 보여주고 자신에 대한 인식을 변화시키도록 이끌어준 경험들을 상기하게 된다.

배급업체나 고객과 스토리에 대해 토론할 때 나는 앞 장에서 스티븐 데닝이 언급했던 말을 떠올린다. "스토리텔링은 춤이다." 누군가에게 이야기하고 있는 사람은 혼자가 아니다. "당신은 변해야 한다. 당신이 이렇게 되려면 이렇게 하는 게 좋다." 대화 속에서 경험을 얻지 못하고 그저 듣기만 했다면, 한 달이 지난 후 그 내용을 얼마나 기억할 수 있을까? 스토리를 전달할 때 특히 다른 누군가로부터 스토리의 영감을 얻게 될 때 나누는 교류는 곧 춤이 된다. 그것이 두 명의 대화든 20명의 좌담이든 상관없다. 앞으로 왔다 뒤로 가고, 다시 뒤로 갔다 앞으로 온다. 더욱이 만약 정말로 경청하며 진심으로 알고 싶어할 경우, 스토리의 교류에서 비롯되는 진실함과 정직함은 에너지를 얻는 경험이 된다. 사람들은 그러한 에너지를 통해 삶의 용기를 얻는다. 자신의 말이 경청되고 있고 더 나아가 자신이 인정받고 있다고 느끼는 것이다. 이러한 느낌은 내면에서 들려오는 소리를 통해 본능적으로 마음으로부터 전해진다. 이러한 에너지로 새로운 무언가를 바라보게 될 수도 있다.

만델라의 스토리를 그토록 중요하다고 생각했던 이유로 돌아가보자. 만델라의 스토리가 우리나 다른 사람에게도 유익할 수 있는 변화로 이끄는 것에 대해 생각하게 만드는 이유는 무엇인가? 그것은 우리가 나중에 그 스토리를 생각하고 있기 때문이다. 우리는 그 경험을 상기하고, 경험은 사라지지 않는다. 때로는 갑자기 머릿속에 떠오를 수도 있고, 우리는 그 스토리를 마음속으로 분석하고 검토해볼 수도 있다. 그러나 우리는 그 스토리를 내면 깊은 곳에서부터 감지한다. 그 스토리가 우리 자신과 우리가 가진 렌즈에 비추어 독특한 방식으로 마음을 움직이기 때문이다. 그리고 지속적으로 그 스토리에 관해 생각하는 까닭에 다른 사람들에게 전달하기도 한다. 그것이 스토리가 움직이는 방법이다.

세상을 새롭게 바라보는 방법

따라서 이 책은 새로운 방법으로 세상을 바라보는 법에 대해 배우자고 말하고 있다. 바로 지금 세상을 바라보는 방법이 자신의 '세상을 바라보는 방법'임을 깨닫게 되면, 자기 자신과 자신이 지닌 렌즈에 대해 인식할 수 있다. 그 방법은 시간이 흐르면서 변화한다는 사실 역시 깨닫게 될 것이다. 마침내 그것을 이해할 수 있을 때 진정으로 타인의 말을 경청하고 주의를 기울이기 시작할 수 있다. 이는 본성을 거스르는 일이며, 통제력을 버리는 일이다. 세상을 바라보는 현재의 시선을 버리는 것은 여러모로 매우 두려운 일이다. 그 모든 복잡성을 깨닫고 타인의 아이디어와 견해를 인정하며 수용하는 일은 두려울 수 있다. 그러나 한편의 두려움에도 불구하고 또 한편으로는 매우 신나는 일이다. 그로 인해 갑자기 훨씬 더 자유로워질 것이기 때문이다. 자신의 인식에 모든 것을 맞추기 위해 그토록 애쓸 필요가 없어지기 때문이다.

궁극적으로 통제를 벗어나고 자신의 스토리를 공유할 뿐 아니라 다른 사람의 스토리에 마음을 열게 되면, 힘도 나누어줄 수 있다. 결국 중요한 것은 통제를 유지하느냐 마느냐의 문제가 아니다. 가장 강력한 힘을 갖느냐 마느냐의 문제도 아니다. 중요한 것은 모든 사람이 조금씩 더 함께 강력해지는 것이다. 그리고 그런 결과를 꾸준히 성장시키고 지속하는 데 스토리텔링보다 효과적인 방법은 없다.

6장

미래 기업,
통찰의 언어를 구사하라

- 스티븐 데닝

STORY ECONOMY

혼란이란 이해되지 않는 상황을 위해 발명된 말이다.

– 헨리 밀러(Henry Miller)[1]

01

스토리를 담은 기업이
미래를 지배한다

2001년도에 이 토론을 시작할 때 우리는 조직에서의 내러티브와 스토리라는 주제에 대해 거의 죄인처럼 말을 꺼냈다. 래리 프루삭에 따르면, 내러티브와 스토리텔링은 경영계와 주류 조직에 있는 많은 사람에게 기이하게 여겨질 수도 있는 주제였다.

조직을 이해하고 경영하는 중차대한 과제에서 내러티브와 스토리텔링을 당연히 하찮고 사소한 것으로 인정하는 암묵적 분위기는 우리가 실제로 경험했던 내러티브 영역의 범위와 날카로운 대조를 이루었다. 우리는 스토리와 내러티브가 조직 기능의 모든 측면에 스며들어 있는 모습을 보아왔다. 최고경영자가 자산을 모으거나 IBM의 루 거스너[2]와 같은 인물이 조직의 미래에 자신감을 고취하는 대기업에서도, 캐털리나 그로흐가 경영하는 소규모 영화 제작사에서도[3], 기사들이 기계를 수리하는 제록스에서도[4], 변화의 주도자들이 혁신을 이끌었던 세계은행에서도[5], 존 실리 브라운이 언급했듯이 각자의 언어와 표현이 소통되는 실행 공동체에서도[6], 혹은 래리 프루삭이 범주화했듯이 커피 자판기 앞이나 복도 및 계단 난간에서 이루어지는 모든 다양한 대화 속에서도[7] 스토리는 조직에 활력을 제공하는 근원이 된다.

대화에 포함된 내러티브와 스토리텔링은 사소함이나 하찮음과는 거리가 멀다. 활동하는 모든 조직의 명백한 중심 측면에 내러티브와 스토리텔링이 있다. 사실상 조직 운영에서 인정되어야 할 가설은 정반대의 내용이다. 즉 중심에 내러티브와 스토리텔링을 배치하지 않은 어떠한 토론도 오도와 불완전이라는 한계를 벗어날 수 없다는 것이다.

그러나 스토리텔링의 중요성을 인식하면 대개 새로운 도전에 직면하게 된다. 스토리텔링이 사소하고 하찮은 것이라는 일반적인 인식이 만연한 현실에서, 자신이 '알고' 있는 것을 지워버려야 한다는 의미다. 여타의 상황에서 우리가 알고 있던 것들을 지워버리는 일은 자전거를 타고 좌회전을 할 때 손잡이를 오른쪽으로 돌려야 한다는 사실을 발견했을 때만큼이나 불편함을 느끼게 할 수 있다. 그 사실은 쉽게 호응을 얻지 못할 수도 있다. 그러나 한번 인정한 후에는 어떻게 그 외의 방법을 생각할 수 있었는지 스스로도 궁금해할 지경이될 것이다.

이러한 도전적 상황에 대비할 수 있도록 이번 6장에서는 다음의 사항들을 제시하고자 한다.

- 왜 스토리텔링이 오늘날 조직 내에서 그토록 중심적인 위치를 차지하는지 그 이유를 되짚어보자.
- 왜 조직에서의 스토리텔링이 지닌 중요성이 더 일찍 인정되지 않았는지 그 이유를 되돌아보자.
- 다양한 분야에서 내러티브와 스토리텔링의 중요성에 학술적 인식이 점증하는 현실을 둘러보자.
- 내러티브와 스토리텔링이 미래에 어떤 방향으로 나아갈지 내다보고 예상해보자.

내러티브가 기업에 스며드는 이유

스토리텔링의 사소함과 하찮음에 대해 잘못 배워온 교훈들을 지우는 과정의 일환으로, 스토리텔링과 내러티브가 조직과 여타의 공간 속에서 갖는 확산성을 설명해주는 특성들을 떠올려보자.

- 스토리는 조직원들의 생활에 현저성을 지닌다: 재치, 간결함, 그리고 감정의 힘이 현저성을 제공한다.(2장)
- 스토리는 조직을 이해하는 데 도움이 된다: 스토리와 내러티브는

큰 변화를 겪을 때 종종 혼란에 빠지는 조직의 환경을 이해하려는
우리의 노력을 반영한다.(2장, 4장)

• **스토리텔링은 신속하고 강력하다**: 목적의식이 있는 스토리텔링은
매우 신속하게 다수에게 전달된다. 사람들은 완만하거나 고통스러
운 방법이 아닌, 증거의 축적과 다양한 차원의 세세한 설명을 통해
그 아이디어를 받아들인다. 스토리는 조직의 사회적 기본틀을 관통
하는 마법처럼 빠른 경로를 지닌다. 스토리텔링은 아이디어를 전체
적으로 전달한다. 그 결과 청중은 복잡한 아이디어를 어렵지 않게
이해할 수 있다. 속속들이, 그리고 한꺼번에 찰나에 전달되는 새로
운 형태로 아이디어를 받아들이게 된다.(1장, 4장)

• **스토리텔링은 공짜다**: 스토리텔링은 설비나 시스템, 서비스 등을
위한 값비싼 투자가 요구되지 않는다. 고액 연봉의 전문가를 모집할
필요도 없다. 스토리텔링은 궁극의 저비용 고수익 효과를 창출하는
기술이다.(4장)

• **스토리텔링 기술은 쉽게 개선된다**: 모든 사람은 뛰어난 스토리텔
러가 될 수 있다. 우리는 일상적으로 스토리를 사용하지만 그 사실
을 잘 인식하지 못한다. 스스로 현재 하고 있는 일을 깨닫기만 하면
더 뛰어난 스토리텔러가 되는 법뿐 아니라 스토리텔링을 이용해 비
즈니스에서 성과를 거둘 수 있는 방법도 배울 수 있다. 소질이 거의
없어 보이는 사람조차 스토리텔링 기술을 빠르게 향상시킬 수 있다
는 사실은 경험을 통해 알 수 있다.(4장)

• **내러티브는 자연스럽게 의사를 전달한다**: 스토리텔링은 모국어다.

스토리텔링를 사용하면 원기를 회복하고 활력을 되찾을 수 있다. 그와 반대로 추상적 언어는 여덟 살 이후에나 배우는 말로 일종의 외국어와 같아서, 스토리텔링이라는 모국어를 사용할 때의 편안함을 느끼기 힘들다.(4장)

- 스토리텔링은 협력적으로 의사를 전달한다: 추상적인 토론에서는 개념들이 미사일처럼 날아들어 청중의 공간을 침범하고 다른 존재에 의해 확립된 정신적 틀을 채택하도록 만든다. 결국 선택은 그것을 받아들이거나 거부하는 것이 된다. 그 과정에서 '예스와 노' 또는 '승자와 패자'와 같은 온갖 대립 구조를 남긴다. 반대로 내러티브는 협조적으로 다가와 청중과 팔짱을 끼고 부드럽게 스토리를 따라가도록 만든다. 내러티브는 전투라기보다 춤에 가깝다.(3장, 4장, 5장)

- 스토리는 설득력 있게 의사를 전달한다: 스토리를 따라가는 청중이 개인의 환경 속에서 유사한 스토리를 창조하게 될 가능성이 있다. 그렇게 공동 창작된 스토리는 청중 자신의 것이 되고, 청중이 사랑하며 기꺼이 옹호할 대상이 된다. 스토리텔링은 이런 과정을 통해 행동을 자극할 수 있다.(4장)

- 스토리는 전체적으로 의사를 전달한다: 스토리는 깊이 있는 전체적 진실을 전달할 수 있다. 반면 추상적 언어는 사실을 단편적으로 조각내는 경향이 있다. 스토리텔링은 '광활하고 심화된 상상' 속으로 이끌어 추상적 사고에서는 놓치고 있는 연결고리들을 전해준다. 동시에 우리는 신뢰할 수 없는 스토리와 신뢰할 수 없는 내러티브 전

달자를 주의해야 하며 모든 이야기를 분석해야 한다.(2장, 4장)

- **스토리텔링은 배경을 전달한다**: 즉각적인 글로벌 커뮤니케이션 기술들이 등장하기 전에는 지식이 발생된 배경을 인식해야 할 필요가 지금보다 덜했다. 커뮤니케이션이 같은 동네나 같은 지역, 혹은 같은 도시 사람들 사이에서만 소통될 때는 대개 그 배경을 추측할 수 있었다. 그러나 글로벌 커뮤니케이션이 가능해지면서 유사한 배경을 추측할 수 있는 경우는 매우 드물어졌다. 스토리텔링은 지식이 만들어진 배경을 제공하고 그럼으로써 정확한 지식을 운송하는 대중교통과도 같아졌다.(3장)

- **스토리텔링은 직관적으로 의사를 전달한다**: 우리는 스스로 인식하는 것보다 더 많은 것을 알고 있다. 묵시적 지식의 역할은 무엇보다도 중요해졌다. 묵시적 지식이야말로 종종 가장 가치 있는 사실을 전달하기 때문이다. 무언가를 알고 있다는 사실을 스스로 알지 못할 때, 그것을 어떻게 전달할 수 있는가? 스토리텔링에 답이 있다. 느낌을 갖고 스토리를 전달하면서 명시적으로 알고 있는 것 이상을 전달할 수 있기 때문이다. 우리 몸은 의식하지 못한 채로 그 일을 대신한다. 따라서 우리가 말할 수 있는 내용보다 더 많은 사실을 알고 있다 하더라도 스토리텔링을 통해 의식적으로 알고 있는 바보다 더 많이 말할 수 있는 것이다.(3장)

- **스토리텔링은 유쾌하게 의사를 전달한다**: 추상적인 커뮤니케이션은 사람이 아닌 생명 없는 것들과 동거하기 때문에 둔하고 건조하다. 생명체로서의 인간은 살아 있는 것에 이끌리는 동시에 개념과 같이

활기 없는 것은 거부하는 경향이 있다. 스토리는 활기와 위안을 준다.(5장)

- 스토리텔링은 감동을 전달하고 행동에 다가서게 한다: 스토리텔링이 지식과 실천의 차이를 좁히기만 하는 것은 아니다. 스토리텔링은 청중이 아이디어를 공동 창조하도록 자극함으로써 그 차이를 제거한다. 공동 창조의 과정에서 청중은 그 아이디어의 구체화 과정을 시작하고, 그렇게 지식과 실천을 접합한다.(4장)

- 스토리텔링은 기업 탐지망 아래로 날아다닌다: 이러한 스토리들 속에서 기업 경영자는 별다른 이상한 점이나 불안하고 유별난 요소를 보지 않는다. "이 사람이 내게 스토리를 전달하고 있군."이라는 생각은 대체로 일어나지 않는다. 스토리는 그들이 오랜 시간 들어왔던 그 무엇보다 더 명료하고 신선하며 흥미롭게 들린다. 따라서 토론은 수단이 아닌 요점으로 이동한다. 적절히 사용될 경우 스토리텔링은 청중의 눈에 보이지 않는다. 반대로 조직의 가치에 대해 추상적 토론으로 접근하면 어떻게 될까? 예컨대 조직이 정말로 정직하고 깨끗하게 운영되고 있는지의 문제를 다룰 경우, 언변이 좋다는 인정과 함께 그 말이 사실인지 트집을 잡아보려는 못마땅한 반응을 얻게 되거나 스스로 기업 윤리에 관한 추상적인 말의 눈덩이에 깔려 꼼짝달싹 못하게 된다. 그리고 그사이 경영진들은 그 모든 노력을 폐지함에 집어넣고는 제 갈 길을 계속 갈 것이다.(4장)

- 스토리텔링은 감정을 전달한다: 감정적 상태를 전달하는 모든 경우에서 감정에 관한 노골적인 표현들은 쉽게 질릴 수 있다. 그러나

스토리텔링은 조직 문화에 적합하고 명쾌한 방식으로 감정 문제를 전달한다. 스토리텔링은 가치를 함축한다. 무미건조하고 느낌 없는 추상적 커뮤니케이션과는 달리 스토리텔링은 맥락을 포착함으로써 상황 속에 느낌을 수반한다.(2장, 4장)

- 스토리텔링은 교감을 전달한다: 추상적 대화와는 달리 스토리텔링은 본래 상호적이다. 스토리텔러는 청중이 그들 마음속에서 스토리를 공동 창조할 수 있도록 불을 붙인다. 스토리텔링은 본래 협력적이다. 추상적 논쟁은 적대적 관계를 구축해 아이디어와 상대의 아이디어에 싸움을 붙이곤 하지만, 스토리텔링은 공동의 꿈에 교감의 과정을 도입하여 이러한 딜레마를 피해간다.(2장, 4장, 5장)

- 스토리텔링은 기억에 남는다: 우리는 스토리의 형식으로 들은 내용을 기억한다. 추상적 개념이 곧 잊히는 이유는 아무런 감동도 주지 않기 때문이다. 스토리는 감정에 맞닿아 청중이 개인적으로 그 스토리와 관계를 맺기 때문에 기억된다. 그것이 아일랜드나 중동 및 코소보의 문화적 스토리든, IBM의 톰 왓슨이 지닌 조직적 스토리건, 스토리는 현저한 내구성을 갖는다.(1장, 2장, 5장)

- 스토리텔링은 이중고리학습(double-loop learning), 즉 2차 학습을 자극한다: 특정 유형의 스토리텔링은 재빨리 마음속 깊은 곳에 침투해 매우 신속하게 가치와 태도들을 변화시킨다. 이는 지워버려야 할 것들을 지우는 데 도움이 된다.(3장)

- 스토리텔링은 리더십을 형성하는 열쇠다: 비난이나 비판을 받지 않는 리더십이란 말처럼 쉽지 않다. 성공하는 리더의 비밀은 종종 스

토리텔링에 있다.(1장, 4장)

- 스토리텔링은 실존성을 구축한다: 인간이 어떻게 독창적인 개인으로 태어나 똑같은 복사본이 되어 죽어가는지는 오랜 관심의 대상이었다. 오늘날 그러한 우려는 그 어느 때보다 명백하다. 추상성으로 대표되는 규격 틀이 이러한 현상의 핵심적인 요소다. 스토리텔링은 화자로 하여금 자신의 독특한 견해를 명료하게 표현하게 함으로써 실존성을 재구축할 수 있다. 스토리텔링 기술을 발전시키면서 개인은 신뢰할 만한 존재가 되고, 실재가 되며, 고유하고 독창적인 존재가 된다. 진심을 지닌 스토리텔러는 진짜 자신이 된다.(4장)

- 스토리텔링은 말하는 주체와 말하는 내용을 다시 연결시킨다: 글로 쓴 언어는 막대한 이익을 올릴 수도 있지만 불리한 점도 있다. 글쓰기는 말하는 주체와 말하는 내용을 분리시킨다. 글쓰기의 이점은 간편함이다. 반면 글쓰기의 단점은 종종 그 글의 저자가 확실치 않으며 모호하기까지 하다는 데 있다. 오늘날 우리는 작자 미상의 글들이 범람하는 시대에 살고 있다. 그리고 그러한 자료의 익명성은 우려할 만한 상황으로 발전할 수도 있다. 구전의 스토리텔링은 말하는 주체와 그 내용을 다시 연결시킨다. 생생한 목소리는 결합에 대한 깊은 열망에서 나오는 생생한 반응과 연결된다.(4장)

- 스토리텔링은 아는 사람과 아는 내용을 다시 연결시킨다: 어릴 때는 직접적인 이해를 통해 사물을 배우지만, 추상적인 개념이 마구 밀려들기 시작하면서 타인을 통해 명제적 지식을 습득한다. 그러한 지식은 직접 경험한 것이 아니라 타인에게서 믿을 만하다고 들은 것들이

다. 타인에게서 받아들인 지식은 종종 자신이 직접적인 지각으로 이
해한 지식들과 충돌하기도 하는데(예컨대 지구는 태양 주위를 공전
한다는 지식), 이러한 지식의 비중이 늘어갈수록 인간은 세상에 대
해 지닌 지식의 기초들과 분리되기 시작한다. 이때 스토리텔링은 지
식과 그 지식이 일어난 시간적·공간적 특정 배경의 연결을 재확립
하면서 청중이 그 스토리를 직접 체험할 수 있게 해준다.(3장)

• 스토르는 경제의 한 축이다: 스토리텔링은 세계 경제의 커다란 한
축을 이루며, 대략 미국 GNP의 20퍼센트 비중으로 1조 8,000억 달
러의 가치를 갖고 있다. 누구의 입장에서 보더라도 전혀 사소한 수
치가 아니다.[8]

되돌아보기 – 스토리텔링의 적들

스토리텔링의 유익함이 그토록 인상적이고 광범위하다면 왜 더욱
널리 인정받지 못하고 있는 걸까? 한 가지 이유는 지난 수천 년의
세월 동안 '불승인의 구름' 아래에 있었기 때문일 것이다. 불승인의
근원을 이해하면 스토리텔링의 놀랍도록 강력한 기술의 힘과 이익
을 되찾는 게 중요한 실마리를 얻을 수 있다.

플라톤 : 스토리텔링이 냉대에 처한 많은 원인을 이 철학자에게
돌리지 않을 수 없다. 그의 걸작 《국가론》을 문자 그대로 해석하면,

플라톤이 묘사한 지적인 국가에서 스토리텔러(그리고 시인)들은 추방되거나 금지되어야 한다는 데 내용의 절반을 할애하고 있기 때문이다.[9] 그러나 플라톤 자신은 늘 뛰어난 스토리텔러였다. 특히 《향연(*Symposium*)》(모든 만찬을 능가하는 만찬)에서 그는 스토리텔링의 힘을 자각했음에 틀림없다. 《국가론》에서 플라톤의 주장은 고대 아테네라는 배경에서 이해된다. 당시 아테네의 주된 관심은 스토리텔링에 향하여 빈틈없는 분석은 거의 존재하지 않았다. 그러나 현대사회는 내러티브를 기각하고 분석에만 배타적인 초점을 맞추면서 그 반대 방향을 향해 너무 멀리 가버렸다. 유감스럽게도 플라톤의 추종자들은 《국가론》 논쟁에서 추론할 수 있는 요소들을 채택하면서 플라톤이 《향연》에서 몸소 실천하고 있는 부분은 방기하는 경향이 있다.

아리스토텔레스 : 아리스토텔레스는 지식의 분류법과 분류학에 숱한 방점을 찍으면서 《국가론》의 다양한 지적 의제들이 구체화될 수 있도록 도왔다. 그는 스토리텔링을 추상적 주장을 설명하는 주변적 역할로 남겨두는 과학 모델을 창조했다. 추상적 지식은 지적 무대의 중앙으로 이동해 그 이후로 지금까지 내려오고 있다.

데카르트 : 세계에서 자아를 분리하는 것은 합리적 담론에서의 느낌과 감정의 폐지를 의미했다. 데카르트는 마음과 정신으로부터 자유로운 기계론적 사회라는 개념의 기초를 놓았다. 실험을 통한 성공으로 살아가는 과학자들은 자신의 실험적 방법이 진실을 발견하는

유일한 길잡이라고 주장하기 시작했다. 오직 과학에 의해 인식된 지식만이 참된 지식이라고 주장하는 과학주의가 등장했다. 스토리텔링에 대한 적대는 모든 지식을 분석적 명제와 궁극적으로 물리학 혹은 수학으로 축소시키려는 결정적 노력과 함께 20세기에 절정에 이르른다. 이 과정에서 우리는 분석적 사고의 한계를 발견했다. 우리는 괴델(Gödel)의 불완전성 정리를 배웠고, 양자물리학의 불확정성과 복잡성 이론이 지니는 함축적 의미에 열중했다. 그러나 과학적 담론은 여전히 환원주의적 단순함에 대한 갈망을 계속 반영하고 있다. 학계에서는 추상적 지식이 여전히 지배적이며, 과학주의는 종종 근원적인 가설로 여겨진다.

과학주의의 지적 눈가리개를 벗기 위해서는 그간 배웠던 가장 기초적인 '지식'들 중 일부를 지워버려야 한다.

- 내러티브와 스토리텔링이 하찮은 것이라고 배웠던 기억들을 지워버려야 한다.
- 일반적으로 세계에 대한, 특히 조직에 대한 기계론적 모델을 지워버려야 한다.[10]

조직 분야에서 기계론적인 비인격적 설명이 호소력을 지니는 특정 유형의 인간 마음은 3장에서 존 실리 브라운이 재무 담당 최고책임자의 심적 경향이라고 말한 것과 같다. 그것은 환경을 통제하고

(환경이 조직이든 우주든) 예측 불가능성을 제거하려는 프로메테우스 프로젝트에 연루된 사람의 마음가짐이다.[11] 수백 년 동안 인류가 프로메테우스 프로젝트에 얽매여 있었다는 점에서 볼 때, 그 프로젝트가 비록 방대한 이득을 안겨주었다 해도 우리를 지금 이 상황으로 몰고 왔을 뿐임을 깨닫는 데는 어느 정도의 시간이 걸릴 것이다. 우리가 세상에 대한 통제력을 얻으려 하는 대신 존 실리 브라운이 1장에서 언급했던 것처럼 '세상과 함께 일하는 법'을 배우기까지는 조금 시간이 걸릴 것이다.

현실 둘러보기 – 내러티브에 대한 인식의 성장

내러티브와 스토리텔링에 대한 진지한 관심이 되살아난 것은 언제였을까? 빈센트 헤번(Vincent Hevern)은 1895년 웰즐리대학(Wellesley College)에서 진행된 리어로이드(Learoyd)와 테일러(Taylor), 클라킨스(Clakins)의 "장문의 내러티브와 공감각 경험의 결합(시각과 소리의 드물고 혼재된 인식)"에 관한 연구를 그 기점으로 꼽는다.[12]

20세기 초반, 칼 융과 미르체아 엘리아데(Mircea Eliade), 조셉 캠벨(Joseph Campbell), 블라디미르 프로프(Vladimir Propp) 등은 신화와 설화의 개념을 대중화시켰다. 마지막 수십 년 동안은 내러티브에 대한 학술적 연구가 기하급수적으로 성장했다.

제롬 브루너는 1981년 출간된 W. J. T. 미첼(Mitchell)의 저서 《내러티브에 대하여(*On Narrative*)》[13]를 획기적인 사건으로 언급한다. 이 책에는 일류 사학자와 심리분석학자, 철학자, 문학비평가들이 쓴 글들이 수록되어 있는데 모두 내러티브의 중요성에 매료되어 있었다.[14]

2004년 현재 내러티브의 사고는 어디에나 존재한다. 인류는 그들의 내러티크에 의해 정의되고 이루어진다는 개념은 인문학과 인문과학의 모든 영역, 즉 심리학과 인류학, 철학, 사회학, 정치 이론, 문학 분야, 종교 분야, 그리고 심리 치료 등에서 지배적으로 수용되고 있다.[15]

최근까지만 해도 이러한 전개 양상이 통제 위주의 경영 철학 뒤에 숨어 있던 주류 경영계에 그다지 많은 영향을 미치지 않는 것처럼 보였다. 다시 말해서 더 나은 경영 방법이 광범위한 경제적 · 사회적 질병에 더 효과적인 해결책이 된다는 생각이 지배적이었던 것이다. 조직은 일반적으로 체계적이고 단성적(單聲的)이며 위계적인 기계라고 여겨졌다. 항상 기계처럼 작동되지는 않더라도 경영의 기본 목표는 조직을 변화시키고 통제함으로써 하나인 것처럼 행동하게 만들고, 그 과정에서 예측 불가능성을 제거하는 것이었다.

더 최근어 이르러 상황은 변화되고 있다.

– 내러티크의 중요성을 지적하는 저서가 속속 등장하고 있다. 여기에는 칼 위익의 《조직 내에서의 의미 형성》[16], 로저 생크(Roger

Schank)와 게리 솔 모슨(Gary Saul Morson) 공저의 《이야기를 들려줘(*Tell Me A Story*)》[17], 아넷 시몬스(Annett Simmons)의 《스토리 팩터(*The Story Factor*)》[18] 그리고 야니스 가브리엘(Yannis Gabriel)의 《조직에서의 스토리텔링(*Storytelling in Organizations*)》[19] 등이 있다.

－ 비즈니스 출판도 시작되어 《하버드 비즈니스 리뷰》[20], 부즈 앨런의 《전략＋비즈니스》[21], 그리고 《월스트리트저널》[22] 등에 실린 기사를 통해 스토리텔링의 중요성을 집중 조망하고 있다.

최근 10년 동안에는 포스트모던 계통의 학술 서적들이 등장해 조직을 다양한 스토리와 스토리텔러, 그리고 스토리 전달 사건들의 다원적 구조로 바라보며 모든 스토리에는 그 대응물이 함축되어 있다는 입장을 보이고 있다. 어떤 순간에는 한 스토리가 지배적일 수 있지만 눈에 보이지 않는 다른 스토리들이 관심을 요구하고 있다는 것이다. 이러한 이론을 지지하는 사람들에게 현실은 단일하거나 단성적인 것이 아니며, 경쟁하는 스토리들의 소용돌이로 이해된다.

예를 들어 데이비드 보헤(David Boje)는 나이키 측과 반(反)나이키 운동가들의 비평글을 이용해 경쟁하는 스토리텔링들의 관계를 보여주었다. 나이키 측은 자사의 종업원이 얼마나 좋은 급여를 받고 있으며, 과거에 비해 얼마나 좋은 환경에서 일하고 있는지에 대한 스토리를 전달했다. 반면 반나이키 활동가들은 나이키의 '어두운 면'에 대해 말하면서, 관행이라는 미명하에 어린 동양 여성들을 고용해 기업의 자본을 축적하는 것이 합법적인지 의문을 던지는 스토리를 이야기했다. 고객들 역시 나이키에 관한 내러티브를 갖고 있다. 보헤는 어느 한쪽의 일방적인 주장을 '사실'로 받아들여서는 안 되며, 전체적인 나이키의 일부로서 모든 견해를 포용하고 나이키와 그 주주들이 새로운 발전을 보이고 있는 과정을 추적할 필요가 있다고 주장한다. 보헤는 나이키에 대해 지지하는 경영 원칙과 실제 관리 사이에, 기업 홍보와 막후에 감추어진 노동자들의 생활 공간 사이에, 최고경영자 사무실에 쌓인 돈다발과 가난한 고용인들의 메마른 지갑 사이에 모순이 넘쳐나는 조직으로 바라본다. 나이키는 나이키 자체이기도 하고 그 대응물이기도 한 것이다.[23]

내러티브의 역할에 대한 이와 같은 포스트모더니즘식의 대다수 글은 중립적 가치를 지니고 있다고 주장하지만, 대개 생래적으로 경영에 관한 비판적 관점을 채택한다. 그들은 좋은 경영이 경제적 · 사회적 문제들에 효과적인 해결책으로 이어지는 일은 결코 없다고 가정한다. 오히려 불가피하게 상황을 악화시킬 뿐이다. 이런 시각에서는 설령 전사적품질경영(TQM)과 같은 '개선'된 경영 방법론이라 하더라도 고용인들에게 더 적은 급여로 더 많은 일을 하게 만들기 위한 얄팍한 위장 책략으로 보일 것이다. 이런 유형의 사고는 주류 경영계의 사고에 의미 있는 영향력을 갖기 위해서라도 실제적인 조직적 문제를 해결하는 데 보다 건설적인 방향으로 선회할 필요가 있다.

내다보기 – 기업 내 스토리텔링의 미래

스토리텔링은 어디를 향해 가고 있는가? 그 미래를 예언할 수 있는 사람은 없겠지만 세 가지의 폭넓은 조류는 이미 분명해지고 있다.

경영에서 내러티브에 대한 인식의 증가

주류 경영계에서 내러티브의 중요성에 대한 인식의 꾸준한 증가는 이제 불가피한 현실이다. 21세기 초반, 거센 소용돌이가 휘몰아치는 사회에서 내러티브는 어떤 위치에 있는 리더에게든 핵심적인 능력으로 요구될 것이다. 대학교와 비즈니스 스쿨은 내러티브를 교과에 편재하는 방향으로 나아가게 될 것이다.

내러티브 사고는 조직을 바라보는 새로운 관점의 등장에 기여한다. 이 관점은 기업의 전통적인 구조적 측면과 프로세스 중심적이고 통제에 기초한 측면들뿐 아니라, 살아 숨 쉬고 생동하는 조직의 측면 또한 정확하게 반영한다. 조직이 지닌 후자의 측면에서 말하고 생각하고 꿈꾸며 감성적인 인류는 함께 일하고 놀며 대화하고, 웃고 우는 과정에서 유기적으로 스스로를 조절해가며 자연스럽게 혁신으로 나아갈 것이다.

도구로서의 내러티브 등장

내러티브는 조직을 이해하고 이끌어가는 강력한 도구로서 점점 더 받아들여지고 있다. 스토리텔링은 다음과 같은 영역들에서 특히 가치 있게 사용될 수 있다.

- 복잡한 아이디어의 전달 및 변화를 위한 설득(4장)

- 협력에 기여(2~4장)

- 지식 공유(2~4장)

- 비밀 정보망 통제와 유언비어 차단(3~4장)

- 자기 자신의 전달 (2~5장)

- 가치의 전달(1~2장)

- 미래로 인도(2장, 4장)

리더십의 풍요로운 비전

스토리텔링의 역할은 진정한 리더십에서 또한 보다 중심적인 역할을 차지하고 있다. 요컨대 한 측면으로 볼 때 스토리텔링은 일단의 도구이지만, 다른 측면에서 보자면 그 이상의 역할을 한다. 스토리텔링은 어떤 위치에 있는 리더들에게도 추구하는 변화를 실현할 방법이 된다. 단순히 변화라는 추상적 개념을 옹호하거나 반대하는 것이 아니라, 또한 다른 주장을 불러오는 단순한 명제적 주장을 내세우는 것이 아니라, 리더는 자신이 체득한 스토리를 전달함으로써 진실성과 진정성을 높일 수 있어야 한다. 화자가 자기 자신을 깊이 믿을 때 그들의 스토리는 공명한다. 이는 역으로 청중의 진정성을 이끌어내고 창의성과 교감, 변화를 불러온다. 리더가 이러한 올바른 모험을 감수하면서 통제를 강요하려는 함정에 빠지지 않고 비전을

제출할 때, 비로소 다른 사람들을 위해 가능성을 발산하며 그 자신
의 에너지를 분출할 수 있다. 그리하여 사람들이 주도하는 미래는
그 의미가 변화되고 보석과 같은 빛을 발하게 된다.

이 책을 읽는 독자들에게

1. http://www.creatingthe21stcentury.org
2. 스티븐 데닝, 《다람쥐 주식회사 이야기(*Squirrel Inc : A Fable of Leadership Through Storytelling*)》, 조시배스(Jossey-Bass), 2004.
3. 샌디에이고의 '스토리워크 지식실행 공동체(StoryWork Community of Practice)' 그룹, 보스턴의 '조직 내 스토리텔링 보스턴(Storytelling in Organization-Boston, SIO-B)'.
4. (1) 빌 버처드(Bill Birchard), "그리운 시절(Once Upon a Time)", 《전략+비즈니스》, 2002, 2/4. http://www.strategy-business.com/press.article/18637-pg=0 (2004. 3. 8). (2) "사람을 움직이는 스토리텔링, 극작가 코치 로버트 맥키와의 대담(Storytelling That Moves People : A Conversation with Screenwriter Coach, Robert McKee)", 《하버드비즈니스리뷰》, 2003. 6, p. 51. (3) 스티븐 데닝, "이야기하기(Telling Tales)", 《하버드비즈니스리뷰》, 2004. 5. (4) 줄리 베넷(Julie Bennett), "짚으로 금을 만드는 좋은 스토리텔링(Spin Straw into Gold with Good Storytelling)", 《월스트리트저널》, 2003. 7. 30, http://www.startupjournal.com/ideas/services/20030730-bennett.html (2004. 3. 8). (5) 줄리 베넷, "스토리텔링과 다양성(Storytelling & Diversity)", 《월스트리트저널》, 2003. 7. 8, http://www.careerjournal.com/myc/diversity/20030708-bennett.html

1장_ 가장 오래된 지식 저장법

1. 도널드 디어드리 맥클로스키(Donal Deirdre McCloskey), 아르조 클레머(Arjo Klamer), "GDP의 4분의 1은 설득이다(One Quarter of GDP is Persuasion) — 수사적이고 경제적인 행위(Rhetoric and Economic Behavior) 중", 《아메리칸이코노믹리뷰(*American Economic Review*)》, 85권 제2호, 1995, p. 195.
2. 앞의 글, 같은 페이지.
3. 세계은행 개발지표.
4. 브뤼노 라투르(Bruno Latour), 스티브 울가(Steve Woolgar), 《실험실 생활(*Laboratory Life*)》, 프린스턴대학교(Princeton University) 출판부, 1986.
5. 스티븐 데닝, 《기업 혁신을 위한 설득의 방법, 스토리텔링(*The Springboard : How Storytelling Ignites Action in Knowledge-Era Organizations*)》, 보스턴 : 버터워스하이

네만(Butterworth Heinemann), 2000.

2장_ 민담과 설화에 자극을 받은 경영자들

1. 도널드 디어드리 맥클로스키(Donal Deirdre McCloskey), 아르조 클레머(Arjo Klamer), "GDP의 4분의 1은 설득이다(One Quarter of GDP is Persuasion) — 수사적이고 경제적인 행위(Rhetoric and Economic Behavior) 중",《아메리칸이코노믹리뷰》, 85권 제2호.
2. 돈 코헨(Don Cohen), 래리 프루삭,《좋은 기업에서 : 사회적 자본은 어떻게 조직을 작동시키는가(In Good Company : How Social Capital Makes Organizations Work)》, 보스턴 : 하버드 경영대학원 출판사, 2001.
3. 예컨대 로버트 솔로몬(Robert Solomon), 페르난도 플로레스(Fernando Flores),《비즈니스와 정치, 관계, 그리고 삶에서 신뢰 형성하기(Building Trust in Business, Politics, Relationships, and Life)》, 옥스퍼드대학교(Oxford University Press), 2001 ; 아더 시안커티(Arthur R. Ciancutti), 토마스 스테딩(Thomas L. Steding),《신뢰에 기반하여 : 어떤 조직에서든 경쟁적 우위 점하기(Built on Trust : Gaining Competitive Advantage in Any Organization)》, 컨템퍼러리북스(Contemporary Books), 2000 ; 조셉 쿠퍼(Joseph Cooper, 편집자),《의회와 대중 신뢰의 하락(Congress and the Decline of Public Trust)》, 웨스트뷰프레스(Westview Press), 1999.
4. 코넬대학교(Cornell University) 출판부, 1990.
5. 제롬 브루너(Jerome Bruner),《의미의 구현(Acts of Meaning)》, 캠브리지 : 하버드 BSP, 1990.
6. 어빙 고프먼(Erving Goffman),《공공장소에서의 행동(Behaviour in Public Places : Notes on the Social Organization of Gatherings)》, 뉴욕 : 글렌코프리프레스(Free Press of Glencoe), 1963.
7. 해럴드 가핀켈(Harold Garfinkel),《민속방법론 연구(Studies in Ethnomethodology)》, 뉴저지 : 잉글우드 클리프(Englewood Cliffs), 프렌티스홀(Prentice Hall), 1967.
8. 〈천 그루의 떡갈나무(Thousand Oak)〉, 세이지퍼블리케이션(Sage Publication), 1995.
9. 존 실리 브라운, 폴 두기드(Paul Duguid),《비트에서 인간으로(The Social Life of Information)》, 보스턴 : 하버드 경영대학원 출판부, 2001.
10. 윌리엄 셰익스피어(William Shakespeare), 〈리어 왕(King Lear)〉, 제5막 제2장.
에드거 : 달아나야 돼요, 아버님. 손을 주세요, 저리로 가요! 리어 왕께서 패하시고, 따님과 함께 포로가 됐어요. 절 붙잡으세요. 자, 오세요.
글로스터 : 더 이상은 못 가. 여기서 죽어도 상관없어.
에드거 : 아니, 또 자결하려고 하십니까? 사람이란 이 세상에 태어날 때나 이 세상을 하직할 때나 다 마음대로 안 되는 법입니다. 그러니 참아야 해요. 때가 올 때까지 기다려야 해요. 자, 가세요.

글로스터 : 하긴 그래.

11. 함무라비는 기원전 1792~1750년경 재위했던 바빌로니아 아모리 왕조(Amorite Dynasty)의 제6대 왕이자 가장 유명한 왕이다. 그가 내린 결정의 사례들은 그의 통치 말기 무렵 집대성되었고, 마르두크(Marduk) 사원 안의 섬록암 석비에 기록되어 있다.

12. "1994년경 감독받지 않는 노동자들의 생산에 대한 실제 시급은 1972년 전후(戰後)의 최고 급여에서 10.4퍼센트 정도 감소했다. ··· 노동자들은 자신들의 임금이 동결된 상황에서 기업의 이윤과 경영자들의 급여가 치솟는 광경을 목격했다." 조안 시울라(Joanne B. Ciulla), 《일의 발견(*The Working Life : The Promise and Betrayal of Modern Work*)》, 뉴욕 : 스리리버스프레스(Three Rivers Press), 2000.

13. 〈마라사드(Marat-Sade)〉, 페터 바이스(Peter Weiss) 작품. 원제는 사드 씨의 연출로 샤랑통 정신병원의 연극반이 공연한 장 폴 마라에 대한 박해와 암살사(마라는 프랑스 혁명가로 1793년 샤를로트 코르데(Charlotte Corday)에게 암살당했다.)

14. 《사회적 규범》, 마이클 헤처(Michael Hechter, 편집자), 칼-디이터 오프(Karl-Dieter Opp, 편집자), 뉴욕 : 러셀세이지파운데이션(Russell Sage Foundation), 2001.

15. 리처드 파스칼(Richard Pascale), 《일본의 경영 기술(*The Art of Japanese Management*)》, 뉴욕 : 워너북스(Warner Books), 1982.

16. 조직의 쓰레기통 이론에 의하면, 기업은 해결해야 할 문제를 찾는 선택 기회, 결정 상황을 기다리는 문제들, 해결할 수 있는 문제를 찾는 해결책들, 그리고 할 일을 찾는 의사 결정자들의 집합체로 이해된다. 문제와 해결책, 참여자, 그리고 선택 기회가 쓰레기통 안에서 뒤죽박죽 움직이다가 대개 우연히 어떤 문제와 어떤 해결책이 교차하게 된다는 것이다. 마이클 코헨(Michael D. Cohen), 제임스 마치(James P. March), 조앤 올슨(Johan P. Olsen), "조직적 선택의 쓰레기통 모형(A Garbage Can Mode of Organizational Choice)", 《계간 행정 과학(*Administrative Science Quarterly*)》, 17호, 1972, p. 125.

17. 스티븐 데닝, 《기업 혁신을 위한 설득의 방법, 스토리텔링》, 보스턴 : 버터워스하이네만(Butterworth Heinemann), 2000. 이 책은 스프링보드 스토리들, 예를 들어 청중으로부터 미래에 관한 스토리를 이끌어내는 과거에 관한 스토리들에 대해 다룬다.

18. 로버트 D. 푸트넘(Robert D. Putnam), 《혼자 볼링치기 : 미국 사회의 붕괴와 부활(*Bowling Alone : The Collapse and Revival of American Community*)》, 뉴욕 : 사이먼앤드슈스터(Simon & Schuster), 2001.

19. 예컨대 제롬 브루너(Jerome Bruner), 《의미의 구현(*Acts of Meaning*)》, 캠브리지 : 하버드BSP, 1990 ; 댄 맥아담스(Dan P. McAdams), 《살아가는 이야기 : 개인적 신화와 자아 형성(*The Stories We Live By: Personal Myths and the Making of the Self*)》, 뉴욕 : 길포드 프레스(Guilford Press), 1993.

20. (1) 인지과학 : 앤디 클라크(Andy Clark), 《거기에 있다(*Being There : Putting Brain, Body, and World Together Again*)》, 캠브리지, MA : MIT프레스, 1998. (2) 소설 : 저지 코진스키(Jerzy Kosinski), 《챈스 가드너, 그곳에 가다(*Being There*)》, 뉴욕 : 하커트브레이스조바니치(Harcourt Brace Jovanich), 1971.

21. 스티븐 데닝, 《프레젠테이션 그 후》, "성별과 민족의 차이점에 대한 글", 2004 참조.

22. 로버트 D. 프트넘, 앞의 책.

23. 이보 안드리치(Ivo Andric, 1892~1975년)는 세르비아/크로아티아 소설과 단편들을

저술한 작가로 1961년 노벨 문학상을 수상했다. 안드리치의 작품 활동은 약 60여 년에 걸쳐 지속되었다. 제2차 세계대전 이전에는 주로 고향 보스니아에서 단편을 저술했다. 그 후 보스니아 3부작, 즉 《드리나 강의 다리(*The Bridge on the Drina*), 《보스니아 연대기(*Bosnian Chronicle*)》, 《사라예보의 여자(*The Woman from Sarajevo*)》를 통해 소설가로서 알려졌는데, 실제로 이 작품들은 1945년 동시에 선보였다.
24. 로벳 에드워즈(Lovett F. Edwards) 번역, 피닉스(Phoenix), 1984년 시카고대학교 출판부에서 재발행.

3장_ 살아 있는 지식으로 경영하라

1. 앤디 클라크(Andy Clark), 《거기에 있다》, 캠브리지, MA : MIT프레스, 1998.
2. 줄리언 오어(Julian Orr), 《기계에 관한 담화(*Talking about Machines*)》, 코넬대학교 출판부, 1990.
3. 플라톤, 《플라톤의 테아이테토스(*The Theaetetus of Plato*)》, M. J. 레벳(Levett) 번역, 인디애나폴리스 : 해캣(Hackett), 1990.
4. 에릭 레이먼드와 밥 영(Eric S. Raymond & Bob Young), 《성당과 시장(*The Cathedral and the Bazaar : Musing on Linux and Open Source by an Accidental Revolutionary*)》, 캠브리지 MA : 오렐리(O' Reilly), 2001.
5. 피터 브룩(Peter Brook), 《빈 공간(*The Empty Space*)》, 런던 : 맥기본&기(MacGibbon & Kee), 1968, 사이먼&슈스터(Simon & Schuster) 재발행, 1997.

4장_ 강한 기업은 지식의 공동체다

1. 《월든(*Walden*)》.
2. 21세기 초반의 몇 가지 사례가 있다. 장난감 기업 마텔(Mattel)의 대표는 37개월 동안 재임했다. 루슨트(Lucent)는 36개월, 캠벨수프(Campbell Soup)는 33개월, 코카콜라는 28개월, 코바드(Covad)는 28개월, 프록터&갬블(Procter & Gamble)은 17개월, 메이택(Maytag)은 15개월, 제록스는 13개월을 각각 재임했다.
3. 손자, 《손자병법》, 랄프 소여(Ralph D. Sawyer) 번역, 웨스트뷰(Westview), 1994.
4. 예를 들어 지식 전략, 지식 리더십, 실행의 전달, 지식 안내, 지식 베이스, 지식 포착, 지식 저장, 지식 인증, 지식 보급, 지식 분류, 품질 보증, 무용 지식 폐기 절차, 예산, 인센티브, 그리고 평가 등이 포함될 수 있다.
5. 조지 슈타이너(George Steiner), 《창조의 원리(*Grammars of Creation*)》, 뉴헤이번 : 예일대학교(Yale University) 출판부, 2001, p. 85. 이에 대해서는 앞서 플라톤의 《테아이

테토스》에서 참조했다. 이 책에서는 생각을 새장 속에 갇힌 새에 비유한다. 이에 대해 탁월하게 논하그 있는 저서는 스벤 버커츠(Sven Birkerts)의 《구텐베르크 만가(*Gutenberg Elegies: The Fate of Reading in an Electronic Age*)》, 부스턴 : 페이버앤드페이버(Faber and Faber), 1994가 있다.

6. 제프리 페퍼와 로버트 서턴(Jeffrey Pfeffer & Robert Sutton), 《현명한 기업의 지식 실천 방법(*The Knowing-Doing Gap : How Smart Companies Turn Knowledge into Action*)》, 보스턴 : 하버드경영대학원 출판부, 2000.

7. 스티븐 데닝, 《기업 혁신을 위한 설득의 방법, 스토리텔링(*The Springboard : How Storytelling Ignites Action in Knowledge-Era Organizations*)》, 보스턴 : 버터워스하이네만(Butterworth Heinemann), 2000, p. 165.

8. 그로흐 프로덕션(Groh Production), "가능성의 예술(The Art of Possibility)", 벤 잰더(Ben Zander) 공동 제작.

9. 여성은 각 영상의 음성 정보에 더 많이 집중하는 반면 남성은 시각적 내용에 더욱 초점을 맞춘다는 신경학 연구가 "영상 프레젠테이션 관련 QEEG : 실험 2 : 국소해부학 뇌파도에서의 성별 효과(QEEG Correlates of Film Presentation : Experiment 2 : Gender effects in topographic EEG)"에 요약되어 있다. http://www.skiltopo.com/papers/applied/articles/dakdiss4.htm 참조, 2004. 3. 8.

10. 리처드 니스벳(Richard Nisbett), 《생각의 지도(*The Geography of Thought : How Asians and Westerners Think Differently and Why*)》, 뉴욕 : 프리프레스(Free Press), 2003.

6장_ 미래 기업, 통찰의 언어를 구사하라

1. 헨리 밀러(Henry Miller), 《남회귀선(*Tropic of Capricorn*)》, 그로브프레스(Grove Press), p. 176.

2. 1장 참조.

3. 5장 참조.

4. 3장 참조.

5. 4장 참조.

6. 3장 참조.

7. 2장 참조.

8. 1장 참조.

9. 에릭 해블럭(Eric Havelock), 《플라톤에게 바치는 서언(*Preface to Plato*)》, 벨크냅프레스(Belknap Press), 1982.

10. 리처드 타나스(Richard Tarnas), 《서양 지성의 열정(*The Passion of the Western Mind*)》, 밸런타인북스(Ballantine Books), 1993, p. 421.

11. 3장 참조.

12. 내러티브 심리학, 참고서적 목록 및 출처 : http://web.lemoyne.edu/%7Ehevern/narpsych.html, 2004. 3. 8.

13. 시카고 : 시카고대학교(University of Chicago) 출판부, 1981.

14. 제롬 브루너, 《스토리 만들기 : 법과 문학, 그리고 인생(*Making Stories : Laws, Literature and Life*)》, 뉴욕 : Farrar, Straus & Giroux, 2002.

15. 제롬 브루너의 《스토리 만들기》에 대한 갤런 스트로슨(Galen Strawson)의 평론 참조, "스트로슨이 내러티브의 확산을 애도하다", 《가디언(*The Guardian*)》, 2004. 1. 10.

16. 칼 웨익, 《조직 내에서의 의미 형성》, (캘리포니아 사우전드 오크스 : 세이지퍼블리케이션(Sage Publications), 1995.

17. 로저 생크(Roger C. Schank)와 게리 솔 모슨(Gary Saul Morson), 《이야기를 들려줘(*Tell Me A Story : Narrative and Intelligence(Rethinking Theory)*)》, 노스웨스턴대학교(Northwestern University) 출판부, 1995.

18. 아넷 시몬스(Annett Simmons), 《스토리 팩터(*The Story Factor : Inspiration, Influence, and Persuasion Through the Art of Storytelling*)》, 페르세우스(Perseus), 2000.

19. 야니스 가브리엘(Yannis Gabriel), 《조직에서의 스토리텔링(*Storytelling in Organizations : Facts, Fictions and Fantasies*)》, 옥스퍼드대학교(Oxford University) 출판부, 2000.

20. "사람을 움직이는 스토리텔링 : 극작가 코치 로버트 맥키와의 대담(Storytelling That Moves People : A Conversation with Screenwriter Coach, Robert McKee)", 《하버드비즈니스리뷰》, 2003. 6., p. 51 ; 스티븐 데닝, "이야기하기(Telling Tales)", 《하버드비즈니스리뷰》, 2005. 5.

21. 빌 버처드(Bill Birchard), "그리운 시절(Once Upon a Time)", 《전략+비즈니스》, 2002. 2/4, http://www.strategy-business.com/press.article/18637?pg=0, 2004. 3. 8.

22. (1) 줄리 베넷(Julie Bennett), "짚으로 금을 만드는 좋은 스토리텔링(Spin Straw into Gold with Good Storytelling)", 《월스트리트저널》, 2003. 7. 30. http://www.startupjournal.com/ideas/services/20030730-bennett.html (2004. 3. 8.) (2) 줄리 베넷, "스토리텔링과 다양성(Storytelling & Diversity)", 《월스트리트저널》, 2003. 7. 8. http://www.careerjournal.com/myc/diversity/20030708-bennett.html.

23. 데이비드 보헤(David Boje), 《조직을 위한 내러티브 방법론 & 커뮤니케이션 연구(*Narrative Methods for Organizational & Communication Research*)》, 캘리포니아 사우전드 오크스 : 세이지퍼블리케이션, 2001.

스토리 이코노미

초판 인쇄 | 2008년 2월 18일
초판 발행 | 2008년 2월 25일

지은이 | 존 실리 브라운 외
옮긴이 | 박혜원
펴낸이 | 심만수
펴낸곳 | (주)살림출판사
출판등록 | 1989년 11월 1일 제9-210호

주소 | 413-756 경기도 파주시 교하읍 문발리 파주출판도시 522-2
전화 | 영업부 031)955-1350 기획편집부 031)955-1384
팩스 | 031)955-1355
이메일 | salleem@chol.com
홈페이지 | http://www.sallimbooks.com

ISBN   978-89-522-0810-1 03320

＊ 잘못된 책은 구입하신 서점에서 바꾸어 드립니다.
＊ 저자와의 협의에 의해 인지를 생략합니다.

책임편집 · 교정 : 근형필

값 12,000원

살림Biz는 (주)살림출판사의 경제 · 경영 전문 브랜드입니다.